西部少年司法评论

（2023）

全　亮　潘若宇　主　编
陈嘉淇　郭嘉宇　副主编

法律出版社
LAW PRESS·CHINA
北京

图书在版编目（CIP）数据

西部少年司法评论. 2023 / 全亮，潘若宇主编；陈嘉淇，郭嘉宇副主编. -- 北京：法律出版社，2024
ISBN 978-7-5197-8738-7

Ⅰ. ①西… Ⅱ. ①全… ②潘… ③陈… ④郭… Ⅲ. ①青少年犯罪－司法制度－研究－中国 Ⅳ. ①D926.8

中国国家版本馆 CIP 数据核字（2024）第 023077 号

西部少年司法评论 2023
XIBU SHAONIAN SIFA PINGLUN 2023

全　亮　潘若宇　主　编
陈嘉淇　郭嘉宇　副主编

责任编辑　张红蕊
装帧设计　汪奇峰

出版发行 法律出版社
编辑统筹 法规出版分社
责任校对 冯高琼
责任印制 耿润瑜
经　　销 新华书店

开本 710 毫米×1000 毫米　1/16
印张 15.75　　**字数** 245 千
版本 2024 年 3 月第 1 版
印次 2024 年 3 月第 1 次印刷
印刷 北京新生代彩印制版有限公司

地址：北京市丰台区莲花池西里 7 号（100073）
网址：www.lawpress.com.cn
投稿邮箱：info@lawpress.com.cn
举报盗版邮箱：jbwq@lawpress.com.cn

销售电话：010-83938349
客服电话：010-83938350
咨询电话：010-63939796

书号：ISBN 978-7-5197-8738-7
定价：66.00 元

凡购买本社图书，如有印装错误，我社负责退换。电话：010-83938349

本书编辑委员会

主　编： 全　亮　潘若宇

副主编： 陈嘉淇　郭嘉宇

编　辑： 唐政委　易庐金　段欣蘋　李　嘉
雷　霖　毛德玉　王润楠　程画意

序

少年司法与成人司法有着较大的差异。成人司法通过对犯罪嫌疑人进行惩罚和对受害人进行保护，来达到维护社会秩序的目的。而少年司法不仅要求维护社会秩序，还要求对罪错未成年人实行“教育、感化、挽救”的方针，采取“教育为主，惩罚为辅”的原则进行“柔性矫治”。目前，我国少年司法还不存在单独的立法，其在实践过程中往往依托于成人司法，在处理上往往是一个成人司法的“打折”。因此，加强对少年司法独特性的研究，有助于更有效地预防青少年犯罪，更有针对性地对涉罪青少年进行矫治，更好地保护青少年的合法权益。出于强烈的社会责任感，四川师范大学利用自身在青少年教育与青少年司法研究方面的学术优势，于2017年成立了省内首家专门从事青少年司法保护工作的研究机构——四川师范大学少年司法研究与服务中心。

为有效促进高等院校人才培养、科学研究、文化传承与社会服务四大功能的联动，努力推进产、学、研一体化机制，四川师范大学少年司法研究与服务中心与成都市武侯区人民检察院和成都新空间社会工作服务中心展开共建。通过有机结合高校、检察院和社工机构三方优势，中心期望共同推动我国少年司法制度理论与实践的发展完善，不断提升少年司法理论与检察实践深度融合，促进司法社工理论与实践水平整体提升，探索国家一流专业建设背景下卓越法治人才培养的创新路径。

中心自2017年成立至今，主要致力于青少年法治宣传教育、少年司法特别程序、少年检察、少年司法社会工作等方面的教学、研究、培训与服务等工作，取得了显著成果。为了总结中心成立以来的发展经验，提高自身理论研究和实务实操水平，我们决定推出书面学术出版物，并成立了学术委员会和编辑委员会，以集中集体智慧、分享前沿知识。本出版物根据中心的基本业务范围，设置了“未成年人综合法律保护专题”“少年司法特别制度”“少年检察”“少年审判”“少年社区矫正”五大板块。其中各篇文章的作者主要为中心的专、兼职研究人员以及特约的本土少年司法一线工作人员，部分文章系中心成员承担的各级各类课题项目成果。另外，我们也通过对外征稿方式吸收了部分外来稿件，以保持中心研究的开放性。

本作是《西部少年司法评论》系列的第二本。在此，感谢各位撰稿人、各位编辑以及各界人士的大力支持，相信有了你们的鼎力相助，我们的少年司法也会越来越好！

全　亮

2024年1月30日

目录

未成年人综合法律保护专题

性侵幼女犯罪的严峻形势与防治对策

杨　荣*

内容提要：性侵幼女恶劣案件给被害幼女及其家庭带来了无法弥补的伤害，甚至引发一系列社会安全隐患，具有极大的危害性。性侵幼女犯罪在犯罪人、被害人以及作案方式和手段方面都呈现出许多与其他性犯罪不同的特点，如犯罪人与被害幼女多为熟人关系、农村留守幼女为高危受害群体等。性侵幼女犯罪主要有社会和个人两大方面的原因，如法律制度的不完善致使犯罪人有机可乘，网络的发展为犯罪人提供了新的犯罪平台，被害人幼女自身的易被害性以及性保护意识的缺乏，不良社会风气的浸染、相关部门监管的疏漏等因素也促成了犯罪的发生。因此，尽快提出防治性侵幼女的对策至关重要，学校、家庭以及相关社会部门应当根据《家庭教育促进法》共同为不同年龄阶段的幼女提供合适的性教育；参照我国台湾地区相关规定生成有针对性的法律法规，全面且细致地保护幼女的性权利；完善主管部门监督机制，建立性侵犯罪人信息登记制度，对涉未成年人从业人员进行考核和筛选；完善社会救助机制，及时为受害幼女提供各项援助。

关键词：性侵幼女　性教育体系　犯罪人信息登记　职业准入

* 杨荣，上海大学法学院硕士研究生在读。研究方向：刑法学。

一、引言：背景、方法、创新点及范畴界定

近年来，性侵幼女犯罪案件在社会上呈现出高涨态势。中国少年儿童文化艺术基金会女童保护基金和北京众一公益基金会共同发布的《2020年性侵儿童案例统计及儿童防性侵教育调查报告》显示，2020年全年中国媒体公开报道（含各级法院、检察院官网和认证账号公开的案例，案例数量并不等同于全年性侵儿童案例总量）的性侵儿童（18岁以下）案例332起，332起案例中，共322起表明了受害人性别，其中受害人为女童的308起，占比95.65%。[①] 为了减少性侵幼女犯罪，本文采用案例分析、数据分析以及文献分析的研究方法，通过对众多典型案例和统计数据的分析，总结性侵幼女犯罪的突出特点及产生原因，梳理国内外有关法律法规、刑事政策，整合学者对性侵幼女犯罪的防治建议，在分析当前防治措施不足的同时，提出相应的对策。本文的创新之处在于两个方面：一是归纳提炼了近几年性侵幼女犯罪的新特点和新趋势，如性侵平台的多元化；二是根据2021年通过或施行的《刑法修正案（十一）》《未成年人保护法》《预防未成年人犯罪法》《个人信息保护法》《家庭教育促进法》的有关规定，全方面提出预防性侵幼女犯罪的对策。

本文主要以引起广泛关注和学界讨论的恶劣案件——杨某某性侵幼女案、王某某猥亵幼女案为切入点。2018年10月4日，杨某某在被害人杨某燕（女，殁年10岁）卖完百香果后返家途中，利用隐蔽的竹丛，拦住杨某燕并强行将其抱至附近山岭上实施了奸杀行为。[②] 本案经历了一审、二审和再审，前后历时两年半。最终，再审法院判决杨某某犯强奸罪，处死刑。2019年7月，新城控股原董事长王某某经周某芬介绍，在上海一酒店对一名9岁幼女实施猥亵行为。一审法院判决王某某猥亵儿童罪，处5年有期徒刑，二审判

① 参见《“女童保护”2020年性侵儿童案例统计及儿童防性侵教育调查报告》，载微信公众号“女童保护”2021年3月2日，https：//mp. weixin. qq. com/s/BTnd3hxgct9bKoH_ B3jWwQ。

② 参见广西壮族自治区高级人民法院刑事判决书，（2020）桂刑再6号。

决驳回上诉，维持原判。[①]

大部分性侵幼女犯罪是可以预防的。在杨某某案中，凶手性侵并残忍地杀害了女孩。当深入了解案情后，可以发现本案发生并不是偶然的，杨某某是村里公认的品行卑劣之人，在过去对同村女孩多次实施包括搂抱、抚摸女孩私密部位的不良行为。由于杨某某的危险人格已经长时间、非常明显地显露出来，如果采取及时、有效的预防犯罪和保护被害人的措施，就有机会避免悲剧的发生，避免两个家庭的破裂。在王某某案中，被害人母亲对周某芬的信任为孩子遭受侵害提供了机会。在性侵幼女犯罪中，犯罪人多半存在日常品行低劣或者是有同类案底的情况，而被害幼女的行为能力都有所欠缺，对性侵行为的认识不足，她们对父母的依附程度较大，如果父母的警惕意识不强，未能提供有效的监护，那么这些幼女就很可能成为犯罪被害的对象。

我国《刑法》将幼女界定为不满14周岁的女童，但目前《刑法》中并未单独设立性侵罪或性侵儿童这样的罪名，《刑法》对女性性权利的保护主要体现在强奸罪，强制猥亵、侮辱罪以及相关卖淫类犯罪。因此，对“性侵儿童”一词的含义学者们有不同的观点。一种观点认为，性侵儿童是指侵犯者以满足其性欲为目的，通过暴力、诱骗、物质引诱等方式，对儿童进行性侵入（如试图与儿童性交和强行与儿童性交、试图与儿童肛交和强行与儿童肛交等）或性接触（如在儿童身上故意摩擦其性器官、用口接触儿童的外阴部、迫使儿童用口接触侵害者的性器官等）的行为。[②] 另一种观点则认为，儿童性侵犯是指对儿童进行性剥削或与儿童进行性行为，包括观看色情视频或图片，从而导致儿童的健康或身体受伤害或受损害。[③] 还有学者认为性侵儿童也包括非身体接触的性骚扰、触摸儿童身体的隐私部位或让儿童触摸其性器官，以达

---

① 参见《新城控股原董事长王振华猥亵女童案二审维持5年原判》，载新京报客户端，https：//www. bjnews. com. cn/detail/162142470514116. html，2021年8月21日访问。

② 李成齐：《儿童性侵害案件中司法访谈的现状及发展趋势》，载《中国特殊教育》2008年第1期。

③ 参见陆士桢、李玲：《揭露，为了预防——我国儿童性侵犯研究报告》，华东理工大学出版社2011年版，第46页。

到性挑逗的目的。[①]

综上，本文论述的性侵幼女犯罪的对象是指不满 14 周岁的幼女。性侵幼女这一概念包含奸淫幼女和猥亵幼女两种行为，对幼女实施的强奸行为同我国《刑法》有关强奸罪的规定，既包括暴力，又包括非暴力方式（如以物利诱或欺骗的手段）；猥亵行为则包括与幼女发生性交行为以外的、侵犯幼女性自主的行为，如抚摸幼女私密部位、引诱幼女为其手淫等。

二、性侵幼女犯罪的突出特点及成因剖析

（一）性侵幼女犯罪的突出特点

1. 案件频发且多熟人作案

如果说个别地区性侵幼女案件逐年呈上升趋势不足以说明事态的严重性，根据最高人民检察院的统计数据，这类案件频发并不是个别地区的特殊情况。与 2017 年的数据相比，2018 年和 2019 年起诉成年人强奸未成年人犯罪分别上升 22. 74%、39. 33%，起诉猥亵儿童犯罪分别上升 37. 44%、56. 12%，起诉强制猥亵、侮辱未成年人犯罪分别上升 34. 74%、45. 31%。[②] 根据这组数据可以发现，性侵未成年人犯罪率在全国范围内呈现不断升高的趋势。

熟人作案占比较高一直是我国处理性侵幼女犯罪的常见问题。有学者专门对 900 多份性侵未成年人的裁判文书进行分析总结后得出，强奸犯罪以熟人犯罪为主，熟人作案的有 181 人，占比 71. 54%；猥亵儿童犯罪中，熟人作案的有 417 人，占比 56. 27%。[③] 还有学者的分析也呈现出相同的特点，被告人主要是被害人的亲戚朋友，包括祖父、堂表亲、被害人父母的同事或朋友甚至包括被害幼女的生父。[④] 根据众多学者对此类犯罪的犯罪人身份分析总结得出，犯罪人的主要身份类型包括同龄人和长辈，同龄人身份类型有同学、

---

① 参见王进鑫：《青春期留守儿童性安全问题调查研究》，载《青年研究》2008 年第 9 期。

② 数据来源于最高人民检察院《未成年人检察工作白皮书（2014—2019）》。

③ 参见胡晓楠：《我国性侵未成年人犯罪问题研究——以 994 份性侵裁判文书为样本》，华侨大学 2018 年硕士学位论文。

④ 参见尚晓援、田甜等：《他们为什么不说话：性侵犯受害儿童自我揭露的实证研究》，载《济南大学学报（社会科学版）》2019 年第 5 期。

网络友人以及邻居等，长辈身份类型有亲属、邻居以及对其有照护职责的人员（主要指老师）。杨某某案是典型的熟人作案，身为与被害人一起生活十余年的同村人，谙熟地形以及被害人的生活习性，利用对当地山地和路程的把控，选择在茂密竹林和视野盲区进行侵害行为就足以证明这一点。王某某案中，周某芬利用熟人身份欺骗幼女母亲，将幼女带至王某某所在酒店，供王某某实施侵害行为，也是典型的熟人作案。

2. 作案手段隐蔽且犯罪黑数大

犯罪人的加害手段表现出隐蔽性，作案地点以及方式必然隐蔽不易被发现，这样犯罪人就可以利用这种压制状态进行多次性侵。邻居等生活在相同片区的人可利用对周围环境的熟悉蹲点和截堵幼女，将其带至偏僻地点实施犯罪行为；负有照护职责的人员可利用自己的身份实施性侵行为。杨某某选择在被害人处于视野盲区和茂密的竹林中行凶，并且为了防止被害人记住其面部特征和侵犯过程，刺瞎被害人双眼，为了压制被害案人呼救，割破被害人咽喉，就体现了这一特征。

有的未成年被害人受到行为人的暴力胁迫、裸照或言语威胁而不敢反抗，不敢告知他人，选择了默默忍受，这样反而纵容了性侵未成年人的犯罪行为。[①] 这类案件存在大量犯罪黑数，无论是因被害人欠缺自我保护意识还是囿于被害人家庭传统观念的束缚，部分案件实际上无法得到法律的追究。一些案件包括王某某案中，犯罪人在案发后希望通过大额的金钱赔偿来掩盖自己的犯罪事实，有的家庭会选择接受财物，放弃控告。受害人及其家庭忍气吞声，反而为很多犯罪人长期作案提供了条件。

江苏省连云港市一名女童遭受亲属侵害，无奈之下，女童在某短视频平台上向其他用户发送私信求助，接到私信的用户立即将线索报告给案发地的检察机关，相关机关才了解情况并进行调查。[②] 还有很多类似的案件，受害人缺少必要的自救途径，行为人的违法行为难以得到及时的惩处。同时，性侵

---

① 参见张诗曼：《性侵未成年人犯罪案件问题研究》，兰州大学2020年硕士学位论文。

② 参见《管住伸向孩子的“黑手”——侵害未成年人案件强制报告制度落实情况观察》，载中国新闻网，http：//www. chinanews. com/sh/2021/09 – 11/9563168. shtml，2021年8月21日访问。

幼女犯罪通常会出现被害人多次遭受侵害，甚至犯罪人会利用身份优势扩大受害人范围的情况。在被依法执行死刑的龙某和性侵未成年人案中，被告人采取捆绑、封口、麻袋蒙面等手段对被害人予以暴力控制，将其锁上铁链囚禁在事先修建的自家地下室长达二十余天，其间以枪杀、电击等方式进行恐吓，多次强行与其发生性关系。[①] 王某乙专门以年龄幼小的在校女学生为侵害对象，本人或教唆同案被告人以欺骗、暴力、胁迫、酒精麻醉、金钱引诱等手段，共对 15 名未成年在校女学生（其中 8 人系幼女）实施强奸犯罪 17 次。[②] 犯罪人要么利用被害人行为能力不足长期多次实施犯罪，要么采取暴力手段多次强行实施犯罪行为。

3. 农村留守女童为高危受害人群

根据我国民政部门调查显示，截至 2018 年年底，全国共有农村留守儿童 697 万人，虽然与 2016 年的数据相比有所下降，但其中 6 ~ 13 周岁的农村留守儿童占总人数的 67. 4% 。[③] 最高人民检察院工作报告（第十二届全国人民代表大会第五次会议）数据显示，2016 年全国检察系统共起诉侵害农村留守儿童权益的罪犯高达 2663 人。有学者调查发现，虽然被害人为农村未成年人的比例比被害人为城市及城镇未成年人的比例要小得多，但这并不能说明农村未成年人被侵害的频率就小于城市及城镇未成年人。[④] 究其原因，主要是农村生活较为保守和封闭，受害人及其家庭为了减少影响更多选择私了，社会无法完全跟踪报道，农村该类案件的曝光率远远低于城镇。性侵犯罪受害留守儿童中，通常由母亲或祖父母监护，这类监护人文化水平不高加之力量薄弱，女童年幼且缺乏相应的性知识和自我防护能力，使农村留守女童成为性犯罪高危对象。在江西瑞昌性侵女童案中，代课教师陶某长期以批改作业和

---

① 参见《地窖囚禁性侵未成年少女，罪犯龙某和被执行死刑》，载 https：//www. bjnews. com. cn/detail/163287996714203. html，2021 年 9 月 30 日访问。

② 参见《未成年人司法保护典型案例》，载最高人民法院官网，http：//www. court. gov. cn/zixun-xiangqing－288721. html，2021 年 8 月 22 日访问。

③ 参见《2018 年农村留守儿童数据》，载民政部官网，http：//www. mca. gov. cn/article/gk/tjtb/201809/20180900010882. shtml，2021 年 8 月 22 日访问。

④ 参见陈伟、金晓杰：《性侵未成年人案现状、原因与对策一体化研究》，载《青少年犯罪问题》2016 年第 4 期。

背书为由猥亵7名女童，导致多名女童患病，其中大多是留守儿童；湖北阳新代课教师性侵的6名小学生中也有多名是留守儿童。杨某某案中，被害人杨某燕的父亲早年去世，母亲靠种植百香果和打零工维持一家五口的生计。王某某案中，受害人也是由母亲一人照顾。家庭的弱势很大程度上强化了犯罪人实施侵害行为的心理并为犯罪提供了突破口。

4. 对幼女的身心健康危害巨大

因幼女身心处于发育阶段，与成年人相比其身体器官和心理建设都比较脆弱，性侵害行为会对幼女的身体和心理造成严重伤害。身体的伤害包括性器官的损伤，严重的甚至会导致子宫机能的丧失。“平顶山两岁小草莓”案中，“小草莓”遭幼儿园园长王某枝性侵，导致处女膜破裂，多处器官严重受损。[①] 刘某国强奸4岁幼女致被害人身体三处重伤二级，其中一处九级伤残、两处十级伤残。[②] 此类犯罪对受害女童的精神及心理方面的影响也非常严重。很多幼女会产生PTSD（创伤后应激障碍），出现愤怒、抑郁等情况，因童年的性侵经历导致被害人重伤甚至多年以后难以释怀而自杀的事例比比皆是。

（二）性侵幼女犯罪的产生原因

当今社会治安管理日趋完善，性侵幼女犯罪却时常发生，弄清其中缘由有利于社会更好地防治此类犯罪。意大利犯罪学家龙勃罗梭（Cesare Lombroso）早前提出“天生罪犯人”的观点，着重从犯罪人的自身出发寻找犯罪的原因。菲利（Ferri）以龙勃罗梭的理论为基础，提出犯罪原因三要素相互作用论，即人类学（生理及心理因素）要素、自然要素和社会要素。[③] 本文借鉴以上理论观点，认为性侵幼女案件的发生是多方面因素导致的，主要可从社会层面和被害人自身来加以探讨。

---

① 参见《平顶山“草莓”妈妈三问女儿遭性侵案》，载人民网，http://finance.people.com.cn/money/BIG5/n/2014/0515/c218900-25018674.html，2021年9月24日访问。

② 参见王鹏、刘书平：《哈尔滨强奸幼女罪犯被执行死刑!》，载微信公众号“黑龙江省高级人民法院”2021年9月18日，https://mp.weixin.qq.com/s/WRK2ZbsBYpRJP8p3EGyfeQ。

③ 参见［意］恩里科·菲利：《实证派犯罪学》，郭建安译，中国人民公安大学出版社2004年版，第170-171页。

1. 社会层面的原因

导致该类案件频发的社会因素可分为宏观社会因素和微观社会因素。宏观社会因素包括政治因素、经济因素以及文化因素等，微观社会因素包括家庭、学校和社区村镇等构成个体直接生活环境的因素。以下进行分述：

从宏观社会因素角度来看，政治、经济和文化方面的原因会诱发犯罪是不可否认的，这几乎是所有犯罪的普遍原因。总的来说，性侵幼女犯罪的发生原因在这三个方面表现为：

（1）从政治角度来看，主要是立法和司法层面。立法层面，全国人大常委会于2020年12月26日通过并于2021年3月1日起施行的《刑法修正案（十一）》的一大亮点就是加大对未成年女性性权利的保护。立法的进步无疑对打击犯罪起到了积极作用，但也存在针对性立法缺失的情况。法谚云："天下之事，不难于立法，而难于法之必行。"执法不规范以及执法力度弱等问题在实务中是真实存在的，是我们必须直视的问题。司法层面，性侵幼女犯罪立案难、取证难以及不注重保护被害人隐私是打击该类犯罪的重大障碍。性侵幼女犯罪至今为止仍存在有案不立、忽视被侵害幼女权利保护、事后救济机制不完善等问题，导致刑法对此类案件打击力度难以上升到精准层面，难以发挥刑法的预防和威慑作用。杨某某案中，行为人以如此恶劣的手段奸杀被害人，但经历了两年半、三次审理此案才得以伸张正义。二审法院作出撤销一审死刑改为死缓的判决，虽然杨某某有自首情节，但综合行为人的恶劣行径以及法律规定，可以而不是必须对其从宽处理。对性侵幼女类犯罪进行司法追诉，本文认为目前存在以下问题：

第一，立案以及取证困难。立案是刑事诉讼程序得以启动的基础。但是在性侵未成年人案件中，立案难令许多性犯罪者逃避了法律的制裁，这在源头上削弱了刑事立法对性犯罪行为的规制。[①] 在实务中，性侵幼女案件的直接根据是鉴定幼女处女膜是否破裂，行为人是否留下精液或精斑。但在具体案件中，大部分案件由于幼女无知，她们无法正确判断一些行为，对自己经历

---

① 参见杨雯清：《性侵未成年人行为刑事规制之完善》，载《刑法论丛》2019年第3期。

的事件无法保留完整的记忆，更无法准确地表述出来。尽管幼女能表述出被侵害的细节，但是一些取证机关对幼女的陈述认定为不符合其智力与精神状况而予以排除，使案件更加难以突破。许多受害人因缺乏自我救济意识，在遭受侵害后即清洗自己的身体，无从谈及保存证据或如何有效地保存证据。还有部分受害人及其家庭在遭受侵害后，因各种原因不及时主动报案，公安以及司法机关想要查清案件事实却无法得到受害人及其家属的配合，难以获取关键证据，导致犯罪行为难以得到刑法的制裁。

前述此类案件发生具有隐蔽性的特点，现场往往只有被害人和加害人，几乎无其他人在场，[①] 犯罪人拒不认罪或只承认了情节轻微的行为而否认了情节严重的行为也给案件侦破增加了难度。[②] 在物证缺少的情况下，行为人否认罪行，证人隐瞒犯罪事实，很容易使这类行为因事实证据不清而不受处罚。另外，证据的完整性也是区分此罪和彼罪的重要标准。王某某案中，法院最终以猥亵儿童罪定罪处罚，说明根据最终证据认定行为人并不构成强奸罪，因为没有证据显示行为人与被害人有性器官的接触，而法院也只能根据在案的证据来对案件进行定性。由此可见，证据对性侵幼女犯罪多么重要，公安以及司法机关对这类犯罪的证据收集以及保全还需要在实践中摸索，形成一套独特的证据保护制度。

第二，侦查以及审判方式简单粗暴，对幼女隐私的保护意识较弱。在办理性侵儿童案件时，为探求真相，在审前程序应开展细致、彻底的调查，运用精细化的取证手段与证据分析方法，以保障儿童利益的最大化，并寻求事实认定准确结论的办案模式。[③] 虽然我国《刑事诉讼法》以及相关法律法规都规定在司法程序中要注重对未成年人的保护，但我国实践中仍然存在一些简单粗暴、“一问到底”甚至违法的询问程序，对这类私密性较高的案件没有特别对待，主要体现在：性侵幼女案件一旦被立案受理，公安机关以及司法

---

① 参见刘金莲：《黔东南州性侵未成年人犯罪分析及预防研究》，西南政法大学 2014 年硕士学位论文。

② 参见胡志强：《性侵害犯罪公诉办案证据适用指南》，中国检察出版社 2015 年版，第 14 – 17 页。转引自李聪：《我国性侵儿童犯罪防控对策研究》，中国人民公安大学 2019 年硕士学位论文。

③ 参见向燕：《论性侵儿童案件的精密办案模式》，载《中国刑事法杂志》2020 年第 2 期。

机关在侦查取证的环节，办案人员大都身着制服、驾驶警车、拉响警笛，人员之多、阵容之大势必引发社会的关注。但此类案件的关注度迅速提升并不是一件好事，受害人居住地、家庭基本信息以及受侵害的细节被曝光反而不利于受害人日后正常生活；在取证时，询问受害幼女不注重询问场所及讯问人员；审判时，使受害幼女多次回忆受侵害的过程并遭受相关人员的轮番询问。正是由于上述问题的存在，许多受害人和家庭选择非诉讼的方式解决问题，与其性侵害事件被广而告之，被人指指点点，将痛苦经历一次次在幼女面前重现，不如选择沉默或与犯罪人私了。

第三，对犯罪人的惩治力度弱以及惩治方式简单，导致犯罪人再犯概率高。从目前我国《刑法》中保护幼女性权利的相关罪名来看，对强奸罪的结果加重犯的处罚是可能判处的最重刑罚，为 10 年以上有期徒刑、无期徒刑或死刑。一般强奸罪刑罚为 3 年以上 10 年以下有期徒刑，猥亵行为的刑罚更轻。犯罪人实施这样的行为大多为满足自己扭曲的性心理，而相应的刑罚并不算严厉，犯罪成本与犯罪价值在处于此种不平衡的状态下，犯罪人更倾向于实施犯罪行为。后续在惩治犯罪人时仅仅对其采取与其他普通犯罪人相同的改造方式而不关注其特殊的犯罪心理，不辅以相应的心理教育，难以矫正其特殊心理，极易再犯。

（2）从经济角度来看，经济及科技的发展，为犯罪人实施性侵提供了新的平台，对幼女实施猥亵类犯罪在网络上尤为猖獗。据我国学者皮勇的研究，21 世纪初以来网络儿童色情犯罪呈现两大趋势：一是互联网已成为恋童癖者从事儿童色情犯罪的主要场所，“互联网已经成为恋童癖者的乐园”；二是网上非法销售儿童色情材料活动泛滥。① 大多数幼女心智发育不成熟，对网络上纷繁复杂的信息难以辨别，犯罪人即乘虚而入，利用网络身份的不明性以及网络侵害的便利性对幼女进行猥亵。

（3）从文化角度来看，犯罪人道德感的丧失是主要原因。犯罪人道德感

---

① 参见皮勇：《网络儿童色情犯罪及其刑事立法研究》，载《刑法论丛》（第 7 卷），法律出版社 2003 年版，第 147 页。

丧失究其主要原因是其从小未能及时接受性知识教育和树立健康的性观念，导致在后期的生长发育中形成了偏执甚至变态的性心理。随着社会风气的逐渐开放，犯罪人深受一些腐朽、低级性文化的毒害，促使他们越发丧失理智寻找不法的泄欲途径。[①] 在杨某某案中，根据村民反映，杨某某有交流障碍，性格孤僻阴暗，其从 15 岁起，就有偷窃女性内衣以及围追堵截同村女孩的变态行为。由此可见，杨某某从少年时就没有形成正常的性心理，最后走上犯罪的道路也在意料之中。

本文认为，这类犯罪人偏偏选择幼女下手而不是成年女性有其内在特殊原因：一是为了满足自己变态的心理，通过正常的方式已经无法满足犯罪人的性需求；二是幼女心智发育尚未完成，认知能力低下且易被制服；三是幼女难以准确地表述自己受侵害的过程和细节，导致取证难，犯罪人有更大的概率逃避法律的制裁，甚至多次实施侵害行为。

从微观社会因素的角度来看，在影响性侵幼女犯罪的因素中，家庭、学校和社区对于性教育的缺失和社会主管部门的疏漏是很大的因素。社会有关主管部门应及时更新和推送相关法律法规和案件，使公众在生活中能适时且正规地接触到相关信息。对教师等与未成年人紧密相关的职业设置准入门槛，建立道德监督评价机制，实时关注教师等与未成年人紧密相关的职业人员的素质水平。

我国国民对性知识的普及教育历来十分含蓄，在家庭日常教育中一般不会谈及这个话题，家长对这方面知识的缄默，教育机构对性教育方面的不重视，导致孩子们对性知识无从所知。教育部 2007 年 3 月发布的《中小学公共安全教育指导纲要》规定，从小学四年级到高中三年级都要进行性安全教育。[②] 就目前而言，我国校内性教育的实施和普及不尽人意，哪怕是在教育水平较高的地区，也不是所有的学校都会开展性教育知识的普及课程。在性教育这个问题上，日本一些学校的做法有可取之处。学校通过形象的卡通图画

---

① 参见刘洋：《性侵幼女犯罪研究》，湘潭大学 2016 年硕士学位论文。

② 参见徐亚吉、门从国：《中小学性安全教育现状研究》，载《教育学术月刊》2010 年第 2 期。

或思辨视频给孩子们讲解自己是如何而来，提醒孩子保护自己重要的身体部位，并且根据不同的年级开展不同内容的性知识普及课程。

社会主管部门监督疏漏问题也在一定程度上存在。在教师性侵幼女案和养父性侵养女案中，性侵幼女犯罪的犯罪人，几乎都有人格缺陷或者有性侵幼女犯罪的前科，社会监督部门应该担起责任，相关企业和机关进行人员录用或者监护人的更换时，应根据事先登记完成的犯罪人信息库审查相关人员，提前筛选掉具有危险人格的人员，避免他们与未成年人接触，断绝他们的作案机会。

2. 被害人自身原因

未成年人因其自身特点，对危险的感知和规避能力不足，尤其是在熟人作案的情况下，被害人对犯罪人的依赖大于防备，犯罪人便利用被害人的恐惧和顺从心理实施违法行为。在日常生活中，家庭或者学校不可能对孩子们进行密切的保护，因此，孩子们树立自我保护意识尤为重要，并且这样的意识需要从小培养，而不能秉持一种“孩子长大了自然就懂了”的观念。孩子若能掌握一些基本知识，就能及时拒绝这方面的试探性侵害或在侵害发生之后正确辨认并及时向父母或老师寻求帮助。除了一些完全无法认知侵害情形和规避侵害行为的被害人，孩子能够大致对自己的处境进行判断，排除被犯罪人采取强制手段压制的场合，他们很有可能可以自己预防性侵害的发生。杨某某案中，受害人生活在教育资源相对落后的地区，如杨某燕在得知杨某某常年有性方面的道德缺失后，生活中多加留意，避免自己一个人外出或者长时间消失在大人的视野中，当与行为人处于同一个场所时主动回避，在很大程度上能够避免悲剧的发生。

正因为我国长期以来性教育制度的不完善，犯罪人和被害人从小无法接收到正确的性知识，导致犯罪人形成扭曲的性价值观，被害人无法利用性知识保护自己。本文认为，我国应该建立家庭、学校以及基层社区协同配合的性教育模式，让孩子能通过不同的途径获取不同层次的性知识，从根本上预防性侵幼女犯罪。

三、性侵幼女犯罪的防治对策

根据上述犯罪原因的分析，本文将从四个方面对该类犯罪的预防和救济提出建议。

（一）建立协同的性教育体系

幼女性安全教育缺失是幼女遭受性侵害的主要原因之一，其中家庭、学校和基层社区教育缺位是主要原因，这三方应建立协同的性教育体系，充分发挥各自的作用。

1. 家庭层面

有研究表明，对孩子缺乏关爱或溺爱孩子，家庭环境不和谐、不完整以及父母行为不检点等家庭特点会使未成年人形成扭曲的人生观和价值观，进而走上犯罪的道路。[①] 因此，家庭的内在氛围对孩子的影响十分重大，作为父母，应当尽可能为孩子营造一个良好的生长环境。全国人大常委会于 2021 年 10 月 23 日通过的《家庭教育促进法》要求未成年人的父母或者其他监护人应当针对不同年龄段未成年人的身心发展特点，以培养未成年人个人品德意识、法治意识、自我保护意识及能力等意识和能力为内容开展家庭教育，在开展家庭教育时应当关注未成年人的生理、心理、智力发展状况。因此，家长在家庭教育中应该根据未成年人的心理和生理变化，经常且正确地与孩子谈论性知识话题，为孩子答疑解惑，引导孩子树立正确的性观念和形成正常的性心理，在防止孩子成为施害人的同时，保护孩子免遭不法侵害。家庭开展性知识教育应当在轻松的氛围中采取和缓的方式进行，减弱孩子的性羞耻感，孩子更能接受性知识。如利用童话故事教育自己的孩子如何保护自己的隐私部位，这样含蓄生动的方式不仅能让孩子接受性知识，而且不会使孩子对现实中的男性及陌生人产生恐惧感甚至影响未来的婚恋观。如果孩子主动谈论这方面的问题，家长不应苛责孩子，应给予正确的引导。

---

① 参见胡志鑫：《浅析未成年人性犯罪的家庭因素》，载《中国性科学》2005 年第 7 期。

2. 学校层面

《未成年人保护法》中明确要求性知识进入课堂，该法第 40 条规定，学校、幼儿园应当建立预防性侵害、性骚扰未成年人工作制度，根据不同年龄阶段开展合适的性教育。但本条只是笼统地对学校开展性教育作出规定，并没有具体说明性知识课堂应该如何设置。并且，对学校开展性教育的强制力度不够，许多学校没有认识到性教育进入课堂的必要性，仍然执行传统的教育教学模式。学校是孩子成长和学习的重要场所，不仅需要为孩子提供学业知识，也需要传授生理知识。当有些家庭无法正确地系统地教育孩子性知识时，学校扮演着十分重要的性安全教育角色。

针对性知识进入课堂的教育阶段规划，有学者认为，可以将性知识教育分为两性的身体成长、两性的关系互动和两性的身体保护三个方面的内容，在小学、中学和高中分别从这三个方面进行不同层次的教育。① 本文赞同这样的观点，性知识本就有层次之分，对于低年级的孩子应该从基础的知识起步，帮助孩子了解两性器官；中学的孩子正处于青春期，可以对性卫生的保持和身体器官变化进行科普；高年级的孩子大多数都已经了解性知识，此时可以加强对防止性侵行为的宣传教育，帮助孩子对不良信息进行甄别。在教育课堂上，老师应该针对不同的年级选择不同的教育方式，注重课堂互动和探索。

3. 基层社区层面

《家庭教育促进法》要求居民委员会、村民委员会根据自身条件，设立社区家长学校等家庭教育指导服务站点，配合家庭教育指导机构组织面向居民、村民进行家庭教育知识宣传，为未成年人的父母或者其他监护人提供家庭教育指导服务。无论是乡村还是社区，都应该及时在公报栏或公众号等公布信息的平台上发布有关性侵害的重大案件或者性知识，方便公众阅览的同时，也能给潜在被害人和不法分子以教育和威慑。

---

① 参见李步芸：《小学性别教育校本课程开发研究——以 S 小学为例》，上海师范大学 2017 年硕士学位论文。

（二）建立犯罪人信息登记和公布制度

法律规定我国应建立国家统一的性侵害、虐待、暴力伤害等严重侵害未成年人违法犯罪人员信息查询系统，用人单位在招聘密切接触未成年人的从业人员时，应向公安机关查询应聘者是否具有相关侵害未成年人的违法犯罪记录。

本文认为，社会各部门应协同起来建立性侵犯罪人信息登记和公布制度，在全国范围内建立起可供民众查询的性侵犯罪人的信息。登记的对象主要包括未服刑完毕、已服刑完毕、未构成犯罪但受行政处罚或者多次实施性骚扰的犯罪人。构建主体主要是公安机关以及司法部门，公安机关可以对涉及本类犯罪的人员进行信息汇总，由各机关共同在信息网络中录入有关个人信息、家庭住址以及案件的情况，并注意及时更新，供有关单位在必要时对有关个人进行查询。有学者质疑收集犯罪人相关信息并登记入库的行为侵犯了行为人的个人信息，本文认为该行为并不侵犯行为人的信息。根据《个人信息保护法》第 34 条的规定，国家机关为履行法定职责处理个人信息，应当依照法律、行政法规规定的权限、程序进行，不得超出履行法定职责所必需的范围和限度。因此，公安机关、检察机关以及其他机关依据法律、行政法规规定的权限、程序而获取的犯罪人个人信息，在合法使用的范围内，不构成对犯罪人个人信息权益的侵犯。

美国《梅根法》自施行以来，建立了庞大的资料库，性侵犯罪人的姓名和住址等公之于众，美国民众可在全美范围内自行查阅，提前进行犯罪预防。有学者认为“梅根”法案使强奸犯的行为有了更大的社会惩罚成本，使其在所有的社会行为中都受到限制，我国可以借鉴“梅根”法案。①

（三）完善相关法律法规

我国《刑法》以及相关法律法规不断加大对未成年女性性权利的保护。

① 参见张洪泉：《性侵幼女频现是因犯罪成本太低》，载《大江周刊（焦点）》2013 年第 7 期。

《刑法修正案（十一）》中新增负有照护职责人员性侵罪，将强奸行为和猥亵行为纳入本罪的考察范围，并与被害人的主观意愿相结合，加大了性侵未成年人的打击力度。2020 年 5 月正式施行的《关于建立侵害未成年人案件强制报告制度的意见（试行）》中规定，有关机关在调查取证的过程中应当注重保护被害人的隐私，必要情况下还应当通知有关民政部门到场协助办案。《个人信息保护法》第 2 章第 2 节专门规定了对公民敏感个人信息的处理规则。该法第 28 条将不满 14 周岁未成年人的个人信息认定为敏感信息，第 31 条规定了个人信息处理者处理不满 14 周岁未成年人个人信息的规则，不仅应当取得未成年人的父母或者其他监护人的同意，还需要对处理不满 14 周岁未成年人个人信息制定专门的个人信息处理规则。该法的实施保护了性侵幼女犯罪被害人的个人信息，应当成为我国刑事追诉秉持的原则。《未成年人保护法》《预防未成年人犯罪法》对未成年人的家庭和学校教育、预防性骚扰未成年人以及司法程序中对未成年人的保护问题进行了规定。家庭、学校和有关单位不仅负有性教育的义务，还负有对侵害未成年人行为的积极报告和相关职业入职筛选义务。

上述法律法规的完善无疑是保护幼女免遭性侵害以及在刑事追诉过程中保护幼女权益的一大进步，但我国法律法规仍缺少具有针对性的具体规定，如学校如何开设相关性教育的课程，如何运用犯罪人的信息登记和公布制度来进行相关职业入职筛选活动，社会福利机构等应当通过哪些途径在性侵幼女犯罪案件中发挥作用，等等。

本文认为，我国台湾地区的相关规定颇值得借鉴。我国台湾地区设有“性别平等教育法”（2004 年施行），多元化、多层次、多主体地对未成年人的权益进行保护。如第 1 章主要规定各区主管机关应当设立性别平等教育委员会，并研拟地方性别平等教育相关法律法规、政策以及年度实施计划，监督辖区内主管学校教育的推进和学校在职人员的进修；第 2 章主要规定学校必须开设相关性教育的课程以及对教职工进行入职前教育、新进人员培训以及在职进修。学校也必须设置性别平等教育委员会，具体规定了委员会的成员组成，重点强调女性成员应占 1/2 以上，以及委员会的召开事项。此外，

“儿童及少年性交易防制条例”（2006 年施行）第 9 条规定了特定职责人员对未成年人从事性交易以及相关涉事人员的报告义务以及违反报告义务的惩治措施；第 10 条对未成年人司法讯问作出了保护，不必要不得再次对未成年人进行讯问；第 14 条等规定了学校等教育机构等对此类未成年人的教育和疏导作用。此外还规定了未成年人的安置问题，包括主管机关、监护人以及其他主体对未成年人的保护。其他多部规定还明确设置了儿童受性侵案件的司法调查程序，除了特殊的侦查人员外，还应当包括心理医生、福利机构人员等，从社会的各个层面为未成年人提供保护。这些规定对未成年人性权利的保护规定得十分细致，为实务提供了明确的指引。

此外，我国台湾地区的“性骚扰防治法”（2006 年施行）的出台也具有重要的借鉴意义。该“法”不仅对性骚扰给予了明确的定义，而且详细地规定了救济方式、责任主体以及刑事责任判定，其中责任主体包括学校等教育机构，是对在校未成年人性权利保护的强调。

本文认为，我们可以借鉴上述规定，形成以刑法规制为中心、其他法律法规为补充的体系，以对不同性质和程度的犯罪行为进行适当的惩治，尽量做到违法必究、用法恰当。

（四）完善相关单位以及主管部门监督机制

外界各主管部门的互相配合，是防治性侵犯罪的有效办法。加强对涉未成年人职业的准入和考核尤其重要，这里的职业以教师行业为例。师源性性侵案件近几年来频频发生，更加说明了应当根据相关案件的信息以及犯罪人的个人信息建立信息档案库，在教师入职前可供单位查询，以便及时筛选掉危险人物。悲剧发生后，事后的救济措施也不能缺失。例如，学校应采取措施缩小侵害对学生的人身影响范围，便于被害人能顺利生活和学习，建立事后补偿和赔偿机制，最大限度上弥补被害人身体和心灵的创伤。

1. 建立教师入职前查询和入职后定期考核行业制度

建立教师入职前查询制度。我国在教师入职前更多的是对执教能力的考察，教师的道德素养更多的是形式层面的考察。本文认为，建立教师入职前的查询制度，最艰难的工作在于建立性侵犯罪人信息登记制度，这是一项复杂而又漫长的工作。根据性侵人信息库对教师进行入职查询，其涵盖的主要内容有：因性侵行为（不区分受害人成年与否）入刑的犯罪分子予以特别记录，这类犯罪分子的人身危险性极大，应当完全剔除出教师队伍；因其他暴力行为（不区分受害人成年与否）予以行政处罚等非刑事处罚的犯罪人，根据其行为次数、间隔和案件性质，有条件地将其剔除出教师队伍。

建立教师入职后定期考核行业制度。学校要定期对已入职教师以及学校工作人员（包括保安、后勤等非教师职业）的道德水平进行考查，坚持以师德教育为核心，针对教师职业道德存在的问题，通过多种方式培养从业人员的职业道德，明确声明职业禁区。[①] 对一些道德考核异常（如与幼女有亲近的行为，但未发生肢体接触）的员工进行登记和密切留意；若处于极端异常（如与幼女肢体接触但未达到入罪的严重程度）的状态，学校应及时对其登记并向有关机关上报，同时可以对其采取暂时停职的方式避免其再次与幼女接触；如果师源性性侵事件已经发生，无论犯罪人是否构成刑事犯罪都应予以辞退，同时告知公安机关将其基本信息和违法行为录入性侵犯罪人信息库，以便其他单位及时查询。单位以及机构部门的及时报告制度衍生于上述对特定职责人员的考核机制，也是我们保护幼女性权利的重要渠道。如果这些主体隐瞒不报，只会给受害人造成更严重的伤害，给司法机关带来巨大的阻碍，因此，对知情不报甚至包庇的机构加重处罚是必要的。

学校在净化自身的同时，还应建立儿童投诉机制。许多孩子在遭受侵害后羞于启齿，不知通过什么样的方式保护自己，故在学校设立专门的儿童投诉信箱以及配备专业人员及时处理相关事宜十分重要，如此不仅给受侵害的孩子们提供了救济平台，也会为后期案件的侦查保存第一手资料。

2. 建立社会性的事前预防和事后救济机制

社会性的事前预防机制与前文所述的基层社区采取的信息公布制度类似，

---

① 参见康均心、刘猛：《我国中小学校园性侵犯罪的防制》，载《青少年犯罪问题》2014 年第 2 期。

但社会性的事前预防不仅包括相关案件信息推送等需要公众主动接受的方式，还可以利用多媒体手段，制作防范性侵主题的公益视频，举行相关的公益活动，让公众能够接受并参与其中，潜移默化地改变公众既往的保守心理，切身感受性教育对孩子的重要性。

建立社会性的事后救济机制也尤为重要。虽然我国《刑法》对未成年女性性权利加以特殊保护，但案发后对被害人的救济和补偿却是法律没有过多关注的问题。性侵行为一般伴随严重的身体损害和心理伤害，身体康复以及心理疏导往往是一个持续的过程，在对犯罪人打击力度加大的同时，应注重对受害人的经济赔偿。

我国目前对性侵案件的受害人采取的治疗主要以其身体伤害为主，但结合现实中发生的案例，性侵害对被害人心理上的伤害可能远大于身体上的伤害，对被害人心理伤害进行治疗就显得格外重要。[①] 对这类案件的赔偿应当包括精神损害赔偿，尤其是对未满 14 周岁的儿童实施性侵害时，应当统一认定为已经对其造成精神损害。虽然精神损害在实务中难以实际衡量，但可根据受侵害幼女身体健康损害程度、创伤后应激障碍程度、引发的心理问题严重程度等为参考，制定精神损害赔偿的标准。有学者从各部门法之间相互协调的角度出发，分析论证了精神损害赔偿引入刑事附带民事诉讼中不一定会给刑事诉讼活动带来过多的压力。[②] 本文赞成这样的观点，精神损害赔偿进入性侵幼女案件的赔偿认定当中并无不妥。通过经济赔偿，给受害人的身心康复提供一定的物质支持，这不仅是对一个家庭的救济，同样也是人道主义的体现。杨某某案中，犯罪人在再审结束后才归还杀害杨某燕后拿走的 32 元，其他的经济赔偿执行困难程度可想而知。在某些案件中，受害人及其家属以放弃经济赔偿的方式表明追究被告人的刑事责任到底的决心屡见不鲜，但是我们不能认为这样的方式是合理的，对遭受性侵的被害人给予经济赔偿是必需的，如果犯罪人确实无法承担经济赔偿，民政部门以及社会福利机构就应该

① 参见涂欣筠：《我国未成年人性侵案件现状及其对策》，载《江苏警官学院学报》2015 年第 1 期。

② 参见区金：《性侵幼女犯罪的立法探析与完善》，复旦大学 2014 年硕士学位论文。

发挥作用，给予被害人及其家庭必要的关怀和帮助，以助被害人早日康复和回归正常生活。

四、总结

性侵幼女犯罪是以不满 14 周岁的幼女为对象的犯罪行为，由于幼女身心发育不健全，因此这类犯罪后果严重。我国在加大惩处犯罪人的同时，对受害幼女的保护和赔偿也是必要的。对于犯罪预防，社会各界应当建立完善的信息公布制度和性教育体制，潜移默化地增加公众的性知识储备；建立前后协调的涉未成年人的职业准入以及监督机制；出台针对性的法律法规。我国相关立法严格且逐步细化，但针对性立法缺失，可以参考我国境外的立法，对幼女进行多方位深层次的保护。

本文对性侵幼女类犯罪的严峻形势、产生原因和防治措施进行了分析，提出了笔者自己的看法和建议，但囿于篇幅以及笔者的能力有限，本文也存在两个难以克服的问题。一是有关建立犯罪人信息登记和公布制度的内容论述不全面。主要是因为对庞大的犯罪人数据进行分析和登记是一项困难且复杂的工作，而且涉及多个机关之间的权力分工及协作，该问题不仅涉及刑法，还会涉及民法、行政法等多个部门法，其实践难度远远大于论述难度，本文只能为建立该制度提供一个大致的思路和方向，无法在本文中进行具体的描述。二是对教师入职后职业道德水平考核没有提出明确标准。道德属于人们内心的意志和观念，在实践中难以形成统一的认定标准。关于道德异常以及极度异常具体应当从哪些角度判断的问题还需要在实践以及立法发展过程中形成一个大致的标准。关于本文提出的问题以及尚存的不足，希望在今后的研究中可以有所进步和突破。

回顾杨某某案和王某某案，如果受害人的母亲、学校或村组织能向孩子们传授性知识以及保护自己的方法，对具有危险人格的人员予以实时关注，可以在一定程度上避免悲剧的发生。在案件发生以后，及时落实对受害人的经济赔偿，最大限度地降低侵害行为对受害人及其家庭的影响，也是我们立法和实务需要关注的问题。在现如今和谐富裕的社会中，对孩子的保护更应该提上日程。家庭、学校和社会应多位一体，从制度、设施、形式以及内容等多个层面出发，共同建立一个有机联系的防治性侵害体系，为孩子们的健康发展提供坚实的后盾。

我国侵害未成年人案件强制报告制度研究

杨川川*

内容提要：2020年5月，最高人民检察院联合多个部门共同印发《关于建立侵害未成年人案件强制报告制度的意见（试行）》，正式在国家层面建立侵害未成年人案件强制报告制度，同年10月17日新修订的《未成年人保护法》吸收上述强制报告意见中关于强制报告制度的相关内容，正式在法律层面建立强制报告制度。强制报告制度以“最有利于未成年人原则”和“国家亲权”理论为依据，是国家力量强制介入并与社会力量共同配合保护未成年人的关键举措，对于解决侵害未成年人案件预防难、发现难、处理难等问题具有重要作用。但是，制度的建立并非一蹴而就，新生制度在运行过程中难免出现规范不足、运行不畅等问题，在当前侵害未成年人严峻的社会背景下，侵害未成年人案件数量仍处于高位，各类恶性侵害未成年人案件频发，所以对于制度的完善就显得尤为紧迫。本文通过分析强制报告制度理论基础、解读强制报告具体法律法规、梳理强制报告发展历程，得出目前强制报告制度面临报告主体意识不强、报告制度法律衔接不畅、制度体系不完备、配套措施缺失等问题，提出目前具有可行性的建议。

* 杨川川，法学硕士，成都建工预筑科技有限公司职员，四川师范大学少年司法研究与服务中心特邀研究员。研究方向：诉讼法学。

关键词：未成年人保护　强制报告制度　权利保护　制度完善

近几年，有关侵害未成年人[①]的恶性案件不断在网络曝出，如“云南百香果女童案”“南京虐童案”“贵州留守儿童案”等，这些案件受到了社会的广泛关注。根据联合国儿童基金会发布的报告显示：2015 年中国 0～17 岁儿童人口 2.71 亿，占全国人口的 19.7%；儿童人口占世界儿童人口的 12.9%，位居世界第二。[②] 最高人民检察院发布的《未成年人检察工作白皮书（2020）》显示，检察机关 2017—2020 年起诉侵害未成年人犯罪分别为 47,466 人、50,705 人、62,948 人、57,295 人，2017—2019 年侵害未成年人犯罪数量连续上升，2018 年、2019 年同比分别增长 6.82%、24.15%；2019—2020 年虽然犯罪数量有所下降，但与 2017 年和 2018 年相比仍然偏高，侵害未成年人案件主要集中于强奸、猥亵、故意伤害等人身暴力性案件（见图 1）[③]。如何加强对未成年人的保护是现在面临的严峻问题。

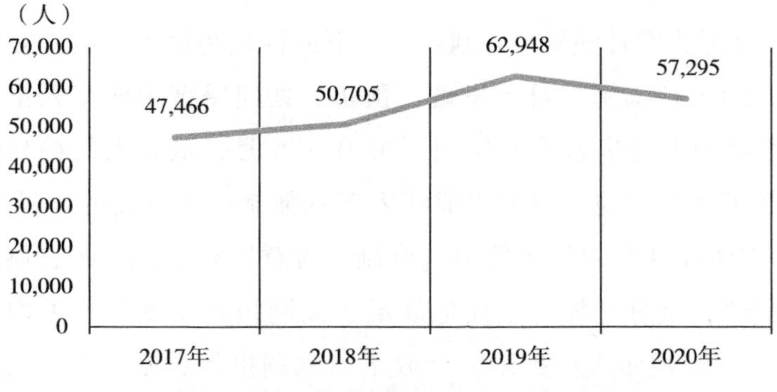

图 1　2017—2020 年提起公诉侵害未成年人犯罪数

资料来源：最高人民检察院《未成年人检察工作白皮书（2020）》。

---

① 联合国《儿童权利公约》第 1 条规定：“为本公约之目的，儿童系指 18 岁以下的任何人，除非对其适用之法律规定成年年龄少于 18 岁。”本文中的使用的“未成年人”与“儿童”均为同一概念，指未满 18 周岁的自然人。

② 参见《2015 年中国儿童人口状况》，载联合国儿童基金会中国官网，https：//www. unicef. cn/reports/population – status – children – china – 2015。

③ 参见《未成年人检察工作白皮书（2020）》，载最高人民检察院官网，https：//www. spp. gov. cn/xwfbh/wsfbt/202106/t20210601519930. shtml。

未成年人是可持续发展和文明传承的保障，其健康成长关乎国家的未来。未成年人与成年人相比其抵御侵害的能力更弱；一方面，未成年人身心发育未成熟，对社会环境了解不足，防范意识差，自我保护能力不足；另一方面，未成年人的世界观、人生观、价值观还未成形，在遭受侵害时极易出现心理障碍。有研究表明，成长期间所经历的负面情况越多，患病的健康危险与药物滥用、抑郁、自杀等不良行为出现的概率越高。[①] 与此同时，侵害未成年人犯罪案件不同于一般刑事案件，其具有预防难、发现难、取证难的特点。首先，这类案件往往发生在家庭、学校、宾馆等相对封闭的环境中，一般人难以察觉；其次，该类案件主体生理和心理的特殊性，使其认知和表达能力有限，无法准确表达案件情况，单靠公安等机关难以进行调查取证，导致案件处理不及时，错过介入案件的最佳时机。未成年阶段是三观养成的最重要阶段，其经历影响着后续人生发展轨迹，保护未成年人免受侵害已经成为世界的共同理念。

侵害未成年人案件强制报告制度（以下简称强制报告制度）是以国家权力强制介入的干预措施，对于发现、预防、处理侵害未成年人案件，保护未成年人合法权益发挥着重要作用。2020 年 5 月，最高人民检察院等九部门联合印发了《关于建立侵害未成年人案件强制报告制度的意见（试行）》（高检发〔2020〕9 号，以下简称《强制报告意见》），强制报告制度正式在国家层面创建，该意见较为全面地规定了强制报告制度的相关内容。同年 10 月修订的《未成年人保护法》吸收了《强制报告意见》的有关内容，使强制报告制度成为全国性的法律制度。但是该制度的建立还处于起步阶段，实践过程中难免会面临设计不严谨、执行不畅乃至制度失效等问题，报告主体意识不强、报告制度法律衔接不畅、报告制度体系不完备、配套制度缺失等问题也都需要考虑，如何让该制度正确落实并发挥作用是当前我们所面临的首要问题。

---

① Vincent, J. , et al. , 1998, “Relationship of Childhood Abuse and Household Dysfunction to Many of the Leading Causes of Death in Adults.” American Journal of Preventive Medicine 14 (4).

一、侵害未成年人案件强制报告制度理论基础

认识制度的前提首先要了解其理论基础，理论是制度存在的基石，是实践的先导。通过深挖理论所存在的价值内涵，才能从内到外认识制度，才能在此基础上发现制度存在的问题并找到解决方向。

（一）最有利于未成年人原则

纵观古今，未成年人的法律地位是逐渐建立起来的。在古代王权时期，权利受到压迫，并未产生人权这个概念，未成年人权利更无从谈起。到了近代，随着人权理念的觉醒，未成年人权益的保护才为社会所关注。在现代立法中，人权观念在世界普及，最有利于未成年人原则[①]的确立让未成年人摆脱权利客体的地位，成为真正的权利主体。

最有利于未成年人原则涵盖两个关键点。第一点是未成年人和成年人一样享受独立权利主体地位，而不是客体地位；第二点是未成年人利益与其他利益均属于平等地位，且在处理与未成年人利益有关的事务时须倾向于未成年人利益，不仅要在客观上考虑未成年人的物质利益，而且要在主观上考虑未成年人的精神利益，从而实现最有利于未成年人。最有利于未成年人原则体现了“未成年人与成年人之间的利益博弈。二者的利益权衡是衡量一个社会对未成年人权利尊重程度的标尺”。[②] 同时，《儿童权利公约》第 3 条第 1 款明确囊括了国家的义务和未成年人的权利。该公约是各国立法、司法、执法中保护未成年人的纲领性文件，要求相关机关在处理未成年人事务时，以最有利于未成年人为基本点。

尽管最有利于未成年人原则在《儿童权利公约》中得到了肯定，并成为未成年人保护的纲领性准则，但是到目前为止对于该原则的准确内涵并没有一个统一的说法，并且在实践运用中引发不少争议。一方面原因是原则本身

---

① “最有利于未成年人原则”规定于新修订的《未成年人保护法》之中，是“儿童最大利益原则”的中国化表达，为使行文统一，本文均使用“最有利于未成年人原则”。

② 参见曹贤余：《儿童最大利益原则下的亲子法研究》，群众出版社 2015 年版，第 76 页。

就有不明确性，“最大”一词本身就属于抽象性的概念，因而各个国家或地区在适用该原则时，受到自身经济、政治、文化的影响，对其的价值判断呈现出不同结果，产生明显的地区差异性；另一方面原因是没有权威的机构对该原则作出解释，导致其适用过程中受到诸多因素的干扰。比如，在案件处理中，由于未成年人自身智力、认知能力、社会经验等方面的不足，裁判者在处理与未成年人相关的案件时拥有极大的自由裁判权，往往会用成年人的思维方式来进行判断，使案件出现差异性的结果。这些原因最终导致在国际社会中难以形成一个统一的判断标准，这就使最有利于未成年人原则成为成年人自我限制权利的标尺之一，成年人只是代理未成年人作出决定而已。[①] 虽然如此，《儿童权利公约》第 3 条中最有利于未成年人原则仍然是保护未成年人的有力“武器”。

通过解读最有利于未成年人原则就能发现，强制报告制度的出现就是实现最有利于未成年人原则的具体措施，其蕴含着国家力量、社会力量保护未成年人的理念，体现了最有利于未成年人原则的价值取向。

（二）国家亲权理论

未成年人本身就具有双重的社会属性，未成年人作为国家和社会的人力资源储备，其不仅属于家庭，更属于整个国家和社会。因此，对于未成年人的保护不仅是家庭的义务和责任，更是国家的义务和责任。[②]

家庭内部事务的处理具有私密性，任由家庭处理内部事务，只会让父母亲权独大而损害未成年人利益，国家亲权的介入就显得尤为必要。这是国家亲权理论的核心。国家亲权理论的内涵主要有以下两个方面：

第一，国家以“最终监护人”的身份承担保护未成年人的职责。在早期的人类社会，父母在家庭内部拥有绝对的权力和权威，对其家庭内部的未成年人而言其权力是没有边界的，甚至可以剥夺未成年人的生命。伴随时代的

---

① 参见王蓓蓓：《国际儿童保护中的儿童最大利益原则研究》，安徽大学 2012 年硕士学位论文。

② 参见孙艳艳：《儿童与权利：理论建构与反思》，山东大学 2014 年硕士学位论文。

发展和社会的进步，这种“绝对亲权”的传统观念渐渐为“国家亲权”所替代。作为全球所承认的未成年人保护的基本理念，国家亲权要求国家承担其保护未成年人的基本职责。

第二，当未成年人的监护人不履行其监护职责或没有能力履行监护职责时，国家应该以“监护人”的身份介入未成年人家庭关系中，在必要时直接取代父母监护权，从而保障未成年人的合法权益。

国家亲权理论与最有利于未成年人原则相辅相成。国家亲权确立的初衷是保护未成年人的合法权益，而非替代父母的自然亲权，否则便失去了亲权的本意和国家亲权存在的现实价值。[①] 从国家亲权的发展来看，传统社会的国家亲权发端于国家管理社会的基本权力，是国家对未成年人生活的强制干预，针对那些受到忽视未成年人的救助，但是出现偏差行为的儿童被视为应同成年人一样受到惩罚。随着社会生产力的不断进步，国家亲权的行使具有一定的社会投资色彩，即为了国家未来的劳动力资源储备而对未成年人家庭生活进行干预。在随后的发展中，人们理性地发现未成年人的偏差行为与家庭环境和社会环境有莫大的关系，社会要为其行为承担一定的责任，对未成年人处以同成年人般的惩罚会带来更多消极的后果，所以国家亲权强调对其进行特殊保护。对偏差未成年人的处置也以保护为主、惩罚为辅，更加强调儿童的权利。国家亲权的首要目标是保障未成年人的权益，而不是惩罚犯罪。相对于家庭自治而言，国家亲权具有极大的规模效应，是保护未成年人权益的有效工具，这些都是家庭和其他社会组织无法比拟的。

综上，所谓国家亲权实质上是一种拟制的监护权，只是这个“监护人”变成了国家。国家亲权取代自然亲权对未成年人进行保护是合理的，其目的是在家庭与国家之间找到一种平衡。正如《儿童权利公约》第 19 条第 1 款[②]就是体现国家亲权理论。国家亲权不仅是家庭监护缺位的一个替代和弥补，

---

① 参见姚建龙、公长伟：《未成年人保护中的国家亲权理念研究——以新未成年人保护法为重点》，载《预防青少年犯罪研究》2021 年第 1 期。

② 《儿童权利公约》第 19 条第 1 款规定：“缔约国应采取一切适当的立法、行政、社会和教育措施，保护儿童在受父母、法定监护人或其他任何负责照管儿童的人的照料时，不致受到任何形式的身心摧残、伤害或凌辱，忽视或照料不周，虐待或剥削，包括性侵犯。”

更是未成年人合法权益的最后保障。《未成年人保护法》中国家责任原则就是国家亲权理论的中国化解读。[①] 但仅仅依靠国家公权力贯彻“国家亲权”是远远不够，所以必须发挥各类主体的价值。强制报告制度就是以最有利于未成年人原则和国家亲权为理论基础，将国家主体和社会主体融汇到一起形成保护未成年人的合力。

二、我国侵害未成年人案件强制报告制度发展现状

（一）强制报告制度的内容

根据《强制报告意见》第 2 条的规定，侵害未成年人案件强制报告是指“国家机关、法律法规授权行使公权力的各类组织及法律规定的公职人员，密切接触未成年人行业的各类组织及其从业人员，在工作中发现未成年人遭受或者疑似遭受不法侵害以及面临不法侵害危险的，应当立即向公安机关报案或举报”。

第一，强制报告的主体。《未成年人保护法》第 11 条[②]吸收《强制报告意见》第 2 条、第 3 条的规定，明确强制报告制度的责任主体为三大类：国家机关、居（村）民委员会、密切接触未成年人的单位及其工作人员。同时《未成年人保护法》第 130 条第 1 款[③]解释了“密切接触未成年人的单位”的具体范围。

---

① 《未成年人保护法》第 3 条第 1 款规定：“国家保障未成年人的生存权、发展权、受保护权、参与权等权利。”

② 《未成年人保护法》第 11 条规定：“任何组织或者个人发现不利于未成年人身心健康或者侵犯未成年人合法权益的情形，都有权劝阻、制止或者向公安、民政、教育等有关部门提出检举、控告。国家机关、居民委员会、村民委员会、密切接触未成年人的单位及其工作人员，在工作中发现未成年人身心健康受到侵害、疑似受到侵害或者面临其他危险情形的，应当立即向公安、民政、教育等有关部门报告。有关部门接到涉及未成年人的检举、控告或者报告，应当依法及时受理、处置，并以适当方式将处理结果告知相关单位和人员。”

③ 《未成年人保护法》第 130 条第 1 项规定：“密切接触未成年人的单位，是指学校、幼儿园等教育机构；校外培训机构；未成年人救助保护机构、儿童福利机构等未成年人安置、救助机构；婴幼儿照护服务机构、早期教育服务机构；校外托管、临时看护机构；家政服务机构；为未成年人提供医疗服务的医疗机构；其他对未成年人负有教育、培训、监护、救助、看护、医疗等职责的企业事业单位、社会组织等。”

第二，强制报告的内容。《未成年人保护法》第 11 条规定，强制报告的内容包括不利于未成年人身心健康或者侵犯未成年人合法权益的情形以及未成年人身心健康受到侵害、疑似受到侵害或者面临其他危险的情形。《强制报告意见》第 4 条规定了 9 种应当报告的情形。[①]

第三，未履行强制报告义务的责任。《未成年人保护法》第 117 条规定，未履行报告义务造成严重后果的，应当由上级主管部门或者所在单位对直接负责的主管人员和其他直接责任人依法给予处分。同时，《强制报告意见》第 16 条规定构成犯罪的，依法追究刑事责任；第 17 条规定了监察委员会对公职人员追究责任。

第四，强制报告责任主体的保护。《强制报告意见》第 13 条[②]、第 15 条[③]分别规定了对报告主体的个人信息进行保密和因履行强制报告义务发生的纠纷不承担法律责任。

第五，强制报告制度的受理部门。《未成年人保护法》第 11 条规定，强制报告制度的受理部门为公安、民政、教育等部门。《强制报告意见》中第 2 条规定强制报告机关为公安机关。

（二）强制报告制度的地方实践

早在《强制报告意见》出台和《未成年人保护法》修订前，多数地区已

---

① 《强制报告意见》第 4 条规定："本意见所称在工作中发现未成年人遭受或者疑似遭受不法侵害以及面临不法侵害危险的情况包括：（一）未成年人的生殖器官或隐私部位遭受或疑似遭受非正常损伤的；（二）不满十四周岁的女性未成年人遭受或疑似遭受性侵害、怀孕、流产的；（三）十四周岁以上女性未成年人遭受或疑似遭受性侵害所致怀孕、流产的；（四）未成年人身体存在多处损伤、严重营养不良、意识不清，存在或疑似存在受到家庭暴力、欺凌、虐待、殴打或者被人麻醉等情形的；（五）未成年人因自杀、自残、工伤、中毒、被人麻醉、殴打等非正常原因导致伤残、死亡情形的；（六）未成年人被遗弃或长期处于无人照料状态的；（七）发现未成年人来源不明、失踪或者被拐卖、收买的；（八）发现未成年人被组织乞讨的；（九）其他严重侵害未成年人身心健康的情形或未成年人正在面临不法侵害危险的。"

② 《强制报告意见》第 13 条规定："公安机关、人民检察院和司法行政机关及教育、民政、卫生健康等主管行政机关应当对报案人的信息予以保密。违法窃取、泄露报告事项、报告受理情况以及报告人信息的，依法依规予以严惩。"

③ 《强制报告意见》第 15 条规定："依法保障相关单位及其工作人员履行强制报告责任，对根据规定报告侵害未成年人案件而引发的纠纷，报告人不予承担相应法律责任；对于干扰、阻碍报告的组织或个人，依法追究法律责任。"

经对强制报告制度进行探索，各地也根据地方的差异制定本地的制度体系，这些地区的实践探索为强制报告制度发展提供经验借鉴。

2018 年 4 月，杭州市萧山区人民检察院联合多部门共同出台了《关于建立侵害未成年人案件强制报告制度的意见》，这是全国首个关于强制报告制度的地方探索，为后续其他地区建立该制度提供了经验。随后，2018 年 7 月，浙江省杭州市人民检察院联合等多个部门制定了《关于侵害未成年人案件强制报告制度的意见》，这是浙江省首个市级层面的强制报告制度，同时通过支付宝平台创建了“检察监督线索举报”小程序，报告人可以随时通过互联网平台对侵害未成年人的行为进行举报，这在全国尚属首次，为该制度在全国推广提供了实践积累。2018 年 11 月，江苏省无锡市首次在全省范围内建立强制报告制度，江苏省无锡市惠山区人民检察院建立了“护苗随手拍”小程序，创新了保护未成年人的工作模式。2019 年 3 月，湖北省检察院联合多个部门制定《关于建立侵害未成年人权益案件强制报告制度的工作办法（试行）》，该办法属于全国第一个省级层面的强制报告制度，随后强制报告制度在湖北各地逐渐创建起来。2019 年 12 月，北京市通州区民政局联合检察院等单位联合出台了《关于建立侵害未成年人案件强制报告制度的意见（试行）》。①

2020 年 7 月，重庆市九龙坡区人民检察院联合多个部门通过了《九龙坡区关于侵害未成年人案件强制报告制度的实施办法（试行）》，并且开发了“强制报告 App”智能软件，取得了良好的运行实效。2021 年 12 月，山西省娄烦县正式上线了“智慧检务——侵害未成年人案件强制报告平台”，这是山西省首个侵害未成年人案件强制报告平台。② 随后各地也陆续探索建立强制报告制度，该制度在实践中对于预防和保护未成年人发挥有效作用。

地方探索为强制报告制度完善提供了经验启示。首先，强制报告制度并不是单一部门建立，是联合多个部门共同建立，使该制度能够调动各部门互

---

① 参见王海燕：《北京首个困境儿童强制报告制度出台》，载人民网—北京频道 2020 年 1 月 21 日，http：//bj. people. com. cn/n2/2020/0121/c82840 – 33734381. html。

② 参见张婷婷：《山西省首个侵害未成年人案件强制报告平台启动》，载人民网—山西频道 2021 年 12 月 1 日，http：//sx. people. com. cn/n2/2021/1201/c189147 – 35031751. html。

相配合，形成保护未成年人的合力；同时用规范文件的方式赋予制度法律效力，有法可依，具有教育指导、评价的作用。其次，在强制报告制度的地方实践中，多个地区利用互联网技术实现强制报告制度广泛覆盖，门槛降低，举报更加便捷、快速和高效，做到随时监控和处理，及时有效保护未成年人权益。在信息科技时代，巧妙利用互联网与法治相结合，创新治理方式，是十分有效的。

三、我国侵害未成年人案件强制报告制度现实困境

通过对我国现阶段强制报告制度的现状分析可以看出，由于制度发展刚起步，所以存在一些发展困境，主要表现在报告主体意识不强、相关法律衔接不畅、制度体系有待完备以及配套措施尚未健全等方面，严重影响了该制度发挥实效。

（一）报告主体意识不强

1. 传统观念影响

在儒家文化和家本位思想的影响下，“父母亲权”观念根深蒂固，家庭是社会的主要单元，家长作为这个单元的绝对权威“掌握”了孩子的一切，暴力管教孩子在普通人眼里也是一个“有效”的方法。同时，受“清官难断家务事”的观念影响，普通人对于家庭暴力和虐待持默认的态度。家庭作为一个“私域”天然排斥外界力量的干预，一般主体对于发生在家庭内侵害未成年人的案件并不会主动去干涉。民众对于家庭内部监护人暴力案件容忍度更高，对家庭外发生非监护人侵害未成年人案件容忍度低。[①] 当家庭中发生侵害未成年人的案件进入公安机关时，通常情况下已出现严重后果。

2. 制度宣传不到位

《强制报告意见》和新修订的《未成年人保护法》均在 2020 年颁布，

---

① 参见杜雅琼、曹越月：《视而“见”或“不见”，伤害就在那里——中国儿童保护强制报告现状透视》，载《少年儿童研究》2022 年第 1 期。

2020 年新冠疫情席卷全世界，相关部门更多的关注点集中在疫情防控上，所以对强制报告制度的重视程度有所欠缺。同时，最高人民检察院等相关部门对于怎样有效开展强制报告制度仍处在探索中。此外，当前宣传效果并不突出，相关单位和个人对于自己需要履行的职责没有清晰的认识。虽然有的地方对强制报告制度进行宣传教育，但仅仅限于学校、医院、社区等场所，没有一个涉及面更广的平台，而且相关宣传工作人员不够，宣传力度大打折扣。除此之外，相关法律法规出台后，虽然已经明确规定了强制报告制度，但由于宣传不到位，知晓率较低，有些部门内部工作流程也未根据制度进行调整。

（二）相关法律衔接不畅

虽然《未成年人保护法》吸收了《强制报告意见》中的部分内容，但是二者在报告主体、报告内容、受理机关以及未履行报告义务的责任等方面均有不同（见表 1）。《未成年人保护法》《刑事诉讼法》《反家庭暴力法》等法律都零散地规定了侵害未成年人案件的强制报告内容，但是并没有将零散的法律条文整合到一起。即使《强制报告意见》将以往强制报告内容整合到一起，但是其并不属于专门立法，其与《未成年人保护法》衔接并不完全畅通。与此同时，《教师法》《医师法》等职业性法律中也没规定相关内容与强制报告制度进行衔接。

表 1　《未成年人保护法》与《强制报告意见》的对比

类别	《未成年人保护法》	《强制报告意见》
主体	“任何组织或者个人……国家机关、居民委员会、村民委员会、密切接触未成年人的单位及其工作人员……”（第 11 条） “密切接触未成年人的单位，是指……”（第 130 条）	“……国家机关、法律法规授权行使公权力的各类组织及法律规定的公职人员，密切接触未成年人行业的各类组织及其从业人员……”（第 2 条） “本意见所称密切接触未成年人行业的各类组织，是指……”（第 3 条）

续表

类别	《未成年人保护法》	《强制报告意见》
内容	"……不利于未成年人身心健康或者侵犯未成年人合法权益的情形……身心健康受到侵害、疑似受到侵害或者面临其他危险情形的……"（第11条）	"……遭受或者疑似遭受不法侵害以及面临不法侵害危险的……"（第2条） "本意见所称在工作中发现未成年人遭受或者疑似遭受不法侵害以及面临不法侵害危险的情况包括……"共9类（第4条）
受理机关	"公安、民政、教育等有关部门"（第11条）	"公安机关"（第2条）
责任主体保护	无	"……对报案人的信息予以保密。违法窃取、泄露报告事项、报告受理情况以及报告人信息的，依法依规予以严惩。"（第13条） "依法保障相关单位及其工作人员履行强制报告责任，对根据规定报告侵害未成年人案件而引发的纠纷，报告人不予承担相应法律责任；对于干扰、阻碍报告的组织或个人，依法追究法律责任。"（第15条）
未履行报告义务责任	"违反本法第十一条第二款规定，未履行报告义务造成严重后果的，由上级主管部门或者所在单位对直接负责的主管人员和其他直接责任人员依法给予处分。"（第117条）	"……造成严重后果的，由其主管行政机关或者本单位依法对直接负责的主管人员或者其他直接责任人员给予相应处分；构成犯罪的，依法追究刑事责任，相关单位或者单位主管人员阻止工作人员报告的，予以从重处罚。"（第16条） "……监察委员会应当依法对相关单位和失职失责人员进行问责，对涉嫌职务违法犯罪的依法调查处理。"（第17条）

强制报告制度相关法律衔接不畅，主要有两方面的原因。一方面在于传统伦理道德的影响，人们对未成年人权利保护不够重视，传统观点将未成年人视为权利客体的存在，并不是权利主体，成年人只是以他认为保护的方式进行保护，这种观念使未成年人保护得不到足够重视。另一方面法律规定模糊限制了未成年人的权利。我们国家对于未成年人的立法并没有整合统一，相关法律法规分散在各个部门法之中，没有一个系统完整的内容，对于有关未成年人的规定一般为非强制性的原则规定，原则性规定看似法律效力更大，而在实践中很难得到真正落实，使该规定处于一种"看得见，

摸不着的情况”。对于未成年人权利保护来说，必须要以国家的强制力作为保障的基础。

（三）制度体系有待完备

1. 报告责任主体范围窄

根据《未成年人保护法》规定强制报告主体可以分为两类：一类为一般组织和个人；另一类为国家机关、居民委员会、村民委员会、密切接触未成年人的单位及其工作人员。但是仔细研究法条可以发现其存在两个问题。第一个问题是责任主体范围窄；第二个问题是主体责任落实不明确。首先来看责任主体范围窄的问题。根据《未成年人保护法》第 11 条第 2 款的规定，发现受到侵害、疑似受到侵害或面临其他危险，报告主体只限于国家机关、居民委员会、村民委员会、密切接触未成年人的单位及其工作人员；然而第 1 款规定，任何组织和个人只能对于实际侵害案件才能报告。所以，疑似侵害案件的报告主体并不包含一般组织和个人，导致在面对未成年人疑似受侵害案件时，相关主体积极性有所降低。其次来看主体责任落实不明确的问题。域外国家强制报告的主体都直接指向“个人”而非“机关”或者“组织”，责任追究到个人才能真正使制度有约束力，所以强制报告制度的责任落在“单位”主体上会使责任无法落实到位。除此之外，在主体判定上也存在问题，例如强制报告制度规定的“学校及其工作人员”的认定就比较模糊，是单指教师还是指学校所有的工作人员，所有的工作人员中保安、保洁、食堂工作人员又能否纳入其中；再如机场、码头、车站、公共交通站等其他场所的责任主体也不明确。

2. 强制报告内容和时限不详

《强制报告意见》第 4 条规定了强制报告的 9 种情形，重点针对身体侵害、性侵害和忽视照顾，《未成年人保护法》中则概括为身心受到侵害、疑似受到侵害或其他危险情形。

通过表 2 可以看到，除了出现犯罪情况外，报告内容需要满足“严重侵害”的情形才能向相关主体报告，而“严重”一词带有主观判断性，不同主体对于“严重侵害”的认定由于受到主客观条件的影响会产生不同的判断结果。虽然在网络方面也涉及保护条款，但其内容也是浅尝辄止，还需进一步优化。精神侵害并没有规定在强制报告的报告内容中。这类侵害虽然没有像性侵害、身体侵害一样可以直观呈现出来，但对未成年人日后生活影响更加深远，有研究表明目睹家暴后的未成年人在成年后出现家暴概率更大。[①]

表 2　《未成年人保护法》各章涉及的报告内容

第二章 家庭保护	“未成年人的父母或者其他监护人发现未成年人身心健康受到侵害、疑似受到侵害或者其他合法权益受到侵犯的，应当及时了解情况并采取保护措施；情况严重的，应当立即向公安、民政、教育等部门报告。”（第 20 条）
第三章 学校保护	“……对严重的欺凌行为，学校不得隐瞒，应当及时向公安机关、教育行政部门报告，并配合相关部门依法处理。”（第 39 条）；“……对性侵害、性骚扰未成年人等违法犯罪行为，学校、幼儿园不得隐瞒，应当及时向公安机关、教育行政部门报告，并配合相关部门依法处理。”（第 40 条）
第五章 网络保护	“任何组织或者个人发现网络产品、服务含有危害未成年人身心健康的信息，有权向网络产品和服务提供者或者网信、公安等部门投诉、举报。”（第 79 条）；“网络服务提供者发现用户发布、传播含有危害未成年人身心健康内容的信息的……并向网信、公安等部门报告。网络服务提供者发现用户利用其网络服务对未成年人实施违法犯罪行为的，应当立即停止向该用户提供网络服务，保存有关记录，并向公安机关报告。”（第 80 条）

现有法律法规中规定发现报告情形应当“立即”报告。但是“立即”应当是多久并没有具体的规定，而且不同的主体对于“立即”有不同理解，特别是针对性侵类案件，及时发现并向公安机关报案才能尽快尽早掌握证据打击犯罪者，并有效保护被侵害人遭受二次或长期伤害。总的来说，程序性事项规定越详细，在实践中越能得到落实，具体的报告时间才能更有效约束强制报告主体，才具有实际的可操作性。

3. 处置机制不健全

我国强制报告制度建立不久，没有形成完善统一的报告制度体系。强制

① 参见黄保红、周春燕等：《目睹家庭暴力对儿童认知和行为的影响》，载《中国学校卫生》2018 年第 10 期。

报告制度在不同部门的工作方式存在差异，共享机制不健全，难以有效整合，以至于在制度运行时出现衔接不到位、无法统筹兼顾等问题。

（1）受理部门不清晰。《未成年人保护法》所规定的受理机关为公安、民政、教育等多个部门，[①] 而《强制报告意见》中仅为公安机关。法律规定不统一，在实践中就会导致如下问题。第一，受理部门不清晰会导致报告主体在报告时目标不明确，不知道向谁报告，或者出现向其知晓的所有部门报告。第二，不同部门之间工作方式、信息共享方式有所区别，在当前未成年人保护协同机制不健全的情况下，多部门作为强制报告受理部门可能影响案件的处理效率，甚至出现互相推诿的情况，导致被侵害未成年人得不到及时救助。第三，从强制报告内容来看，前面也提到过未成年人遭受或疑似遭受或面临不法侵害都应报告，但由于在实践中案情轻重急缓不一，可能包含民刑等案件，如果所有案件都流向公安机关会导致公安机关办案力量严重不足，影响办案效率，且过早地介入可能给未成年人造成较大的心理压力。除此之外，在传统思想观念影响下，向公安机关求助一般是出现非常严重且无法解决的情况，所以侵害未成年人案件到公安机关手上时一般已出现严重后果，因此错过早期介入案件的最佳时机。第四，公安部门处理案件多为成年人案件，并没有设置一个专门机构处理未成年人案件，未成年人案件基本上也是按照普通案件处理，没有依据未成年人身心特点采取不同的处置办法，就可能因对涉及未成年人案件缺乏处置经验而影响效果。[②]

（2）报告方式单一。根据前面对强制报告制度分析可知，强制报告制度规定报告主体可以向相关部门报告，但是并没有具体规定报告的方式和渠道。在制度运行实践中，报告方式基本上都是传统的电话报告或者当面报告，但在瞬息万变的社会环境下，这种传统方式就显得乏力。缺乏统一的报告渠道。地方实践中有比较好的探索，如“强制报告 App”“智慧检务”等平台，具有

① 《未成年人保护法》“学校保护”一章中，性骚扰、性侵害的受理部门为公安机关、教育行政部门；“网络保护”一章中受理部门是网信部门、公安部门等。

② 参见兰跃军、李欣宇：《论侵害未成年人案件强制报告制度的处置机制》，载《少年儿童研究》2022 年第 1 期。

报告方便、受案快捷、实时跟踪等特点，但是在实践运行中应对跨区域、管辖权限制等案件也无法处理。同时，由于没有统一的报告渠道，也会出现报告主体向所有部门报告的现象，而不同部门的报告运作方式也不同。因此在实践中常出现报告混乱、各部门衔接不畅等问题，导致强制报告制度无法有效实施。

（3）处置流程混杂。首先，依据《强制报告意见》的规定，公安机关接到涉及未成年人案件后进行初步审查，涉嫌犯罪才立案处理，而其他案件交由其他部门处理。如涉及管辖权问题，发现无管辖权后移送到其他有管辖权的公安机关处理；对于犯罪情节轻微不涉及刑事责任的情况下，公安机关经审查后将依法不予立案，转而由民政等相关部门直接处理。若所有案件不经过分流直接进入公安机关，不仅会加大公安机关的办案压力造成执法资源浪费，也可能延误救助的最佳时机。其次，未成年人案件的立案标准并没有一个统一的规定，公安机关采用的仍旧是成年人案件的立案标准。即要求有犯罪事实并承担责任，过高的标准在审核时就可能出现时间延误，错失案件处理的最佳时机。此外，对于精神侵害、忽视等无法直接察觉的情况就更难处理。最后，虽然《未成年人保护法》《强制报告意见》都规定了对未成年人采取救助措施，但并没有一个明确的未成年人处境评估机制，无法准确评估未成年人所面临的危险和应该采取的措施，从而使未成年人得不到有效帮助。

4. 未履行报告义务法律责任不明确

通过责任方式的明确，在一定程度上可以增加强制报告适用率。《强制报告意见》规定未履行报告义务，造成严重后果的，给予相应处分；构成犯罪的，依法追究刑事责任。《未成年人保护法》也规定造成严重后果的给予相应处分。但是仔细研究相关法条可以看到，承担责任的前提是“严重后果”，但是“严重后果”这个词就太笼统、主观性过强，而且报告主体在通常情况下也没法对是否造成“严重后果”作出准确判断。根据《未成年人保护法》第127条的规定，网络产品和服务提供者承担责任的前提并未规定“造成严重后果”，所以责任承担的主体也不明确具体。同时，非国家工作人员的责任承担也缺乏相应规定。

与此同时，责任类型也不全面。法律规定未履行报告义务的责任仅涉及刑事责任和行政责任，没有民事责任的有关规定。虽然有刑事责任的规定，看似惩罚力度大，但是没有明确应当适用哪一条，且刑事责任因其严厉性而导致适用率低，而行政责任的对象也多针对国家机关、各类组织。民事责任相对刑事责任处罚力度轻且更加温和，涉及面更广，在打击的同时也会给责任主体改过自新的机会。所以责任类型不全面，使强制报告制度的责任无法落实，威慑力不足，无法发挥强制报告制度的功能。在实践中恶意谎报、瞒报、迟报现象也有发生，但《强制报告意见》《未成年人保护法》对此并未作出回应。

5. 善意报告者保护不到位

在当今纷繁复杂的社会环境下，个人的认知与判断能力是有限的。不同主体在不同环境下的判断是不可能一致的，报告者所报告的内容可能也会与客观事实存在差距。在这种情况下，报告者不仅会被谴责甚至会承担法律责任，如此一来就会影响报告的落实。尤其是某些职业，如医生履行报告义务就会与其自身的保密义务相违背。若不能解除报告者的后顾之忧，就会出现主体趋利避害逃避报告的情况。我国目前对于报告者的保护规定在《强制报告意见》第 13 条和第 15 条中，[①] 但是该规定也是原则性规定，可操作性不强。

（四）配套措施尚未健全

制度的有效运行离不开相应的配套举措。强制报告制度虽然已在我国正式确立，但新生制度在运行中难免遇到困境，其评估、介入、协调等机制也需要进一步完善。未成年人综合保护体系是一个整体性、系统性工程，强制报告制度只是其中的一环，其仅仅是防止未成年人可能受到侵害或反复被侵害的第一步，而后续的跟踪机制、救助机制、安置教育等配套制度也尤为重

---

① 《强制报告意见》第 13 条规定："公安机关、人民检察院和司法行政机关及教育、民政、卫生健康等主管行政机关应当对报案人的信息予以保密。违法窃取、泄露报告事项、报告受理情况以及报告人信息的，依法依规予以严惩。"第 15 条规定："依法保障相关单位及其工作人员履行强制报告责任，对根据规定报告侵害未成年人案件而引发的纠纷，报告人不予承担相应法律责任；对于干扰、阻碍报告的组织或个人，依法追究法律责任。"

要。只有通过衔接各类配套制度，互相补充完善制度存在的不足，才能真正发挥强制报告制度保护未成年人的作用。

四、我国侵害未成年人案件强制报告制度完善建议

尽管强制报告制度已经在立法层面正式建立，但一项新制度的建立不是一蹴而就的。基于我国目前强制报告制度的困境，适当借鉴域外有益经验，再结合本土情况因地制宜，笔者提出以下四个完善我国强制报告制度的建议。

（一）增强报告主体报告意识

1. 改变传统观念

强制报告制度建立在“国家亲权”“未成年人最大利益原则”的基础上。未成年人与成年人一样拥有同等的权利与尊严，但由于未成年人身心发展不完全，无法明确地提出权利诉求，需要法律进行倾斜性保护。未成年人是社会持续发展最重要的后备军，其健康成长与国家命运密切相关，国家、社会、家庭应承担起相应的保护职责。强制报告制度的建立就是基于国家保护未成年人职责的要求，以国家的力量实现制度的运行，在父母无法实现养育职责、侵害未成年人权益情况下，要求相关主体监督干预，必要时直接剥夺父母监护权。基于以上理论和逻辑，为了发现和预防侵害未成年人案件，保证国家力量及时介入侵害未成年人案件，需要转变传统思想，确立政府主导理念，这是制度有效运行的基础保障。①

2. 加强社会普法宣传

通过普法宣传与培训能够让相关责任主体与社会大众了解强制报告制度，提升他们的法律意识和社会责任感。对强制报告责任主体而言，需要通过专项宣传与培训，让其了解强制报告的具体内容、处置流程，在遇到涉及未成年人案件时能准确判断是否有不法侵害发生、是否有犯罪事实以及如何有效

---

① 参见徐富海：《中国儿童保护强制报告制度：政策实践与未来选择》，载《社会保障评论》2021 年第 3 期。

固定证据提升报告的效率。同时，也需要让其了解强制报告制度对于责任主体的保护措施，免除其报告时可能存在的心理负担，这就要求强制报告制度在责任主体的保护方面有更加完善的举措。

此外，对普通社会群体的普法要分为民众和未成年学生两个部分。未成年学生群体都可能是潜在的受害者，普法宣传重点在于提高其自我防范与保护意识。在宣传教育时要根据其身心发育情况进行，对于年龄较小、认知不成熟的学生可采取看动画片方式进行学习；对于年龄较大，认知能力较为成熟的学生则可以进行法治宣传主体班会或将该制度融入思想政治课的教育当中，同时也要根据法律规定将性教育纳入普法宣传教育中。① 对于普通民众来说，信息接收的渠道有限，对强制报告制度的了解不足，所以对于普通民众的普法宣传要符合大众日常习惯且通俗易懂，如在商场、车站、广场等公共场所的大屏幕上进行制度宣传讲解，在抖音、微博、微信等推送相关强制报告制度的介绍，宣传内容中还应该加入有效举报奖励和个人信息保护的相关内容。让普通群众理解强制报告的立法原由，培养民众的社会责任意识，成为保护未成年人的积极参与者。

（二）衔接法律

1. 衔接相关职业法律

目前，仅凭《强制报告意见》《未成年人保护法》的规定并不能应对强制报告制度在实践中所面临的问题。所以该制度与相关特殊报告主体的执业规范衔接十分必要。最高人民检察院发布的 5 个强制报告制度典型案例中，4 个与学校老师有关，1 个与医生有关。② 因此要更加重视教师、医生等职业对于推进强制报告制度的作用。笔者建议对相关职业法律进行修改，在《教师法》《医师法》中加入强制报告制度的具体内容规定，明确教师与医生群体的

---

① 《未成年人保护法》第 40 条第 2 款规定：“学校、幼儿园应当对未成年人开展适合其年龄的性教育，提高未成年人防范性侵害、性骚扰的自我保护意识和能力。对遭受性侵害、性骚扰的未成年人，学校、幼儿园应当及时采取相关的保护措施。”

② 参见《侵害未成年人案件强制报告典型案例》，载最高人民检察院官网，https：//www. spp. gov. cn/xwfbh/wsfbt/202005/t20200529_ 463482. shtml#3。

责任与义务，提高教师、医生群体对于制度的敏感性。同时，通过各类司法解释、行政法律法规等细化强制报告制度的实施程序，增强制度的可操作性。

2. 增设“侵害未成年人案件不报罪”

目前刑事法律并没有规定针对强制报告的具体罪名，针对强制报告制度的刑事责任涉嫌的仅为渎职罪和玩忽职守罪，而这两个罪的行为主体为国家机关工作人员，但对于非国家机关工作人员未履行强制报告制度并没有刑事法律责任的规定。笔者建议可以在刑法中增设“侵害未成年人案件不报罪”。理由如下：第一，强制报告主体承担刑事责任在大多数国家立法中均有体现，如澳大利亚、美国都对其设置罚金刑和监禁刑。我国增设该罪是完善强制报告制度的重要一步，也是健全未成年人综合保护系统的关键举措，符合国际主流的立法趋势。第二，设置该罪并不违背刑事立法的价值体系。正如马克思所说“社会不以法律为基础，法律应该以社会为基础”[①]，我国有学者认为“刑事立法应回应社会关切，我国当下需要采取积极刑法观，通过增设新罪来满足保护法益的合理要求”。[②] 第三，增设此罪可以有效弥补法律漏洞，避免在追究责任主体责任时因无准确的罪名陷入无法可依的尴尬局面。[③]

（三）细化制度体系

1. 强制报告责任主体

域外国家（地区）的强制报告责任主体均为“个人”且涉及面广泛。[④] 结合我国目前强制报告主体较窄以及责任落实不到位的问题，笔者建议，首先，应将普通公民纳入“疑似侵害”案件的报告主体范围，明确他们在有合理怀疑的情况下可向有关机关报告。其次，将责任主体限定为“个人”而非“单位”或“组织”，以便解决责任落实无法到位的情况，督促责任主体更好

---

① 《马克思恩格斯全集》（第6卷），人民出版社1961年版，第291－292页。

② 张明楷：《增设新罪的观念——对积极刑法观的支持》，载《现代法学》2020年第5期。

③ 参见肖登辉、张立波：《学校视角下侵害未成年人犯罪的治理——以强制报告制度为例》，载《预防青少年犯罪研究》2021年第3期。

④ 参见杨志超：《美国儿童保护强制报告制度及其对我国的启示》，载《重庆社会科学》2014年第7期。

履行其职责。最后，当今社会交通便捷，人们活动范围更广，对于在无明显报告主体的公共场所发生侵害未成年人案件无人报告的现象，应该将公共场所的管理者纳入强制报告责任主体的范围。

2. 强制报告内容和时限

根据前面分析得知，我国强制报告的内容有身体侵害、性侵害而无精神伤害的相关内容，所以强制报告的内容有进一步优化的空间。精神伤害有别于性侵害、身体侵害等可以直接察觉的侵害类型，其更加隐蔽且难以直接发现，对其认定程序更加复杂。但是精神伤害的影响不亚于性侵害、身体侵害，对未成年人日后的影响更加深远。笔者认为，可以借鉴域外强制报告分类的经验，通过司法解释将强制报告内容进行科学分类，将精神伤害加入其中，同时减少“严重”“身心健康”等抽象性的词语。另外，对于“侵害”可以作合理的扩大解释，以应对在实践中出现新的侵害未成年人的案件类型。[①]

在报告时限方面，现有法律法规只规定“立即报告”，没有具体明确的时间容易耽误后续机关的调查取证与救济，从而也会导致报告程序与国家介入程序不畅。[②] 笔者建议，用具体的时间替换“立即报告”，直接规定为“24 小时”内向相关部门报案或举报。

3. 强制报告处置机制

（1）受理部门。普通民众遇到问题最先想到的求助机关是公安机关，因为“有事找警察”这种观念已经深入人心。但公安机关立案管辖的案件一般要有犯罪事实和侵害结果，而且对于没有显著侵害结果的案件特别是涉及精神侵害类案件，就可能出现难以处理的情况，加上公安机关本身处理的案件以成年人案件居多，没有专门处理未成年人案件的机构或部门，也就会可能出现救济难等问题。侵害未成年人案件的特殊性就使案件处理需要与其他部

① 参见孙其华：《侵害未成年人案件强制报告制度的理论检视与规则形塑》，载《少年儿童研究》2022 年第 1 期。

② 参见李雅静、王健：《我国儿童性侵强制报告制度研究》，载《预防青少年犯罪研究》2019 年第 3 期。

门协同合作。笔者认为，可以将民政部门设立为案件初步受理机关，因为民政部门本身就是儿童福利部门，在强制报告中也对接和协调各类机构，在未成年人保护方面其经验更加丰富。民政部门接到报告后，迅速安排专门人员对案件进行调查，形成详尽的调查报告。如果涉嫌刑事案件则直接移送公安机关处理，如果案件轻微，民政部门则可自行处理或与其他相关部门协同处理。这就要求公安部门与民政部门协调联动能力更强，需要建立完善信息共享系统，及时更新案件进展情况。

（2）报告方式。除了传统的电话报告、当面报告外，还应该与时俱进，结合大数据科学技术，拓展报告方式。比如，通过互联网、邮件等方式进行报告，开发各类报告的微信小程序、App 等。通过创新报告方式，使强制报告更加多样、快捷、便利，让信息收集反馈更加高效迅速，增加报告的积极性，给予未成年人更有效的保护。①

（3）处置流程。将民政部门作为强制报告案件初步受理机关，相关工作人员在进行调查核实后，在 2～24 小时内形成调查报告反馈给民政部门，如果涉及案件风险过高则直接向公安机关报案，同时在民政部门备案。同时民政部门也要随时关注案件的进展情况，根据案件的处理历程对未成年人进行处境评估，依据不同的评估结果采取相应的保护措施。在案件进入司法程序后，检察机关应与民政部门协调未成年人保护工作，根据案件情况的不同提供相应的医疗救助、法律援助、心理辅导等。

4. 未履行报告义务责任

“趋利避害的本性往往会驱使一部分行为主体想方设法地逃避法律义务，而法律责任的设置则在很大程度上可以预防或减少这些现象的发生。”② 根据前面对强制报告的研究可以发现，我国目前对于未履行强制报告义务责任追究条件较高，需要满足“严重后果”，且责任种类限于行政责任没有民事责

---

① 参见兰跃军、李欣宇：《论侵害未成年人案件强制报告制度的处置机制》，载《少年儿童研究》2022 年第 1 期。

② 胡平仁：《法律义务新论——兼评张恒山教授〈义务先定论〉中的义务观》，载《法制与社会发展》2004 年第 6 期。

任，虽然刑事责任有所规定但适用率较低，所以目前需要细化责任种类。首先，应当优化行政责任，国家机关、组织与未成年人密切接触的工作人员承担未履行报告义务的责任不以是否造成“严重后果”为前提条件，非国家机关等单位主体责任承担内容为警告、罚款、吊销营业执照等。其次，加入民事责任。民事责任可借鉴《民法典》中关于损害扩大补偿责任的相关规定。[①]再次，刑事责任明确化。刑事责任的严厉性要求其适用时应当谨慎。当前我国强制报告制度处于初步发展阶段，普通民众对强制报告制度了解程度并不高，适用严厉的刑罚反而阻碍制度的有效实施，普通公民不宜纳入刑事责任范围内。国家机关工作人员等强制报告义务主体，在明知未成年人受到严重侵害或在接到相关报告的情况下，仍拒绝履行强制报告义务的，可参照前面新设的“侵害未成年人案件不报罪”处罚，或以渎职罪、玩忽职守罪追究刑事责任。最后，对于恶意瞒报、迟报、谎报的行为则根据情节轻重适用民事、刑事或者行政责任。

5. 报告者保护措施

首先，明确匿名报告。允许匿名报告可以消除普通报告者的顾虑，提高制度的参与率。只有在法律规定情况下才能公布其身份，如出庭作证。而对于国家机关等强制报告义务主体而言可要求其“实名报告”，以便准确高效核实有关案件事实。其次，建立信息安全保护机制。信息的泄露极易可能给报告者带来风险，为消除报告主体的顾虑，相关部门应建立完善的信息安全机制来保护个人信息，对于恶意泄露报告者信息的人员给予相应处分，并对报告者人身安全加强保护，允许其向公安机关申请人身保护令，同时严厉打击报复报告主体的行为。最后，建立善意报告的豁免制度。强制报告制度建立后，可能出现相关案例上升的情况，难免出现重复多次报告，随意处分相关人员势必会影响强制报告制度的整个社会参与度，故应豁免善意报告人，免除其法律责任。

---

① 参见自正法：《侵害未成年人案件强制报告制度的法理基础与规范逻辑》，载《内蒙古社会科学》2021 年第 2 期。

（四）完善配套措施

1. 健全救助措施

首先，妥善安置被侵害的未成年人是报告后的重要一步。民政部门可指定一名民政部门的工作人员全程负责跟踪受侵害未成年人的服务工作，由当地未成年人保护的社会组织负责办理具体安置交接手续和后续工作，及时对受侵害的未成年人进行身体或心理治疗并安排安置场所。此外，针对监护人无法履行监护职责，且受侵害地区没有其他可以承担监护职责的未成年人，可以借鉴浙江省的护送转介机制送到户籍地救助管理机构，再由户籍地救助管理机构将其送到监护人处，进行妥善照顾。

其次，开展法律援助和司法救助。相关部门应当让法律援助中心选派熟悉未成年人身心和相关法律的律师担任，为未成年被害人及其家属提供法律咨询服务。此外，也要健全“一站式”办案场所，让询问、取证、心理疏导、司法救助等一次完成，以防止反复询问带来多次伤害。同时检察机关也要积极开展国家司法援助工作，注重对未成年人的法律保护，开展案件的司法责任监督，充分发挥检察机关保护未成年人的职责。

最后，保障医疗救助。相关机关在办案中针对因犯罪侵害导致身体遭受伤害的未成年人，通过与相关医疗机构合作，建立绿色通道，为未成年人提供各项医疗救助服务。

2. 保障心理健康

未成年阶段的经历对于成年后的生活有重要影响，未成年人的世界观、人生观、价值观还未成形，在遭受侵害时极易出现心理障碍。为了保障未成年人的身心健康，帮助未成年人走出精神伤害的阴影，我国应当加大资金投入相关心理健康的基础设施，配备相关心理医生，建立心理疏导机制。在学校、公安、民政等部门设置相关的心理咨询专家，对受侵害的未成年人进行心理疏导，帮助未成年人重拾生活的希望。

3. 加强后续跟踪

未成年人保护工作不是单独一项工作就能实现，后续跟踪机制作为一种监督和措施，对落实未成年人综合保护具有重要的意义。我国的后续跟踪制度应该以民政部门为主导，后续跟踪期限，最低为 1 年。在接收案件后，指定个人负责该案，建立未成年人专属档案，并进行定期回访，对未成年人的学习、生活情况进行了解并记录，充分了解受侵害未成年人的发展现状，对处于困境的未成年人应采取相应的救助措施，保障其顺利回归正常生活。

4. 落实“法治副校长”

法治副校长并不是一个新的概念，2007 年广东省就在全省范围内推广法治副校长制度。[①] 该制度在全国全面建立的标志是《中小学法治副校长聘任与管理办法》（以下简称《办法》）的颁布。《办法》明确规定了每所学校必须配备一位法治副校长，法治副校长的人选来自公、检、法等部门，[②] 且优先考虑偏远地区、农村地区和城市薄弱学校。学校是未成年人主要活动场所之一，也是侵害未成年人案件的高发地区，法治副校长制度对于学生权益的保护意义重大。最高人民检察院与教育部联合出台的规定就表明，法治副校长的职责之一就是落实强制报告制度。[③] 完善落实法治副校长制度能够弥补目前学校法治教育的缺失，积极开展学生权益保护工作，推动强制报告制度有效行使，更好地保护未成年人的合法权益。

五、结语

强制报告制度以“最有利未成年人原则”“国家亲权”理论为依据，通过国家权力来调动社会各方力量形成保护未成年人的合力，有利于解决当前侵害未成年人案件频发的现象，在保护未成年人权益方面发挥了积极作用。但新生制度的发展不是一蹴而就的，我国强制报告制度还存在内容规范不足、

---

① 1998 年广东省阳江市首创法制副校长制度，2007 年广东省颁布《广东省法制宣传教育条例》将该制度在全省推广开来。

② 《中小学法治副校长聘任与管理办法》第 3 条规定：“本办法所称法治副校长，是指由人民法院、人民检察院、公安机关、司法行政部门推荐或者委派，经教育行政部门或者学校聘任，在学校兼任副校长职务，协助开展法治教育、学生保护、安全管理、预防犯罪、依法治理等工作的人员。”

③ 《检察官担任法治副校长工作规定》第 6 条规定：“检察官担任法治副校长，应当着力督促学校落实‘一号检察建议’，落实侵害未成年人案件强制报告制度、教职员工准入查询违法犯罪信息制度，协助学校建立完善预防性侵害、性骚扰工作制度和学生欺凌防控工作制度等校园安全防控机制。”

制度运行不畅等问题，在今后的发展中要填补制度漏洞、夯实制度基础。同时，强制报告制度只是未成年人综合保障的“排头兵”，后续的制度衔接与配套也是必不可少的流程，如国家监护制度、国家抚养制度。此外，也须提升未成年人保护工作团队的专业性水准，重视对强制报告制度的传播和普及，以增强其社会影响力，提升民众的社会责任感，以便真正做到对未成年人全面、深层、立体的保护。

专门教育指导委员会制度研究

李巧佳*

内容提要：2020 年《预防未成年人犯罪法》经过修订完善，规定专门教育指导委员会这一机构作为专门教育的评估机构，作为进入非刑事处罚的专门教育的关键一环，存在地位和性质不明确、议事程序的不规范和具体程序缺失等问题，应当重新审视专门教育转入机制，明确专门教育的教育性和司法性的本质，由此确认专门教育指导委员会评估权的准司法权性，确立其在专门矫治教育决定程序中的主导地位，联合多组织协作，同现有刑事程序的内容进一步衔接，充分发挥教育指导委员会的专业优势，最大限度做好社会稳定与未成年人利益的双向保护。

关键词：教育指导委员会　专门教育　预防未成年人犯罪

随着 2020 年《预防未成年人犯罪法》的修订出台了一系列专门教育[①]的适用条件、决定机关、执行场所等，其中对于虞犯少年[②]适用专门教育的规定体现了我国对未成年人预防犯罪从事后预防扩展到了事前预防，同时对触法

---

* 李巧佳，四川师范大学法学院硕士研究生在读。研究方向：诉讼法学。

① 本文认为专门矫治教育属于专门教育的一种，文中提到的专门教育包含一般专门教育和专门矫治教育。

② “虞犯少年”指的是虽然尚未实施危害社会的行为，但存在明显的危害社会倾向与危险的少年。

少年[①]的处理从“政府收容教养”时期到了具体实施“专门矫治教育”的时期。[②] 专门教育的转入制度关系到未成年人的人身自由问题，所以专门教育的评估权是至关重要的一环，但是由于法律对专门教育指导委员会以及其他相关机关的规定较为模糊，产生了一些理解上的差异，为理论与实践带来诸多争议。本文在对问题少年的矫治教育转入制度的发展进程进行梳理的前提下，对专门教育指导委员会制度[③]的基础理论进行剖析，检视其面临的争议和困境，并在域外相关经验的启发下，在现有专门教育转入制度的框架内，对专门教育指导委员会对专门教育的评估权提出完善策略，以期为专门教育制度的发展提供一些建议。

一、专门教育转入制度在中国的发展历史

（一）中国古代对犯罪少年减轻处罚的决定制度

中国很早就出现了针对少年犯罪特殊处罚的恤幼原则，西周时期《礼记·曲礼》[④] 和《周礼·秋官·司刺》[⑤] 中“三赦”的规定，幼小者（8 岁以下）视为无刑事责任能力者，不处刑罚。在战国初期对 15 岁以下的少年犯罪，要根据犯罪的性质和情节的轻重程度适当予以减轻处罚[⑥]；汉代法律出现了 8 岁以下犯罪应当关押者不戴械具的特殊处罚规定；唐代《唐律》规定了不同年龄段有不同的特殊处罚措施，除了减轻处罚外，可以钱赎罪、犯罪不

---

① 触法少年是指触犯刑法的未成年人，因为未达到特定刑事责任年龄而不认定其行为为刑事犯罪的少年。

② 《刑法修正案（十一）》将因不满 16 周岁不予刑罚处罚的未成年人“在必要的时候，也可以由政府收容教养”修改为“在必要的时候，依法进行专门矫治教育”。

③ 专门教育指导委员会的功能除了对专门教育进行评估决定以外，还有对专门教育的宏观指导的管理，目前该功能争议不多，所以本文提到的“专门教育指导委员会制度”仅针对委员会对专门教育的评估权相关制度讨论。

④ 《礼记·曲礼》中记载：“七年曰悼，八十、九十曰耄，悼与耄，虽有罪不加刑焉。”

⑤ 《周礼·秋官·司刺》“三赦”规定：“一赦曰幼弱，再赦曰老耄，三赦曰惷愚。”郑玄注：“幼弱、老耄，若今律令年未满八岁、八十以上，非手杀人，他皆不坐。”

⑥ 《七国考》引桓谭《新论》记载：“罪人年十五以下，罪高三减，罪卑一减。”

承担刑事责任、免予死刑等规定①，这些规定基本沿用直到清末。纵观我国历史，对少年犯罪的特殊处罚大多仅限于减轻、减免犯罪，相较于我国较早就出现的针对残障少年的特殊教育制度②，中国古代对于针对触法少年的特殊教育③却并没有形成，但已经发展出了未成年人犯罪的特殊处罚由国家法律规定，一些特殊处罚需要报备特定的司法机关的措施。

（二）收容教养转入制度

随着我国法治建设的逐渐成熟，国外未成年人相关保护理论逐渐进入我国的司法系统，我国少年司法从减轻处罚到开始"以教代罚"的尝试，重视对触法少年的教育问题，而不再单单是减轻了之。1979 年我国开始对触法未成年人采用收容教养制度，在实践中，针对触法未成年人执行收容教养的场所不一，各地差异很大。有的地方将收容教养人员送进工读学校进行教育，有的则送进收容所，有的则是在少年犯管教所。表面上是将犯罪成年人与触法未成年人分开进行教育改造，从本质上来看并没有改变对罪错未成年人的"以罚代教"的理念，还会增加交叉感染的概率。此时教育收容的审批主体为公安局机关④，由于对收容教养的适用制度规定⑤不明确，法律规定收容教养适用于"必要的时候"，但是没有明确说明"必要时候"的认定标准及其类型，公安机关作为决定主体的自由裁量权较大且统一的标准，仅由当时的公

---

① 《唐律》规定未成年人犯罪的处罚分为三等，11 岁至 15 岁年龄段者，犯流罪以下，即除死刑外，适用赎章，即可以钱赎罪，减轻处罚，但犯死罪者仍须执行死刑。8 岁至 10 岁犯一般刑事犯罪不承担刑事责任，但重大犯罪，如涉及政治性的反、逆与恶性杀人案件，须经过"上请"的程序，由最高当局决定是否适用刑罚；盗及伤人，则以收赎而减免。7 岁以下儿童，虽犯死罪，也不加刑。

② 参见刘宇晟：《中国古代特殊教育的发展》，载《中国特殊教育》2000 年第 2 期。

③ 一般认为，特殊教育制度指的是适用于存在生理障碍的未成年人的教育制度，本文认为涉法少年本身也存在问题，所以为了纠正其思想、行为的教育也是特殊教育。

④ 《公安部关于少年犯管教所收押、收容范围的通知》规定，对确有必要由政府收容教养的犯罪少年，应当由地区行政公署公安处或省辖市公安局审批，遇有犯罪少年不满 14 岁等特殊情况，须报请省、市、自治区公安厅、局审批。

⑤ 1999 年，第九届全国人民代表大会常务委员会第十次会议通过的《预防未成年人犯罪法》第 38 条规定，未成年人因不满 16 周岁不予刑事处罚的，责令他的父母或者其他监护人严加管教；在必要的时候，也可以由政府依法收容教养。

安部出具的《公安机关办理未成年人违法犯罪案件的规定》规定："凡是可以由其家长负责管教的，一律不送"，此时的收容教养制度可以说是不到万不得已的时候，公安机关不会适用。

由于当时的刑法对收容教养属性未作明确规定，学术界对其定义也是众说纷纭，总的来说，收容教养制度具有非处罚性、保护性与强制性的特点，[①]主要有"行政处罚说""强制措施说""保安处分说"等观点。根据《最高人民法院关于"少年收容教养"是否属于行政诉讼受案范围的答复》明确规定，公安机关对公民作出的"少年收容教养"决定是具体行政行为，我国的司法实务部门将其定位为非刑罚的、具有一定强制性的行政处置措施。

由于收容教养具有明显的监禁、惩戒处分性质，没有改变"以罚代教"的实质，社会救济性趋弱，所以该制度2020年被废除，相关法律以及公安机关在之后的时间里并没有发展出科学的特殊教育决定权制度。由此，我们可以发现，法律没有对收容教养的适用条件作出科学有效的规定，是因为统一的适用标准则会忽视罪错少年的个体化差异，"一刀切"的做法反而会失去收容教养制度保护未成年人的初衷；公安机关在往后的实践中也没有发展出一套科学的适用标准。在实践中，一名罪错少年是否需要后续的特殊教育的判断其实需要很强的专业性，这涉及教育学、心理学等专业性知识，而大多数的公安机关明显不具备这样的能力。

（三）工读教育转入制度

工读教育是针对具有严重不良行为少年或者触法少年的一种特殊教育制度，具有严重不良行为少年或者触法少年不适合继续留在普通学校学习，由工读学校对其进行专门的教化和矫治教育，使其改过自新回归社会。工读学校的招生对象一般是具有严重不良行为的未成年人和轻微犯罪的未成年人，作用在于兼具未成年人保护和维护社会稳定的情况下改造、教育未成年人。

---

① 参见唐稷尧：《论我国收容教养制度的定位及适用条件——以〈中华人民共和国预防未成年人犯罪法〉修订为背景》，载《中国青年社会科学》2020年第4期。

工读学校盛行于20世纪中叶，其对解决流浪儿童、问题儿童的教育和回归问题作出了重大贡献。20世纪后期，工读学校的招生决定由公安部门单独决定发展为公安、教育部门双渠道进行，1999年《预防未成年人犯罪法》出台了由“父母、监护人或所在学校提出申请”的“三自愿”规定，不再强制入学使工读学校失去了大量生源，工读学校逐渐走入困境。对于工读学校的性质，有观点认为工读教育属于收容教养的一种措施，有观点认为工读教育既不是刑罚方法也不是行政处罚，而是一种对未成年人违法犯罪行为进行超前预防的有效措施。①

工读教育的转入决定权由单一强制性走向兼顾多方的同意，从理论上来讲，兼顾多方同意使工读教育的决定权构成更加科学，更加保障了未成年人的利益。事实上，这样的多方构成拔高了工读教育的入学门槛，使转入工读教育的决定程序复杂化，从而导致了工读教育制度没能发挥其应有的作用。工读教育的性质定位使其既不能像收容教养一样可以提起行政诉讼，也没有为司法监督留下空间。

（四）专门教育转入制度

在“儿童利益最大化原则”“处分原则”的影响下，全国各地出现了少年法庭、少年检察、少年警务等诸多相关措施开始被讨论并实践。但是正如姚建龙教授认为，在实践中“养猪困境”“逗鼠困境”② 的局面仍需要突破，只是一味地事后对罪错未成年人进行一些“小儿酌减”的处罚，既不能让罪错未成年人深刻认识到自己的错误，也不能使一些严重不良行为的虞犯少年得到及时的教育和矫正，这使这些措施在实际预防和减少未成年人犯罪率上没有取得良好的效果。

---

① 参见姚建龙、孙鉴：《从“工读”到“专门”——我国工读教育的困境与出路》，载《预防青少年犯罪研究》2017年第2期。

② “养猪困境”是指过去对一些年龄较小或犯罪程度较轻的未成年人，我国坚持“一放了之”的态度，缺乏完善有效的干预机制和措施，最后只能“养大了再打”。“逗鼠困境”是指绝大多数进入司法程序的涉罪未成年人，在经过一系列“温情”的“特别程序”后，最终仍只能被处以和成年人一样的刑罚，姚建龙教授认为：“这和小猫逗完老鼠后仍一口吞掉没什么区别。”

少年的未来就是国家的未来，对于罪错未成年人和虞犯少年的教育和矫正不只是家庭、学校的责任，也是社会的责任。为了有效地预防以及纠正少年犯罪，2020 年全国人民代表大会常务委员会对《预防未成年人犯罪法》进行了修订，根据修订后的《预防未成年人犯罪法》第 43 条、第 44 条、第 45 条的规定，专门教育指导委员会对不良行为未成年人和因不满法定刑事责任年龄不予刑事处罚的未成年人进行评估，其评估结果是教育行政部门和公安机关决定对其进行专门矫治教育或专门教育的依据，并研究确定专门学校教学、管理等相关工作。

二、专门教育转入制度的基础理论

（一）法理渊源：从国家亲权理论到国家责任理论

专门教育作为一种国家权力对问题少年的干预措施，其决定权来源于国家亲权理论还是来源于国家责任理论存在争议。

狭义的国家责任理论认为国家责任以国家违法与否作为国家义务与责任承担的前提，广义的国家责任理论则认为国家责任基于社会主义国家的伦理，是国家为其国民的生存、发展、安全、健康、幸福生活和可持续发展应承担和履行的责任，[①] 强调社会利益的保护。

国家亲权理论是指国家公权力有权利和义务在未成年人出现罪错或者不良行为时干涉其教育来预防未来的犯罪行为的发生，法律赋予职权代表国家亲权的机关可以暂代其父母决定其应该在何种环境下受到教育，为其提供必要保护及监管。[②] 作为未成年人的最后监护人，国家从未成年人利益最大化的立场出发，处理未成年人相关事宜，这是少年司法领域中国家对未成年人采取福利措施通常采用的渊源法理，此时的国家站在监护人的立场处理相关事宜时，是基于未成年人利益最大化的角度。有的学者认为两者无外乎内在与外化的关系，即国家亲权理论是国家责任理论的内在，国家责任理论则是国

---

① 参见陶凯元：《法治中国背景下国家责任论纲》，载《中国法学》2016 年第 6 期。

② 参见张鸿巍：《“国家亲权”法则的衍变及其发展》，载《青少年犯罪问题》2013 年第 5 期。

家亲权理论的外化。

本文认为，在少年司法领域中，这两者并不冲突，但是两者的侧重点并不相同。国家亲权侧重于少年福利即儿童利益最大化原则，强调未成年人的兜底保护和补充责任，《未成年人保护法》就是基于此理论设立。与国家亲权的单向性保护不同，国家责任理论并不是不关注未成年人保护而只重视社会利益保护的理论，相反，因为从全局观来看未成年人利益保护也属于社会利益保护的内容，因此国家责任理论是倾向寻求未成年人保护与社会稳定这两者的双向保护，《预防未成年人犯罪法》中的专门教育制度的设立也更多是基于此理念。

专门教育指导委员会制度来源于工读教育入学需要多方同意的做法，根据《预防未成年人犯罪法》第1条的规定，[①] 我们可以认识到专门教育的设立一方面是为了保障未成年人身心健康和良好品行，另一方面是为了有效预防未成年人违法犯罪，维护社会稳定，所以可以认定专门教育的决定权归属应当既有利于未成年人保护，又有利于社会稳定保护。因此《预防未成年人犯罪法》没有将专门教育的决定权单一地授予儿童福利机构或者儿童保护部门，而是授予教育指导委员会对未成年人是否需要采取特殊教育制度评估权的理论来源，专门教育指导委员会本身的组成人员就具有多样性和专业性，体现了专门教育的国家责任理论。

（二）基本理念：从儿童利益最大化原则到社会稳定与未成年人利益的双向保护

儿童利益最大化原则在我国又叫作“最有利于未成年人原则[②]”，是《儿童权利公约》的原则性条款，这一原则指导世界各国在处理有关未成年人的司法活动时，应当以未成年人利益最大化作为主要考虑，在涉及未成年人的刑事司法活动中，更应该注重保护未成年人利益。如果儿童利益最大化原则

---

① 《预防未成年人犯罪法》第1条规定：“为了保障未成年人身心健康，培养未成年人良好品行，有效预防未成年人违法犯罪，制定本法。”

② 《未成年人保护法》第4条规定：“保护未成年人，应当坚持最有利于未成年人的原则……”

是专门教育评估权的基本准则，那么专门教育评估权只需要赋予未成年人保护机构，因为未成年人保护机构才能够对涉及可能需要进行专门教育的未成年人进行最大的利益考虑。

首先，我们应当考虑到未成年人的犯罪问题是不同于成年人的，未成年人具有特殊的身心发育特点和规律，他们在此过程中很容易受到客观不良环境因素的干扰而出现严重不良行为甚至犯罪行为，他们又具有较大的自愈性和可塑性，在经过适当的干预教育后能够有效回归社会。在成年人的刑事司法程序中，未成年人无法得到有利于自身以及社会未来发展的处理，所以要建立独立的少年司法制度处理和干预未成年人犯罪。从《预防未成年人犯罪法》的修改内容来看，我国少年司法正在努力从“小儿酌减”的困境中走出来，专门教育不只是处理当下的未成年人犯罪的罚和教，也对可能在未来犯罪的虞犯少年犯罪进行预防和干预。

其次，我们应当认识到对未成年人犯罪的纵容只会深陷“养猪困境”，从而影响社会稳定，只有宽容而不纵容，兼顾未成年人利益和社会稳定才是对问题少年最好的处理态度。专门教育指导委员会的组成的综合性以及其专业性可以保证在评估时在合理宽容处理的前提下，重视防止纵容的教育矫正，预防未来的再犯，由专门教育指导委员会对拟进入专门学校的问题少年进行入学评估和定期评估，准确筛选适合教育矫正的未成年人，防止问题少年得不到及时的矫正从而危害社会稳定，及时了解其身心发展，体现了司法程序对未成年人利益的关怀。

（三）行为准则：从“以刑代教”原则到保护处分原则

我国虽然对处罚未成年人一直有减轻刑罚的观念，但是直到近代一直也没有改变以刑罚来替代管教的实际处置措施，一个原因是在大众的观念中刑罚也是教育的一种，另一个原因是实施其他教育措施的成本较高。直到近十年未成年人保护、人权保护观念逐渐在少年司法领域得到发展并实践，针对虞犯少年和处罚少年的特殊教育正是以保护处分原则为主要基础而设立。保护处分原则的法理思想来源于古代罗马时期的国家亲权思想，[①] “以教代刑”是保护处分原则的最典型的特征，其主张对犯罪未成年人以及虞犯少年以其他教育方法来代替纯粹的刑罚；保护处分原则的另一特点是“提前干预”，对于出现严重不良行为在将来可能会出现犯罪的未成年人提前进行教育，帮助其改正行为，预防未来的犯罪。我国在对少年犯罪、虞犯少年的处理上，为避免出现个案对于未成年人保护处分原则过宽或者过严的冲突情况，法律赋予专门教育指导委员会对问题少年进行评估的权利和职责，专门教育指导委员会通过对个案进行科学评估来认定个体是否适合进入专门学校进行教育，既遵循正当程序理念的基础，又适当应用灵活性，贯彻柔性司法的理念，把少年未成年人权利保护和健康发展当作全部少年司法的最高目标。

专门教育委员会的评估权是以国家责任原则为基础，以社会稳定与未成年人利益的双向保护为目的，以保护处分原则为标准的专门教育决定权制度的重要组成部分，由法律授权，专门教育指导委员会对未成年人的专门教育特别是专门矫治教育进行评估，以学期为单位评估未成年学生的教育和矫治情况，并就接受教育、矫治的未成年人是否可以转回普通学校提出建议。专门教育指导委员会独立于公安侦查机关，在极大程度上能够客观公正地作出评估，并且由教育、民政、财政、律师、社会工作者等社会多方人员组成，其评估具备科学性合理性，但是由于规定的笼统性和概括性，在实践中要发挥其对未成年人的保护、减少未成年人犯罪率的作用，专门教育指导委员会制度要不断加强其准司法程序化和专业化。

三、域外特殊教育转入机制和启示

随着经济的发展，世界各国都出现了一个共同的问题——未成年人犯罪和不良行为的日益严重化，对他们的教育矫治已经成为国际社会普遍关心的问题。当前情况下，无论是在大陆法系国家还是在英美法系国家，采取教育感化和惩戒相结合的少年司法制度体系是各国共同的选择。现代少年刑法发

---

① 参见姚建龙：《犯罪后的第三种法律后果：保护处分》，载《法学论坛》2006 年第 1 期。

达的国家，都遵循“以教代刑”的原则，规定保护处分优先于刑罚适用。本文主要介绍特殊教育制度比较成功的德国促进教育转入制度和日本儿童自立援助转入制度。

（一）德国促进教育转入制度

德国促进教育转入制度评估囊括了未成年人的心理，生理等方面的内容，是德国处理问题少年的一种类似于我国专门教育的制度。德国促进教育制度决定权不在政府或是学校，更多的是关注家长和学生的态度，他们会尽力争取问题少年的家长和当事人的同意。德国司法界认为说服家长和学生同意的这个过程本身是一项具有重要意义的教育方式，违背家长和学生意愿进行矫正教育的效果并不好，只有他们共同接受促进教育才是对问题少年更好的方式。在转入促进教育程序过程中德国司法程序会对问题少年进行各方面、多次的心理辅导和调查，促进教育是最兜底的措施。[①]

只有在经过深度讨论家长仍然拒绝促进教育时，家长可以申请组建专门委员会。委员会组成与我国相同，都是由跨界各专业人员构成，但是德国促进教育更重视委员会的独立性，委员会仅对问题少年是否需要接受促进教育作出鉴定意见，教育行政机关享有最终决定权，如果教育行政机关没有采纳鉴定意见应当说明理由。一般的促进教育决定由当事人一方和促进教育学校一方进行交涉决定，如果不能达成合意，则由可以申请组成的专门委员会进行鉴定，教育行政机关最终裁决。

德国促进教育与我国的专门教育具有诸多相同之处，值得借鉴的是，促进教育的转入程序比较重视当事方的意愿，在与之协商的过程中对其进行教育，只有当事人一方认识到自身需要特殊教育来进行辅导，特殊教育的矫治功能才能有更好的效果。此外，德国的专门委员会作为转入决定机构比较重视独立性，这也是我国专门教育指导委员会需要重视的，目前我国专门教育

---

① 参见石军：《德国巴伐利亚州促进学校对中国工读学校的启示》，载《外国中小学教育》2015年第6期。

指导委员会的地位和性质法律尚未释明，作为专门教育决定权的重要角色，其独立性仍须加强。

（二）日本儿童自立援助转入制度

与我国专门教育矫治的理念不同，日本的自立援助制度是以“爱的帮助”为理念的特殊教育制度，其员工与援助对象同吃同住，双方是帮助与被帮助的关系而不是对抗关系。[①] 日本自立援助制度的转入方式主要分为保护处分和临时性保护处分两种。两者的转入方式不同，前者是经过日本的家庭裁判所裁定强制进入自立援助所的保护处分措施，后者是由其他机构为临时性保护具有不良行为的问题少年所采取的临时矫治措施。值得一提的是，日本设有少年鉴别所，在自立援助转入程序中可以帮助家庭裁判所对未成年人违法犯罪案件进行调查、运用心理学、教育学、社会学等专业知识对当事人的身心状况尤其是性格、心态等进行鉴定并出具鉴定意见，为家庭裁判所的处理提供参考。由于人身危害性的不同，临时性保护处分制度的转入需要考虑监护人的意见，而保护处分制度转入无须考虑监护人的意见[②]，转入偏向强制。

日本的儿童自立援助制度不光其理念值得我国的专门教育学习，其转入方式也值得我国借鉴。我国《预防未成年人犯罪法》仅说明了由专门教育指导委员会对严重不良行为少年和涉罪问题少年进行评估审查却未说明两者的区别审查。由于当事人的社会危害性和人身危害性不同，本文认为就严重不良行为少年的评估应当适当考虑其监护人意愿，而触法少年由于其行为已经出现危害性较大的情况，所以可以不将其监护人意见纳入重要考虑范围。

四、专门教育指导委员会制度的争议与困境

（一）专门教育指导委员会的地位和性质不明确

根据《预防未成年人犯罪法》的规定来看，专门教育指导委员会的主要

---

① 参见鞠青：《中国工读教育研究报告》，中国人民公安大学出版社 2007 年版，第 216 – 217 页。

② 参见尹琳：《日本少年法研究》，中国人民公安大学出版社 2005 年版，第 165 – 175 页。

任务除了研究确定专门学校建设和发展中需要多部门参与的宏观事项外，还具有实质性的评估权利。对于父母或者学校申请进入专门学校就读的，由“专门教育指导委员会评估同意，教育行政部门会同公安机关可以决定对其进行专门矫治教育”，而对于严重不良行为未成年人和实施刑法规定的行为、因不满法定刑事责任年龄不予刑事处罚的未成年人，则是“经专门教育指导委员会评估同意，教育行政部门会同公安机关可以决定对其进行专门矫治教育”。

首先，《预防未成年人犯罪法》仅对专门教育指导委员会的评估权作出了认定，但是没有对其评估结果是否具有决定性作出明确指示。有学者认为这里的评估权只是一定的参考依据，专门教育指导委员会对当事人是否进行专门教育没有决定权；有其他学者认为“专门教育指导委员会的评估同意”“教育行政部门会同公安机关可以决定”并不能说明两者的地位高低，首先需要委员会的评估同意，才能有后面的决定是否适用专门教育，因此认为两者只有逻辑上的前后关系。由此两者的地位和关系处于模糊、权责不明的状态。

其次，根据《预防未成年人犯罪法》第6条的规定，[①] 专门教育指导委员会的组成是为了联合社会多方专业力量，组成具有灵活性、专业性、综合性等特点，类似于西方陪审团制度，这样多方组成的委员会成员有利于客观公正地认定当事人情况，但是作为司法专门教育的守门人，组成成员范围广、多部门这样形成的松散型议事协调机制，使学界对其能否发挥作用产生怀疑，本文认为在没有细致规定的情况下讨论其是否有效是不实际的。但是从法律条文的形式上来看，专门教育指导委员会出具的评估经由教育行政部门决定，这意味着专门教育的评估权和决定权仍旧属于行政系统，而预防未成年人犯罪立法的初衷要求专门教育的决定权须具有中立性、独立性，才能更好地平衡社会稳定和未成年人保护，而专门教育转入权的行政化没有明确的监督机

---

① 《预防未成年人犯罪法》第6条第3款规定：“专门教育指导委员会由教育、民政、财政、人力资源社会保障、公安、司法行政、人民检察院、人民法院、共产主义青年团、妇女联合会、关心下一代工作委员会、专门学校等单位，以及律师、社会工作者等人员组成，研究确定专门学校教学、管理等相关工作。”

关，也就没有中立司法权的介入空间，使专门教育指导委员会得出的评估报告只是一份参考数据而没有实质决定权，丧失了其独立价值。

（二）专门教育指导委员会议事程序不规范，具体程序缺失

《预防未成年人犯罪法》仅说明由专门教育指导委员会进行评估，并没有出具相关具体程序，导致各地方发布的专门教育指导委员会相关工作中仅提到宏观指导专门教育发展、协调多部门处理等笼统的工作事项，并没有规定具体的工作程序。如果每次评估都需要全体人员到场，有耗时、耗力又浪费公共资源的嫌疑，而《预防未成年人犯罪法》并没有对专门教育指导委员会的性质进行定位，不免让人怀疑专门教育指导委员会的组成比较松散，流于形式。因此，《预防未成年人犯罪法》对于专门教育决定权的规定并不详细，其评估形式、评估可信度、评估效力以及权力监督诸多问题仍待细致地解决。

五、专门教育指导委员会制度的完善建议

（一）确认专门教育指导委员会评估权的准司法权性，确立其在专门矫治教育决定程序中的主导地位，联合多组织协作，最大限度保护未成年人利益

专门教育指导委员会对专门教育的审查确实存在不够中立、不够独立的问题，有的学者认为应当由法院进行专门教育的入学审查，[①] 有的则认为应当由检察院决定，[②] 有的认为应当由专门的评估机构来进行评估，[③] 甚至有的学者认为应当将专门教育的决定权直接交予教育行政部门和公安机关，专门教

---

① 参见吴静：《制度与出路：专门矫治教育制度困境与重构》，载《重庆社会科学》2021 年第 8 期。

② 参见梁曦、张洋：《罪错未成年人保护处分制度构建》，载《人民检察》2020 年第 19 期。

③ 胡艺坤：《少年司法中的专门教育制度研究》，中国政法大学 2021 年硕士学位论文，载中国知网 2022 年 9 月 16 日，https：//kns. cnki. net/kcms/detail/detail. aspx？dbcode = CMFD&dbname = CMFD202201&filename = 1021603342. nh&uniplatform = NZKPT&v = mvCph0cSc0o3GvdGaUiEihuo68Xhri4jDfUer8iDwC2U8t6gZBkm – n – lqA7_ _ MNA。

育指导委员会只负责专门教育的宏观发展和管理。

以上观点都忽视了专门教育委员会作为评估审查机构的优势，忽视了设立专门教育审查机构是为了客观公正且专业地评估。作为专门教育门槛的守护者，专门教育的决定权本身要求作出审查的机构是独立公正的，这样才能更好地发挥专门教育预防未成年人犯罪的作用。“法律不是嘲弄的对象”，当法律的规定在实践中出现问题时，我们能做的是在现有的法律框架内不断解决问题，而不是一味地攻击法律，频繁地修改法律会破坏法律的稳定性。

本文认为，应当在现有法律规定的基础上解决专门教育指导委员会存在的问题，不断追求评估机构的准司法程序化和专业化，将专门教育指导委员会的专门教育决定权准司法化，充分发挥多部门协调合作的优势，集合各组织的专业优势和经验。由此，应当弱化教育部门与公安机关对专门教育的决定权，由检察机关牵头主导，联合教育行政部门、共青团、妇联等具有未成年人辅导教育工作经验的组织进行评估，评估同意的结果由检察机关负责人批准，由此出具的评估具有准司法性，且由检察机关负责人对其进行监督。总之，由检察院牵头，明确专门教育指导委员会在专门矫治教育决定程序中的主导性地位，将专门教育指导委员会的评估权实体化，赋予其准司法性质，教育行政部门和公安机关仅对专门教育的其他程序性问题（如专门教育审查的启动和决定专门教育的执行场所问题等）进行决定。

（二）规范专门教育指导委员会议事程序，解决评估形式、评估可信度、评估效力以及权力监督等问题，充分发挥保障未成年人利益的作用

就具体程序而言，专门教育的启动审查可以由检察院主导批准，带领教育行政部门、妇联等法律规定的专门教育指导委员会组成成员，协调多方，通过不公开听证的形式进行审查。审查的内容主要分为以下两个部分。

首先，对未成年人本人的不良行为表现事实情况或是触法少年相关案件的事实情况进行听证，多部门可对其进行相关社会调查，对其人身危险性和社会危害性进行评估并形成评估报告。当被评估对象是严重不良行为未成年人时，仅需要对其人身危险性和社会危害性进行调查评估；当被评估对象是

涉罪未成年人时，委员会要先调查其涉及的案件事实，再判断是否符合犯罪构成要件，最后再调查评估其人身危险性和社会危害性。

其次，对是否对当事人采取专门教育措施以及进行专门教育的时间进行听证。为了保护未成年人的利益，应当允许监护人聘请的律师或者法律援助的律师发表意见，当事人一方也可以就是否需要专门教育发表意见。由于当事人的社会危害性和人身危害性不同，本文认为，就严重不良行为少年的评估应当适当考虑其监护人的意愿，而涉罪少年的行为已经出现危害性较大的情况，所以可以不将其监护人的意见纳入重要考虑范围。委员会得出的评估结果由检察院负责人进行批准并由检察院进行监督。最后要保障受专门教育一方以及专门矫治教育相关案件中被害人一方的复议权和申诉权，其中一方不服听证结果的，均可以向检察院申请复议或者上一专门教育指导委员会提起申诉。需要说明的是，为了保护未成年人，同其他未成年他人相关的司法活动一样，这里的听证会主要采取不公开听证的方式来最大限度保护未成年人利益。

专门教育指导委员会依照《预防未成年人犯罪法》第46条对涉及的正在进行专门教育的未成年人矫治的效果进行定期评估，由于相关情况需要对教育矫正的本人进行真实客观的了解，为了避免评估流于形式，所以建议由专门教育指导委员会成员和心理学专家依据当地情况共同制定专门教育未成年人矫治评估事项表。在专门学校应常驻专门教育指导委员会成员，由专门学校负责人与委员会学校常驻成员共同对当事人进行情况了解并记录，检察院带领专门教育指导委员会组成成员通过情况记录和面见接受专门教育的当事人，对当事人的人身危险性和社会危害性进行评估，评估同意后再由检察院批准转学、继续专门教育或者采用其他教育方式。

（三）完善相关法律条文，提高专门教育指导委员会成员的专业化水平，提高专门教育指导委员会评估的科学性和有效性

在法律规定不详的情况下，尽管可以在现有体制内进行修改，但是实务中仍然存在难以操作的问题，对于适用专门矫治教育的涉罪未成年人，可谓

关系重大。所以本文建议法律针对不予刑事处罚的未成年人增设适用专门矫治教育的情形，对具体的罪名种类等进行规定，进一步明确专门矫治教育的适用条件，在明确公安机关和检察院专门矫治教育审查启动权范围的同时防止该权利被滥用，由公安机关或检察院交予专门教育指导委员会进行审查决定，最后由检察院批准，公安机关和教育行政部门具体执行。

更值得关注的是，作为专门教育的入学门槛，专门教育指导委员会的评估需要成员具备很强的专业性和综合性，不仅需要一定的教育学、心理学基础，在实践中也要有一定的教育实务工作经验。来自不同组织的委员会成员如果水平良莠不齐，作出的评估水平有待考察，很可能给专门教育的实施效果带来负面影响。因此，在选择专门教育指导委员会成员时，应当要求具有一定的相关专业背景，在进入委员会工作前对其进行一定的相关教育心理学的考核，并且在后期定期组织委员会成员进行专业培训学习，由此提高专门教育指导委员会成员的综合素质和能力，为提高评估结果的科学性和有效性打好基础。

六、结语

关注未成年人保护是人类文明的重要话题，面对虞犯少年和触法少年，应当如何平衡未成年人保护与社会稳定是一个需要不断完善的课题。作为专门教育的“守门人”，专门教育指导委员会要能够作出更公允有效的评估，在追求评估机构的准司法程序化和专业化的过程中不断关注对未成年人的个别化处理，充分发挥其保障作用，不断在未成年人利益保护和社会安全维护的博弈之中找到更有利于未来社会发展的出路。

《家庭教育促进法》背景下留守儿童家庭教育考察

雷　霖　全　亮*

内容提要：2021 年 10 月 23 日通过的《家庭教育促进法》标志着我国正式进入“依法带娃”时代。但留守儿童家庭教育存在的问题依然显著，如父母缺位、重养轻教及缺乏监管等。虽然《家庭教育促进法》通过对留守儿童家长的赋能，能够全方位提高留守儿童家庭的教育水平，但仍然存在农村家庭教育领域普法不到位、对城乡家庭教育的差距关注不全面以及可操作性差导致监督不健全等问题。为此，应当从构建多元化农村普法体系、重视农村家庭教育的特殊性以及建立更科学的监督考核机制三个方面进行改善。

关键词：家庭教育促进法　留守儿童　家庭教育　赋能

“父母是孩子的第一任老师”，父母、家庭的教育在孩子成长过程中起着至关重要的作用。据研究，很多青少年问题都和家庭教育不当有很大关系。[①]在现代社会，父母面临很大的生活压力，他们在家庭教育方面可能有些力不

---

* 雷霖，四川师范大学法学院法律硕士研究生，四川师范大学少年司法研究与服务中心助理研究员。研究方向：法律（非法学）。全亮，四川师范大学法学院教授，四川师范大学少年司法研究与服务中心常务副主任，法学博士。研究方向：司法制度。

① 参见王贞会：《家庭监护功能缺位的实践表征及其治理路径——以 308 名涉罪未成年人为样本的分析》，载《政法论坛》2018 年第 6 期。

从心。例如，有的父母对孩子的家庭教育缺乏责任心，有的父母因为自身受教育水平的限制无法为孩子提供科学的家庭教育，有的父母迫于生存压力不能陪在孩子身边等，这些都是未成年人在成长过程中出现问题的重要原因。经过多方努力，2021 年 10 月 23 日第十三届全国人民代表大会常务委员会第三十一次会议通过了《家庭教育促进法》，该法的出台是我国在家庭教育方面取得的历史性成就，从此我国正式进入“依法带娃”时代。

一、留守儿童家庭教育现状分析

关于家庭教育问题，在我国不可忽视的一个方面是农村留守儿童的家庭教育。农村留守儿童一般被定义为：“父母双方外出务工或一方外出务工另一方无监护能力，无法与父母正常共同生活的不满 16 周岁农村户籍未成年人。”① 2022 年中国留守儿童数据统计分析显示，我国不满 16 周岁的农村留守儿童数量为 902 万人，由此可以看出我国的农村留守儿童数量庞大，但是他们享有的教育资源却很少，特别是在家庭教育方面。因为父母一方或者双方选择外出务工，只能将未成年儿童交给其祖父母、外祖父母或者委托其他亲戚教育、照顾。虽然父母外出打工能给孩子提供更好的经济条件，但是父母的缺位，给未成年人的成长带来了很大的风险。目前，我国农村留守儿童家庭教育主要存在以下几个方面的问题：

（一）教育缺位，父母责任感不足

父母去大城市打拼大多是家庭成员基于利益最大化的协商结果，虽然会带来一定的经济效益，但是，也会导致父母和孩子之间沟通交流的机会极少。留守儿童作为未成年人，其心智还不成熟，很容易受到外界的干扰和诱惑，更加需要家长的关心和爱护。但是，父母如果远在异地，当孩子需要帮助的时候，得不到父母的关心与疼爱，他们的情感需求得不到满足，因此很容易

---

① 《国务院关于加强农村留守儿童关爱保护工作的意见》，载《中华人民共和国国务院公报》2016 年第 6 期。

出现心理健康问题。[①] 同时，有些父母的责任感不足，一方面是因为法律认识不足，没有正确认识到法律规定的父母对子女的教养责任；另一方面是受上一辈教育观念的影响，认为只要给孩子提供了经济保障就算是履行了为人父母的职责，因此，这些父母难以正确地肩负起自己在家庭教育中的责任。

（二）教育落后，监护人重养轻教

留守儿童大多处于偏远地区，留在村里的大多是老年人以及未成年人。他们拥有的教育资源与城市相比有着极大的差距，当城市的孩子们普遍能够通过网络技术学习各种各样知识的时候，留守在农村的孩子们可能连得到一本全新的课本都是一种奢望。城市的孩子们从小在父母的呵护下长大，父母也更有能力给予他们更好的教育，他们的学习过程、成长经历温馨又丰富。但是留守儿童从小缺少父母的陪伴，不仅在心理方面得不到父母的教导，在物质方面能给予他们的也只是最低限度的教育资源。从小差距过大的教育情况会一直影响到孩子们长大成人。

据调查，我国大多数留守儿童由年纪较大的家长进行教育。因为老人们自身的教育观念较为陈旧和单一，他们的家庭教育方式也滞后于现代社会，[②] 因此，不少未成年人在成长过程中不能较好地接受现代社会的科学家庭教育，导致有的孩子胆小、敏感，有的孩子嚣张跋扈、欺凌弱小。由于父母不在身边，不能及时对未成年人的不良行为加以引导、纠正，或者对孩子的不良行为视而不见，很可能导致留守在农村的儿童难以形成正确的人生观和价值观。

（三）监管缺失，未成年人犯罪问题频现

农村留守儿童的监管存在漏洞，他们大多处于“放养”状态，在生活中

---

① 参见包平芳：《浅谈农村留守儿童家庭教育现状》，载《科幻画报》2022 年第 6 期。

② 参见邓纯考：《农村留守儿童社会化困境与学校教育对策——对浙南 R 市的调查与实践》，载《浙江社会科学》2012 年第 5 期。

很容易受到外界的不良影响。[①] 随着年纪的增长，留守儿童逐渐进入叛逆期，对祖父母的管教极度排斥，有时长辈的稍加指责就会激怒他们。所以，对于负有监护职责的人来说，家庭教育的尺度不好把握。研究表明，家庭功能和青少年问题行为存在显著的相关，那些家庭功能不良的青少年有更多的问题行为。[②] 并且，父母自身的价值观念和行为举止也会对孩子产生重要的影响，一些留守儿童的家长注重于眼前利益，缺乏长远眼光，经常会给孩子灌输“读书无用”的观念。孩子因为自身辨识能力的不足或是无力对抗强势的父母，年纪尚小就和自己的父母一样走上外出务工的道路。但是，当前社会上对这群文化程度不高又来自农村的孩子存在一些歧视和偏见，有可能导致他们形成扭曲心理，出于报复社会等目的走上犯罪的道路。

二、《家庭教育促进法》为留守儿童家庭教育“赋能”

《家庭教育促进法》被一些学者称为“是一部为家长赋能的法”，笔者认为此处的“能”应该至少包括三个方面的内容。首先是“功能”，通过该法让家长和社会正确认识家庭在未成年人教育中有着至关重要的功能。其次是“权能”，该法要赋予家长教育孩子的权利。最后是“能力”，该法要通过各方面的协同从而提升家长能够依法带娃的能力。那么，《家庭教育促进法》如何为留守儿童的家长“赋能”呢？

（一）赋予功能——提升家长责任意识

要提升留守儿童家长的责任意识，让他们意识到自己的教育在儿童成长过程中的重要功能。《家庭教育促进法》第 1 条指出了该法的目的，家长应当根据该法正确认识到家庭教育在家庭和谐、社会发展与国家富强等方面都具有极其重要的功能。同时根据第 21 条“未成年人的父母或者其他监护人依法

---

① 参见吴建平：《乡村振兴背景下农村留守儿童家庭教育研究》，载《农村经济与科技》2022 年第 33 卷第 5 期。

② 参见范方、苏林雁、曹枫林等：《中学生互联网过度使用倾向与学业成绩、心理困扰及家庭功能》，载《中国心理卫生杂志》2006 年第 10 期。

委托他人代为照护未成年人的，应当与被委托人、未成年人保持联系，定期了解未成年人学习、生活情况和心理状况，与被委托人共同履行家庭教育责任”的规定，指出了留守儿童的家长在家庭教育中应当承担的责任。

家庭不仅承担着为人们身体提供住处的功能，更是人们心灵的港湾。家长与孩子之间的沟通交流能够很好地化解家庭矛盾，父母应当主动寻求能够陪伴在孩子身边的可能。即使父母迫于无奈不能时常陪伴在孩子身边，也应当积极主动凭借现代的通信手段经常与孩子沟通、谈心，及时了解孩子的身心变化，缓解孩子的焦虑和孤独，从而拉近孩子与父母之间的距离，可以增强孩子对家庭的归属感，树立正确的为人处世态度，守护留守儿童身心健康发展，不断提升他们的交际能力，以更好地适应社会。

（二）赋予权能——建立祖辈父辈协同机制

留守儿童的父母大多不在身边，而留守儿童又离不开成年人的照顾，因此赋予留守儿童的祖父母或者受家长委托负责监护的人对留守儿童的教育的权能是必要的。有学者将“协同教育”定义为：“某一系统的要素进入另一系统并与其中的要素相互联系与相互作用，产生新的结构与功能，这种现象被称为协同教育。”将“协同教育”的概念运用于祖辈父辈对留守儿童的教育中可以这样理解，父辈因为外出务工而委托祖辈成为儿童的长期教育者，祖辈父辈打破时空壁垒，相互学习，更好地对留守儿童进行家庭教育。[①]

《家庭教育促进法》第 4 条第 1 款规定了承担家庭教育的主体，即“未成年人的父母或者其他监护人负责实施家庭教育”。明确指出除父母外，其他监护人也有负责实施家庭教育的责任。如上文所述，我国祖辈作为留守儿童监护人成为普遍现象。留守家庭的结构导致了家庭成员在时空上的分离，决定了留守家庭的教育既要面向父辈，又要面向祖辈。

祖辈有着丰富的育儿经验以及人生经验，有利于培养孩子吃苦耐劳、勤

---

① 参见陈小丽、曾彬：《留守儿童祖辈父辈协同教育机制探索——基于〈家庭教育促进法〉》，载《商丘师范学院学报》2022 年第 2 期。

奋好学的精神。祖辈与孩子们之间有着天然的血缘关系，相较其他人，祖辈和孩子的关系更亲近，孩子们也更容易对他们产生依赖感和信任感，所以他们更适合对孩子进行家庭教育。即使祖辈教育存在一定的缺陷，其是否可行在实践中也存在争议，但是由于目前社会正处于转型时期，留守儿童这一家庭形态在短时间内不可能消失，留守儿童群体也会长时间存在。因此，综合以上因素，祖辈父辈协同教育是一个不错的选择。

（三）赋予能力——调动国家、社会积极协助

要提高留守儿童家长的家庭教育能力。未成年人的成长对于一个国家的发展来说至关重要，对于未成年人的培养教育，需要家庭、学校、社会和政府的相互协作，以此来提高未成年人的家庭教育能力水平。从整体来看，《家庭教育促进法》第 3 章规定了国家对家庭教育应当给予支持，第 4 章规定了社会对家庭教育的协同作用，这两章的规定当然全部适用于留守儿童的家庭教育。该法第 48 条还明确指出了当未成年人住所地的居委会、村委会、妇联、学校等主体发现未成年人父母或其他监护人以及被委托人有拒绝、怠于履行家庭教育责任，或者非法阻碍其他监护人实施家庭教育的情形时应当承担的责任。由此可以看出，《家庭教育促进法》调动多方力量关注留守儿童的家庭教育情况，并且施加一定的监督责任，有利于促进监护人或被委托人更好地履行职责。

如前文所述，祖辈在留守儿童家庭教育方面也扮演着重要角色，我们在建立祖辈父辈协同教育的同时也要尽量避免祖辈教育存在的问题。有研究表明，祖辈的特点可以影响孙辈，孙辈的特点也会反作用于祖辈。[①] 由此可知，当祖辈有较高的教育水平的时候，对孙辈在学习、沟通等方面都会产生积极的影响。因此，我们应当为祖辈教育提供指导，为他们开放教育能力提升渠道，如学校、村委会、居委会可以定期举行一些培训活动，或者由专业人员

---

① 参见卢富荣、宋煜静、刘路培等：《隔代教育对孙辈和祖辈的影响：双刃剑效应》，载《心理科学进展》2020 年第 10 期。

到家里去进行指导，尽可能地发挥祖辈父辈协同教育的积极作用。

同时，在现代社会，除了用终身教育取代过去的阶段教育以外，我们还实现了更为明晰的家庭教育、学校教育和社会教育在生命周期中的依次递进和分工合作。[①] 因此，要借助现代技术探索现代家庭教育模式，深化家校合作，凝聚多方力量，借助多方合力推动偏远地区教育发展。老师应当主动承担起“第二家长”的责任，给予留守儿童更多的鼓励，帮助他们树立正确的理想信念。学校应当负担起管理学生和教育学生的职责，重点关注留守儿童，调动留守儿童的积极性，使之更好地融入班级、融入社会。同时，社会应当营造一种关爱留守儿童的良好氛围，切实减少社会对留守儿童的偏见问题。同时，还应当多关注偏远地区的经济发展，只有当地的经济发展起来了，才可能避免更多的年轻父母外出打工，才能根本性缓解目前我国社会留守儿童的矛盾，毕竟父母教育、培养是其他任何手段都不能代替的。

三、《家庭教育促进法》背景下留守儿童家庭教育的局限

（一）农村家庭教育领域普法不到位

虽然自改革开放以来我国农村法制建设取得了巨大进步，但是关于家庭教育方面的普法工作还是面临很大的困难。首先，村民的法律意识还不够高。大多数的年轻人选择了外出务工，留守在农村的大多是老年人以及少年儿童。一些老年人家庭教育方式可能会以打骂为主，可能会让儿童暂时屈服于爷爷奶奶的“权威”，但是未能从根本上提升留守儿童家庭的教育水平。

其次，现在的很多农村干部大多由村里较年长的人来担任，他们关于家庭教育方面的法律意识不强，在遇到家庭教育方面问题的时候，几乎不会想到借助法律去解决，普法宣传并没有真正深入每家每户的日常家庭教育之中。

最后，受经济水平和地域环境的限制，目前农村的普法宣传方式、载体

---

① 参见叶文振：《家庭教育立法的时代意义与实施路径》，载《山东女子学院学报》2021 年第 2 期。

单一，大多数采取法治讲座、悬挂横幅、发传单等“灌输式”的宣传方式。[①]在农村普法过程中，普法工作人员对很多法律概念没有进行很好的解释说明，照本宣科，这种不太接地气的宣传方式，无疑会降低村民的参与积极性，并不能帮助村民们对法律产生正确的认识，更别谈其对法律的认真学习和运用了。

（二）对城乡家庭教育的差距关注不全面

我国城乡之间在经济、政治以及教育等方面存在很大的差距，[②] 在立法时应当关注城乡之间存在的现实差距。首先，城乡之间的家庭教育资源存在很大的差距，不能把城市的家庭教育模式完全照搬到农村中去。其次，承担城乡儿童家庭教育责任的主体也有很大的不同，城市的儿童大多由父母教育，但是农村的儿童大多由祖辈承担家庭教育的责任。年轻人和老年人的教育思维存在很大的差异，务必不能忽视这一差异。最后，城乡儿童成长环境的不同，导致农村儿童对新事物的接受程度、理解水平可能与城市儿童之间存在较大差距。虽然《家庭教育促进法》第 30 条明确指出国家层面在支持留守儿童家庭教育方面应当承担的责任，但是比较笼统，没有提出能够适应农村留守儿童家庭教育的具体方案。尽管是迫于社会流动的现实，然而却无法绕开城乡教育差距和异地就学难的现实困境，说明通过立法促进改革的初衷并未实现。[③]

（三）可操作性不强导致监督机制不完善

虽然《家庭教育促进法》的出台弥补了我国在家庭教育方面的立法空白，但是由于该法属于倡导性立法，存在可操作性不强的问题。该法更多规定的

---

① 参见周富贵：《新时代我国农民法治意识培育研究》，东北师范大学 2019 年硕士学位论文。

② 参见褚宏启：《城乡教育一体化：体系重构与制度创新——中国教育二元结构及其破解》，载《教育研究》2009 年第 11 期。

③ 参见刘丽、邵彤：《我国家庭教育地方立法的经验与不足——兼评〈中华人民共和国家庭教育法（草案）〉》，载《湖南师范大学教育科学学报》2021 年第 3 期。

是家庭教育的目标、原则、责任主体等内容，对于怎么做规定得较少。[①] 这样的规定在实施过程中会存在以下问题：首先，因为缺乏怎么做的标准，各地方、各政府之间在具体实施过程中缺乏统一标准，不能很好地对实施过程和成果进行有效监督。特别是对于较为落后的乡村来说，做决策的人和具体实施的人会出现断链的情况。决策者可能因为受到过较高水平的教育，而做出比较科学的决策方案，但是具体实施过程中，又会受限于实施者的水平，因此可能会造成实施结果的水平参差不齐。其次，目前还缺乏对《家庭教育促进法》在乡村的实施过程及实施效果有效的监测体系，缺乏具体条文规定在农村中的监督标准和监督形式等。最后，虽然村民们是法律实行过程中的直接参与者，但是由于他们的法律意识本身不强，所以他们也很少会有监督意识。由此带来的后果就是不能及时发现和解决在实施过程中存在的问题。

四、《家庭教育促进法》背景下留守儿童家庭教育的完善

（一）构建多元化的农村普法体系

1. 普法主体的多元化

有学者指出，基层政府是农村法治化改革的主导者。[②] 在日常的普法工作中，基层政府是农村普法工作的执行者和实践者。也就是说，基层政府在农村留守儿童家庭普法工作中应当树立起“主人翁”的意识，积极主动地去承担责任。特别是对于《家庭教育促进法》来说，因为其本身就是倡导性立法，与村民最关心的经济立法没有太大的关系，他们并不愿意花费时间去学习，而面对村民们的消极态度，其他主体发挥作用的水平可能有限。但政府在我国人民心中具有极高的权威性，由此基层政府普法对比其他主体的普法就具有一定的天然优势。由基层政府主导普法公众，不仅可以提升农民参与的积极性，还会增加他们对普法工作的信任度，所以基层政府在农村普法工作中

① 参见何瑶：《论新时代家庭教育指导服务体系构建的现实困境与应对策略——基于〈中华人民共和国家庭教育促进法〉的思考》，载《宜宾学院学报》2023 年第 4 期。

② 参见周铁涛：《基层政府主导农村法治化治理的困境与路径》，载《湖湘论坛》2016 年第 3 期。

的地位是不可取代的。

学校在农村普法工作中也是很重要的一环，学校作为孩子们学习知识的第一场所，可以凭借自身与孩子之间的紧密联系以及专业性向留守儿童宣传他们在家庭教育中享有的权利。同时，作为孩子们成长过程中的守护者，学校也应当承担起向留守儿童家长积极宣传法律的责任。

除了政府和学校的努力之外，还要为农村培养更多的法律人才，让更多、更直接的主体参与到农村普法工作中。在日常生活中，村民们很多时候不会直接与政府工作人员接触，所以需要培养一批更容易与村民们相接触的法律人才。这些人可以定期聚在一起学习法律知识，研讨应该如何更好地推进普法工作，与政府相比他们与村民们的距离更近，因此更了解每一户留守儿童家庭的情况，能更科学、高效地开展普法工作。由此形成以基层政府为主导、其他各方力量共同参与的多元化普法主体。

2. 普法途径的多元化

随着现代网络信息技术的不断发展，农村的普法工作也应当跟上时代发展的步伐。第一，可以在村里设置“法律学习屋”，配置电脑供村民进行法律学习，在“法律学习屋”内设置专门岗位为村民们答疑解惑；第二，可以定期展开《家庭教育促进法》集体学习会议，会议的形式尽量有趣、丰富，比如可以采取小舞台剧的形式，这样可以在丰富村民们的生活的同时学会应当如何更好地教育留守儿童；第三，可以在随处可见的地方贴一些标语、卡通人物，对村民、留守儿童产生潜移默化的影响。

3. 关注受众的多元化

在普法工作展开之前，我们必须先搞清楚我们在为谁普法。在对农村地区进行普法工作时，最重要的受众主要分为三类：一是留守儿童的祖辈；二是留守儿童的父或母；三是留守儿童自己。对于这三类主体来说，他们有不同的个性，对法律的认知程度也不一样，因此，需要根据受众的不同而采取不同的方式。

首先，由于祖辈的家庭教育观念已经固化，不会轻易改变，因此，我们不能将现代的家庭教育方式强加于他们，不能试图一蹴而就地去改变他们的家庭教育方式，更多地需要与他们沟通、解释，让他们有一个循序接受的过程。其次，父辈由于接触到了更多的现代化事物，他们对新事物的接受程度更高，对学习科学家庭教育的积极性也更高，因此他们的普法难度会相对较低。最后，我们还需要让留守儿童了解自己在家庭教育方面拥有的权利以及当自己的权利受到侵害时应该如何寻求救济。由于留守儿童自身年纪尚小，理解能力有限，因此需要设计一些简单易懂、生动有趣的普法方式，如卡通动画、角色扮演小游戏等。

（二）重视农村家庭教育的特殊性

农村留守儿童家庭教育相比城市的家庭教育存在较大的差异，这些差异性要求我们在实施《家庭教育促进法》时需要进行“差别对待”。首先，在农村地区，家校合作尤为关键。[①] 因为对于大多数留守儿童来说，父母常年在外打工，他们更加缺乏关爱。学校应当充分发挥家校的主导作用，尽力去解决学生的问题，而不是把责任又推还给家庭。[②] 学校可以从以下三个方面承担责任：一是积极与学生家长沟通，帮助家长树立起责任意识，防止家长把教育孩子的责任全部交给学校；二是可以定期进行家访、亲子运动会、家长会等活动，不断帮助家长提升家庭教育的水平；三是学校可以多成立一些学习小组，让留守儿童感受与同学、老师交流的乐趣，可以在一定程度上弥补父母不在身边的遗憾，帮助他们健康快乐地成长。

其次，更加重视老师的角色。老师在日常教学工作中不仅需要关注留守儿童知识的积累，还需要关注他们的身心健康。相对于学校，老师和同学们进行直接接触，可以更仔细地关注到每一个孩子的变化。老师应该树立起平易近人、值得信赖的形象，这样孩子们遇到问题时才会愿意与老师进行沟通。在发现孩子可能出现问题时，老师也应该及时与学校、家长进行沟通。

---

① 参见魏学芳：《农村留守儿童家庭教育缺失的问题和对策分析》，载《新课程》2022 年第 38 期。

② 参见徐大伟：《乡村家庭教育缺失的原因及优化策略研究——以贵州省六盘水市普古乡为例》，载《经济研究导刊》2022 年第 18 期。

最后，更加重视社会的积极作用，包括村委会和妇联等组织的作用。由于农村家庭教育资源匮乏，仅仅依靠学校和他们自己并不能满足留守儿童家庭教育的需求。相关知识缺乏、担当不起家庭教育的主体责任，很多家长不知道用什么方法教育孩子，因此需要家庭教育的指导。

（三）建立更科学的监督考核机制

由于《家庭教育促进法》是一部新法，特别是对乡村偏远地区来说普及率还不高，加之留守儿童受自身认知水平的限制，留守儿童家庭对该法的理解可能存在一些不足。因此，为了更好地实施该法，需要有专门从事留守儿童家庭教育指导服务的人员，并指派他们到学校或者留守儿童家中进行宣传、指导工作。为了能够将法律落到实处，需要为这些人员建立一套系统、科学的绩效考核机制。

1. 国家层面

在国家层面，需要完善家庭教育指导服务监督评估制度的顶层设计。国家需要从宏观上回答，在对留守儿童家庭教育指导工作进行监督的目的是什么、监督主体是谁、主要职责是什么以及应当如何实施。[①] 监督的目的自不待言，就是希望能够提高家庭教育指导服务人员的工作积极性，勇于承担责任，以此来真正帮助留守儿童家庭提高家庭教育能力。监督主体应当包括基层政府、妇联、残联、未成年人保护组织以及与留守儿童家庭教育有关的每一个人。全方位的监督有利于保持指导服务人员的先进性和廉洁性。指导服务人员的主要工作职责就是让更多的留守儿童家庭知法、懂法以及依法办事。家庭教育指导服务人员不仅需要具有较高的法律素养，还需要在家庭教育方面具有专业性。

2. 各级政府层面

在农村地区，对留守儿童家庭进行家庭教育指导服务的主导力量应该是

---

① 参见梁丽婵、边昊天、罗良：《我国家庭教育指导服务督导评估的现状、关键问题和实施建议》，载《中国电化教育》2022 年第 5 期。

政府，因此政府应当对自己的工作设置更科学的监督机制。首先，应当重视政府信息透明度，建立“阳光政府”。各级政府应当及时、准确地公开关于农村家庭教育指导服务工作的相关信息，这样有利于外界更明确政府所做的工作，能更好地进行监督。其次，应当设置专业的监督机制。从《家庭教育促进法》的要求来看，家长在进行家庭教育时应当具备专业的家庭教育知识，用“专业化的教育能力”代替“经验性的教育模式”。[①] 因此，对留守儿童家庭进行家庭教育指导服务的人员也需要具有高度的专业性，需要对指导服务工作设置更科学的考核标准。考核内容包括服务人员是否定期到留守儿童家庭进行指导、接受指导服务的人员的反馈以及在接受指导一段时间后该家庭的家庭教育水平是否有了一定的提升，等等。此时，可以考虑借助社会专业机构的力量，综合测评出在留守儿童家庭教育指导服务工作中哪些要素是关键的哪些要素是可以忽略的。最后，在严格监督的同时还应当注重效率。应当注意到偏远农村的现实情况，在建立网络监督平台的同时，可以借助一些适合本地的手段进行监督。

五、结语

“家庭教育承载着家风的传承、亲情的延续、代际之间的互动，会形成人格最深层、最私密也是最核心的自我认知。因而家庭教育对于人的发展和影响至关重要，也必然是父母与子女之间极为特殊的内在认同关系。”[②] 同时，良好的家庭教育也会让孩子掌握更好的社会技能和自我保护意识，在面对社会压力时能够学会自我调节。当每个孩子都能受到良好的家庭教育时，千千万万个家庭也就形成了优良的家风，由此也就会形成良好的社会风气，中华民族的优良传统才能得到继承和发扬。

留守儿童是社会的弱势群体，基于他们成长环境的特殊性，他们比普通

---

① 参见边玉芳、田微微、梁丽婵：《家庭教育指导离〈家庭教育促进法〉的要求有多远》，载《教育发展研究》2022 年第 20 期。

② 邓静秋：《家庭教育促进法的宪法逻辑》，载《苏州大学学报（教育科学版）》2021 年第 4 期。

孩子更加敏感，更容易受到伤害。虽然他们之中有人年纪轻轻就已经能够独当一面，但是这并不能让我们忽略对他们的家庭教育，并且应该对他们给予更多的关注。希望《家庭教育促进法》能够让更多的组织、个人认识到家庭教育对留守儿童的重要性。无论是家庭本身还是学校、妇联、政府或其他国家机关都应该积极主动地在留守儿童家庭教育中发挥自己的作用。同时需要注意，家庭教育其本质还是“私事”，最重要的责任主体是家庭。因此，其他主体的干预和指导不能过度，要以支持和鼓励为主，并且采取一定的监督措施保障《家庭教育促进法》在留守儿童家庭教育的有效实施。

未成年人权益保护的公证诠释

唐政委*

内容提要：未成年人作为未来社会承载着国家和民族复兴希望的主体，他们的生存、保护和发展事关我们共同的未来，对未成年人合法权益的有效保护既是国家和社会的责任，也是每个公证主体的职责。尤其是在未成年人公证需求和涉侵犯未成年人公证权益纠纷日益增多的背景下，探索完善保护未成年人财产性质权益为指引的综合性公证法律服务体系，落实公证责任以保护未成年人权益，成为每一个公证人都应该密切关注、不断思考的问题。

关键词：未成年人权益保护　未成年人财产公证　综合性公证法律体系　公证责任

一、引言

今日的儿童就是明日世界的公民，他们的生存、保护和发展是人类未来发展的先决条件。① 特别是随着经济和法治的进步与发展，以及未成年人保护观念的不断进步和更新，我国对未成年人权益的保护日渐加强，并且取得了

---

* 唐政委，四川师范大学少年司法研究与服务中心助理研究员，四川师范大学法学院2020级诉讼法学硕士。研究方向：刑事诉讼法学与少年司法。

① 1990年9月，联合国世界儿童问题首脑会议在纽约联合国总部举行。会议通过了《儿童生存、保护和发展世界宣言》《执行九十年代儿童生存、保护和发展世界宣言行动计划》。70多个国家的国家元首或政府首脑以及数十个国家的外长出席会议。

不错的成绩和效果。《未成年人保护法》更是与其他未成年人相关法律规范一道，共同构筑起了未成年人保护的规范体系。[①] 但近年来频繁发生的侵害未成年人公证权益的事件，在引起社会大众和舆论的关注的同时，也给未成年人本身造成了某些负面影响，使我们不得不反思作为承担公共法律服务职能的公证机构在办理涉及未成年人公证事务时应当如何作为才能担当起未成年人权益保护的重担。

类似侵害未成年人公证权益案件的主要有被侵害未成年人财产性权益的广泛性和侵害发生的相对隐秘性等特点，主要涉及未成年人出国旅游、游学、夏令营需要的亲属关系公证、委托公证、出生公证；变更抚养权公证；代理未成年人办理相关法律行为的监护公证；保护未成年人财产权益的遗嘱公证、保证书公证、提存公证；房产赠与未成年子女的受赠书公证等事项。但是由于涉未成年人公证法律规范的滞后性，造成上述事项长期存在办理程序不够透明规范、公证材料真实性缺乏有效保证、公证体系之间协调性不足、公证机构及其公证员职责疏忽等问题，加之在公证实务中未能真正得到公证机关及其有关主体的及时重视和有效解决等原因，而无法实现涉及未成年人作为被监护人的人身、财产权益的实质性保护。《公证法》及其有关司法规范作为现行法律规范的一部分，公证制度及其相关制度体系亦作为我国司法制度必不可少的组成部分，针对公证实务中常出现涉及侵犯未成年人合法权益的问题，构建保护未成年人财产型权益为指引的综合性公证法律服务体系，落实公证员责任，[②] 公证机构及其公证员责无旁贷。[③]

① 参见宋英辉、刘铃悦：《〈未成年人保护法〉修订的基本思路和重点内容》，载《中国青年社会科学》2020 年第 6 期。

② 参见芦秀婧：《监护权保护研究》，黑龙江大学 2017 年硕士学位论文。

③ 根据国家统计局第七次全国人口普查数据显示："0—14 岁人口为 25338 万人，占 17.95%；15—59 岁人口为 89438 万人，占 63.35%。与 2010 年相比，0—14 岁、15—59 岁人口的比重分别上升 1.35 个百分点、下降 6.79 个百分点。"我国少儿人口比重回升，生育政策调整取得了积极成效。可以看出未成年人占比较大，其权益保护不可忽视。载国家统计局官网，http：//www.stats.gov.cn/tjsj/zxfb/202105/t20210510_1817176.html，2021 年 11 月 20 日访问。

二、未成年人涉公证事项概况及公证责任

我国涉及未成年人权益保护的公证实务主要包括两类：一类是未成年人是当事人的情形，如出生公证、收养公证、声明公证、亲属关系公证、监护人公证、寄养保证书公证、成年人为未成年人设立遗产份额的遗嘱公证、未成年人作为受赠人的赠与合同公证、继承公证、监护人代为处分财产的行为公证等；另一类是未成年人是利益关联人的情形，如有未成年人子女的离婚（财产分割）协议公证、法定继承人中有未成年人的遗嘱公证等，主要包括以下几个方面：

（一）监护人处分未成年人财产或权利的公证事项

作为未成年人的监护人，对未成年人子女的财产享有一定的管理权利，并承担一定的管理义务，[①] 但这种财产的处分权依据的是《民法典》第 35 条之规定，[②] 是以维护被监护人的利益为前提。所以公证机构及公证员办理未成年人财产公证时都会比其他的财产公证附带增加一类尽职审查义务，即应当核实查证该公证的办理是否会对未成年人的财产或者其他权益产生不良影响。如果存在监护人为了个人利益以不合理的对价转移未成年人财产或处分未成年人财产性权益、代未成年人将其独有或共有的财产为标的办理赠与公证、代未成年人放弃其合法享有的继承权等情形，公证机构应不予受理。在其他涉及监护人对未成年人作为被监护人财产的对价处分或财产性权益交换处分行为中，公证机构及其公证员经过尽职审查后，能够基于某些书面材料确定监护人实际上是为了保护被监护未成年人的利益，在一体查验涉及财产的数

---

① 参见吴永科：《网络侵犯未成年人权利的民事责任探讨》，载《渤海大学学报（哲学社会科学版）》2005 年第 3 期。

② 《民法典》第 35 条规定："监护人应当按照最有利于被监护人的原则履行监护职责。监护人除为维护被监护人利益外，不得处分被监护人的财产。未成年人的监护人履行监护职责，在作出与被监护人利益有关的决定时，应当根据被监护人的年龄和智力状况，尊重被监护人的真实意愿。成年人的监护人履行监护职责，应当最大程度地尊重被监护人的真实意愿，保障并协助被监护人实施与其智力、精神健康状况相适应的民事法律行为。对被监护人有能力独立处理的事务，监护人不得干涉。"

量、数额、对价转让的方式方法、未成年人成长的实际情况等因素，并对监护人处分未成年人财产行为的合法性与合理性得出肯定性结论后即可办理财产公证。[①]

（二）财产处分合同公证和财产抵押公证

财产处分合同和财产抵押合同，作为财产处分和设定负担的媒介较为常见。实践中，监护人将登记在未成年人名下且归属于未成年人的财产，如在其名下的房屋或其共有的财产对价转出处理，同受让方一起申办转让合同公证的，公证机构和公证员应当尽到公证事项尽职审查义务，仔细审查公证申请人是否出于“为了未成年人利益”的目的而申请办理公证事务，是否出于履行监护权利与义务之目的，并在审查结束后在公证询问事项笔录、代书合同、其他证词等文书有形文书材料中翔实记载，要求该申请人签署不损害未成年人利益的承诺书（声明书）等书面材料。有条件的，还应当进一步以现场沟通询问的方式向未成年人核实查证。在抵押公证中涉未成年人的权益分为监护人与未成年子女共同购房或为未成年子女单独购房且以所购房产向银行申请办理按揭贷款、监护人以其财产为购房的担保向金融机构申请贷款、以其不动产为第三人的金融借贷提供担保三大类。从公证理论角度分析，之前的两类抵押，在目的审核通过、文本（笔录、代书合同、证词）记载清晰、申办人有效声明的前提下，一般予以办理；而第三类情形因为不存在实际上能够改善未成年人生活的可能效果，且可能会损害未成年被监护人的财产权益，应当不予受理。当然，在实践中，地方的公证机构为确保公证的合法性和有效性，确保公证效能和公信力的发挥，通常会要求申请人撤回办理第二类的抵押的申请。

（三）收养公证

收养公证是保护未成年人权益、助力其健康成长的重要实务，其涉及的

---

① 参见张秀云：《公证参与未成年人权益保障机制之路径》，载《中国公证》2016 年第 10 期。

法律问题非常复杂，且与公安、民政部门和医学鉴定机构职能密切关联，需要按照《民法典》的相关规定和申请人所在地收养政策规定，结合民政部门等关联主体的规定或操作惯例，界定公证类别并据以明确协议形式。在办理此类事项时应着重审查两方面的内容：一是收养人抚养能力，包括其物质生活基础是否良好、身体心理是否适合抚养未成年被收养人、家庭里面的人员组成情况、是否已经有了自己的子女或者曾经是否被剥夺收养资格等情况；二是审查被收养人是否被抛弃且无人认领，如果不是无人抚养的弃童，他的原生父母或者其他监护人能否认可该收养行为，并将旧有抚养情况详细记录备档查询。① 最后，若被收养人已经年满 14 周岁的，公证员还应当会同收养人、被收养人三方进行现场核证，询问被收养人的意愿。在后续的收养中，还需要跟踪调查，公证机构及其公证员应当联合当地民政部门对收养后双方的收养关系是否良好进行监督评价。②

（四）法定继承人中有未成年人的遗嘱公证

根据《民法典》的有关规定，遗嘱人应当在未剥夺未成年人法定继承人（包括胎儿）的继承份额且不损害公共利益和社会公德的前提下，自由处分财产。因此，在办理遗嘱公证事项时，应当由两名公证员共同办理。公证员要先对遗嘱人的家庭成员亲属关系的情况进行了解，③ 涉及未成年人作为继承人的，还应当明确提示告知其必须为未成年继承人保留必要继承份额，若其没有保留将会导致遗嘱涉及未成年人因部分违法而不生效的法律后果。

---

① 参见《民法典》第 1096 条规定：“监护人送养孤儿的，应当征得有抚养义务的人同意。有抚养义务的人不同意送养、监护人不愿意继续履行监护职责的，应当依照本法第一编的规定另行确定监护人。”第 1097 条规定：“生父母送养子女，应当双方共同送养。生父母一方不明或者查找不到的，可以单方送养。”

② 参见《民法典》第 1105 条规定：“收养应当向县级以上人民政府民政部门登记。收养关系自登记之日起成立。收养查找不到生父母的未成年人的，办理登记的民政部门应当在登记前予以公告。收养关系当事人愿意签订收养协议的，可以签订收养协议。收养关系当事人各方或者一方要求办理收养公证的，应当办理收养公证。县级以上人民政府民政部门应当依法进行收养评估。”

③ 参见《公证程序规则》第 53 条规定：“公证机构办理遗嘱公证，应当由二人共同办理。承办公证员应当全程亲自办理，并对遗嘱人订立遗嘱的过程录音录像。特殊情况下只能由一名公证员办理时，应当请一名见证人在场，见证人应当在询问笔录上签名或者盖章……”

（五）未成年人为纯获利人的赠与公证和继承、遗赠公证

未成年人为受赠方的赠与合同公证以及未成年人为法定继承人、受遗赠人的公证是未成年人纯获利的事项。[①] 根据《民法典》的有关规定，不满8周岁的未成年儿童是无民事行为能力人，包括继承权、受遗赠权和纯获利益的行为都应当由其监护人作为代理人行使；年满8周岁但是不满16周岁的未成年人是限制民事行为能力人（16周岁以劳动所得自足的除外），他的继承权、受遗赠权由监护人作为代理人行使。但未成年人纯获利益的行为，如接受赠与、遗赠则不需要代理。同上述情况类似，应当由监护人代行继承权，代为办理未成年人作为继承人的公证，履行继承财产的监管权利义务。在具体的公证工作中，监护人代为办理有关继承公证事宜时，还应当书面声明或者是承诺不得作出损害未成年人监护人的继承权、受遗赠权以及因此得到的财产或者是财产性利益。此类声明或者是承诺，由承办公证员主动告知并获得正面回应即可。

（六）有未成年子女的当事人申办离婚（财产分割）协议公证[②]

在我国，离婚程序归纳起来就两种：一是协议离婚；二是起诉离婚。协议离婚和起诉离婚均可能涉及未成年子女抚养和财产分割的公证问题。在办理离婚协议公证时，应当着重审查关于未成年人有关权益处分的意思表示，除抚养和监护问题的确切约定外，对协议中存在的可能使未成年子女权益受损的内容，公证员得向协议各方指出并建议修正，如建议将房产登记至与未成年人共同生活的一方监护人名下或其与未成年人共同的名下，如确须将房产权利分割给非与未成年子女共同生活的一方，则可以由对应的补偿条款来修正。夫妻作为监护人在离婚后，需要对未成年人监护人的有关权益作出处理时，公证机构和公证员还应当将“有关监护人处置未成年人的财产或财产

---

① 参见张海波：《公证中的未成年人受遗赠权》，载《中国公证》2015年第8期。

② 参见张学晶：《探讨公证手段解决未成年人名下的房产权过户问题》，载《统计与管理》2015年第2期。

性权益”这一整体公证事项所要注意的问题和必须完成的基本调查，要求夫妻双方参与公证程序，一起签署合同文件。

三、落实公证主体在未成年权益综合公证事务中的具体职责

我国《公证法》规定，公证是公证机构根据自然人、法人或者其他组织的申请，依照法定程序对民事法律行为、有法律意义的事实和文书的真实性、合法性予以证明的活动。所以，公证主体的基本职责就是真实性、合法性证明，对于公证员而言，应当在坚守其公证职业道德的同时，善用公证法律规范，运用其专业技能切实履行公证职责，确保涉及未成年人权益公证事项的合法有效。此外，将公证结果公之于众，促进公证事项的切实落实，提高公证预防纠纷的司法功能也是公证员的职责之一。具体如下：

（一）尽职审查与调查

审查与调查贯穿公证全过程，是公证的核心。公证结论的产生便基于尽职审查调查的结果，而有核实、审核、查验之内涵，亦称尽职调查。在与未成年人权益有关的公证活动中，公证作出主体还需要对申请人的主体资格、行为模式、目的、文书材料的合法性和真实性进行核实，并依据《未成年人保护法》《民法典》的有关规定，结合地方规范性法律文件和公序良俗，审核未成年人权益公证中的有关意思表示及相关的表示行为、声明、协议，补充修正不合法的要素，让其适法并符合善意诉求。审查职责要求公证办理时不应仅仅限于公证法律规范本身的规定，还应当将行为、事实和文书置于其所关联的法律文化、生活氛围、商业市场中，作出富有敏锐洞察力的评判。[①] 例如，在当事人申请订立遗嘱时，根据程序规则要求，公证员仅须审查其是否具备完全行为能力、财产是否真实存在并为其本人所有、意思表示是否真实合法——包括确认其是否有未成年人等无民事行为能力或限制行为能力的法

---

① 参见段伟、杨绍宏：《从供给侧改革理论中探寻公证现代化内涵》，载《中国司法》2016 年第 6 期。

定继承人即可。但基于对未成年人涉及公证权益保护的需要，还应评估遗嘱公证后会产生的附随法律后果并尽到提醒注意义务，如根据调查了解公证申办人的家庭关系，就遗嘱公证以后对继承人以及未成年继承人可能产生的不利后果予以预见，再有针对性地提出预防性公证方案或对当事人提出建议。

（二）询问和释明告知

公证机构及其公证员既是公证事务的承办主体，也是法律法规的普法主体，需对公证实务所涵盖的各类对象关系及其诸多问题答疑解惑。其解答范围并不仅限于公证法或民商法专业内容，还涵盖生活常识、税收规则、登记要点等基于专业和经验的智力产出。例如，当事人来到公证员面前阐明继承遗产的目的，公证员根据继承人特别是未成年继承人的情况，提供遗产分配方案，为其解答继承的法律关系和继承公证及后续事宜办理流程和方法，告知分配效果和履行不当的责任。

（三）公证指导和公证材料的代书

公证是形成公证法律文书并输出一定公证产物的过程，公证机构及其公证员的职责之一就是对当事人的意思表示进行加工，公证员的身份特性则保障加工结果能够通行于市场。当公证事项涉及未成年人权益时，公证员应当提醒监护人或利害关系人（如立遗嘱人）对其意思表示进行必要修正，避免其作出损害未成年人权益的承诺（或声明）。在保证公证意思表示适当的情况下，为了保障意思表示效力及结果可行，公证主体应当采用一定的形式并结合诸如当地车管所、房管局、金融机构、民政部门，提供必要的规范的文本写作填写指导，条件满足的可以提供代书服务。因为如果任由不那么熟悉和精通公证法律原则以及术语的申办人书写文书，难免会出现不必要的误差，甚至曲解或者歪曲原有的意思表示，[①] 从而使当事人和利害关系人权益受损，

---

① ［法］让·叶戈、［法］让－佛朗索瓦·皮伊布：《公证执业法》，唐觉译，法律出版社 2008 年版，第 8 页。转引自中国公证期刊编辑部：《家事类公证的风险及处置办法》，载《中国公证》2020 年第 4 期。

或文书不被相对各方承认和使用，影响公证结论的可行性。这也是公证具有司法属性中亲历原则在公证实践中的体现，也就是说，从受理与未成年人人身、财产相关的公证事务之日起，公证便是公证活动的全程参与者和设计者，扮演着保护未成年人公证权益的公证范式成果的“设计”角色。

（四）合理正当拒绝办理某些公证事务

公证主体拒绝办理公证应当有正当理由。对于有损未成年人权益的公证申请，公证主体应当拒绝受理，这既是公证维持公信力的需要，也是公证涉未成年人权益事项中的一种职责。例如，监护人将登记在未成年子女名下的房产无偿赠与他人的公证事项、监护人放弃未成年人继承权的公证事项等，公证员“应当”拒办而非“可以选择”拒办。

四、涉未成年人权益综合公证事务中的职责延伸

公证机构及其公证员的职责并非仅限于法定职责，因个案不同，公证流程和方法灵活多变，执业者的职责体系逐渐开放化，连接各职责的逻辑主线具有更强的可伸缩性。从宗旨上看，公证的价值包括创设未成年人公证权益保护的一种正义的社会秩序，而“正义有一张普洛透斯似的脸，变幻无常、随时可呈不同形状并具有极不相同的面貌”[①]。故公证个案所要达成的目标并不完全一致，并且因正义同道德一样没有边界，公证实务中的职责和技能表达也可以无限扩展。从分工和角色来看，公证员绝非单纯的证明人或代书人，而是“预防纠纷、减少诉讼”的职业存在。公证机构和公证员作为“法律生活规划者”，基于利益最大化考量，为包括未成年人在内的各方当事人提供法律方案并履行监督执行是必要的。故此，笔者认为还应从以下几个方面着手：

---

① ［美］E. 博登海默：《法理学——法律哲学与法律方法》，邓正来译，中国政法大学出版社2004年版，第261页。

（一）正当拒办情形下指明其他完善路径

为适应社会需求而逐步将自我定位为“综合性法律服务”提供者的公证机构和公证员，办理公证并出具公证书绝不可能是其唯一的作业模式。随着“证明”需求日渐式微，这种模式可能被逐步改造和弱化，因而公证员职责在实务中的体现不应仅以“证明”活动的流程和方法为限。并且，公证司法制度作为一种预防性司法制度亦是非诉解决方式之一，具有诉源治理的作用，应当充分响应“把非诉讼纠纷解决机制挺在前面”的时代课题，[①] 合法合理处理当事人的公证申办诉求，避免纠纷激化。因而，从当事人发出咨询或提出申请的那一刻起，公证机构及其公证人员就有义务为其提供路径指引。在涉未成年人权益公证的实务中，基于满足当事人日益多样化的申办公证的需要，当公证员有正当理由拒绝受理申请人申办的公证事项时，应为当事人提供其他路径指引，或者是提供其他权利救济渠道。一方面表现为劝阻其申办公证并建议其通过公证以外的其他方式解决问题。例如，在继承公证中，继承人对未成年人应得份额有异议经公证调解仍未达成一致的，公证员应建议其通过诉讼渠道解决并告知一般程序和材料要求。另一方面表现为告知当事人在条件成熟时办理公证，例如，未成年人的父母申请以其二人与子女共同共有的房屋为对未成年子女成长作出贡献的第三人提供抵押担保的，公证员应建议其待子女成年后再行办理。在形式上，公证员的这一职责可表现为出具法律意见书、给予书面咨询结论等。但要求公证主体给出清晰化的路径指引，若是不符合公证专业和经验范畴的事项，公证主体应及时明示无法提供针对建议，而不是以含混不清或者是合法合理性存疑的结论对待。

（二）对当事人的履约监督

出具公证文书，只是公证的开端。公证书仅是对当事人权利义务的记载

① 参见龙飞：《“把非诉讼纠纷解决机制挺在前面”的实证研究——以重庆法院实践为样本》，载《法律适用》2019 年第 23 期。

和对基本法律事实的阐明，为使这样的结论和产品真正有用，公证员应对当事人履约行为进行监督，即对“事后执行”加以关注。在收养公证、涉未成年人的不动产处分协议、离婚协议等公证事项办理完毕后，公证员并不当然已完成其在实务中的角色表达，对履约行为的后续核查并在当事人有不当行为时提出纠错建议是其延伸职责的转化。当然，由于职权所限，这一职责的转化还可以体现为公证员对有关监管主体、执法主体及其他相对方提出建议。

（三）基于与当事人的契约关系而履行的其他职责

公证实务的本质是当事人和公证员通过平等对话促成信息互动；从经济学角度来看，出具公证书的过程是公证机构完成与当事人之间的产品交换；从“供给侧”理论来看，公证是现代法律服务的供给侧组成部分，公证员是供给方，而当事人则处于需求侧，二者存在一种标准的契约关系。在此关系引导下，公证员须以当事人利益为导向，以公证结果效用最大化为目标履行法定职责和延伸职责，从个案特殊性中对流程和方法施以必要改造，寻求技术创新，满足效率、安全的需求，为当事人提供“准时到达的正义”。

五、结语

改革开放以前由于物质匮乏，未成年人难有其自己独立所有的财产，因此人们要求法律保护未成年人财产权利的需求并不强烈。但是随着中国社会经济的不断发展和儿童权利意识的觉醒，未成年人获得财产及财产性权利的机会日益增多，特别是互联网+公证的兴起，对公证主体提出了更强的期待、更高的要求，中国公证人在公证实务中遇到的涉及未成年人权益的案例不断增加，面对新时代的新问题，公证人应当对公证职责进行再诠释。虽然公证是我国公证机构的基本职能，但预防性司法的属性的强化，敦促我们不断思考如何在现有法律体系框架内，确立缜密周全的未成年人权益综合性公证保护法律体系制度，恰如其分地落实公证机构及其公证员办理未成年人公证事项的职责已经成为中国公证人必须及时回应的问题。

少年司法特别制度

罪错未成年人分级处遇制度研究

刘　兵*

内容提要：未成年人保护是近几年来检察院工作开展的重点之一，而其中的罪错未成年人分级处遇制度，在我国的理论或者实务都有待深入。就罪错未成年人分级处遇制度而言，在非犯罪化的转处、刑罚执行变更、有效的分级干预措施等方面仍存在困境。立足我国的实际，对比较法视野就域外的有益经验进行借鉴。应以儿童利益最大化原则为导向，不断完善非犯罪化的转处，适当强化提前干预措施，同时不断拓宽参与的主体以及构建司法化的专门矫治教育制度，以期推动我国罪错未成年人分级处遇制度的发展和完善。

关键词：罪错未成年人　未成年人保护　司法制度　分级处遇

一、问题的提出

随着社会的发展和人们生活水平的提高，儿童的心理普遍成熟较早，未成年人犯罪逐渐呈现出低龄化以及暴力化的态势。许多未成年人涉及严重暴力行为，因其未达刑事责任年龄免予刑事处罚。就国家和社会治理而言，未成年人的犯罪问题是关键性治理问题。从国际视野来看，各国普遍建立了与普通司法程序不同的未成年人处遇制度，并综合多种类的恢复性方案。就我

---

* 刘兵，法学硕士，西华师范大学法学院助教。研究方向：民商法学。

国的司法实践层面而言，针对犯罪未成年人也有一套处理措施，即以秉承挽救的目的，施以教育为主、惩罚为辅的理念，主要对罪错未成年人实施教育、感化以及挽救，这在理念上符合刑事立法上的教育刑罚以及谦抑性观点。近几年来，未成年人司法制度的发展与改革不断推进。2020 年对《预防未成年人犯罪法》《未成年人保护法》进行了全面修订，可以说，未成年人保护的法律制度体系建设正处于空前发展的时代。

根据未成年人的行为程度，形成梯层式的教育和矫正制度，达到教育、感化和挽救未成年人的目的，是分级处遇制度的内涵所在。近几年，罪错未成年人分级处遇制度日益引发关注，相关的法律如《未成年人保护法》《预防未成年人犯罪法》都规定了对罪错未成年人的干预和矫正措施。但目前在学术研究上分歧还很大，观点也较为多元化，特别是目前对于罪错未成年人转化处理的标准把握、刑罚执行的变更以及全面的干预体系建设等仍然有待研究。虽然罪错未成年人分级处遇属于国外的前沿问题，但我们可以通过梳理域外的成熟经验，使这一制度在司法实践中的运用有相应的借鉴与考虑，从而进一步完善我国的罪错未成年人分级处遇制度。

二、我国罪错未成年人分级处遇的现状

对罪错未成年人这一主体，我国法律上并无确切的概念。这一概念是从预防犯罪和保护未成年人的角度出发，为方便理论研究而使用的概念。① 对于罪错未成年人的范围界定，首先是《刑法》中规定的涉及犯罪的未成年人，② 其次包含虽然还未涉及犯罪，但是根据《预防未成年人犯罪法》中的相关规定，属于行为上不良的未成年人或严重不良的未成年人。采用这样的标准，

① 参见俞亮、吕点点：《法国罪错未成年人分级处遇制度及其借鉴》，载《国家检察官学院学报》2020 年第 2 期。

② 包括依据《刑法》规定已经犯罪的未成年人（已满 12 周岁不满 14 周岁的人，犯故意杀人、故意伤害罪，致人死亡或者以特别残忍手段致人重伤造成严重残疾，情节恶劣，经最高人民检察院核准追诉的，应当负刑事责任的未成年人；14 周岁至 16 周岁因实施刑法规定的故意杀人、故意伤害致人重伤或者死亡、强奸、抢劫、贩卖毒品、放火、爆炸、投放危险物质罪这八类犯罪而被追究刑事责任的未成年人，以及 16 周岁至 18 周岁实施刑法所规定犯罪行为的未成年人）和因未达到刑事责任年龄而未被作为罪犯处理的未成年人。

第一个考虑因素是，这类行为都具有社会危害性；第二个考虑因素是，这样的划分将类似的未成年人归类化处理，作为一类整体进行研究更具有科学性。大量的脑与神经科学研究发现，少年时期人的大脑与心理以及逻辑处理区域正在发育发展，此时的矫治措施极可能影响人的一生。[①] 基于此，在尊重未成年人身心特点的同时也强调恢复、积极预防与注重保护的未成年人分级处遇制度，是完善少年司法制度的应有之义。[②] 如今的制度体现在非犯罪化的转处、刑罚执行的变更以及分级干预体系的缺失等方面仍有诸多问题亟待解决。

（一）非犯罪化的转处标准有待明确

罪错行为是司法处遇的前提，对于未成年人实施的相应行为，首先需要判断是否为犯罪行为，若不是犯罪行为，则定罪量刑无从谈起。非犯罪化的转处机制，实现的方式主要包括情节上的非犯罪化和不起诉决定的非犯罪化，以两种非犯罪化转处方式共同实现。

首先是情节上的非犯罪化转处。《刑法》第 13 条明确规定，情节显著轻微危害不大的不认为是犯罪。根据这一规定，轻微犯罪行为可以作非犯罪化的转处。[③] 但是针对《刑法》这一规定，司法实践中并不太容易把握，因为其语义上比较模糊，对于情节显著轻微与危害不大，两者之间到底是“或的关系”还是“且的关系”，司法实践中并不是明确的，可能只能由案件的具体负责人员依据其对条文的理解以及案件的分析，进一步决定未成年人的行为是否为犯罪行为，这样的情况容易导致同案不同判，也不利于对未成年人的平等保护。

其次是不起诉决定的非犯罪化。对于这一制度，在笔者看来其实是一个筛选的制度，十分切合未成年人诉讼程序的分流，立法层面给予当事人非犯

---

① 参见何挺、马栎：《提高刑事责任年龄的科学依据》，载《青少年犯罪问题》2020 年第 2 期。

② 参见宋英辉、苑宁宁：《未成年人罪错行为处置规律研究》，载《中国应用法学》2019 年第 2 期。

③ 例如，根据《最高人民法院关于贯彻宽严相济刑事政策的若干意见》第 20 条的规定，对于未成年人偶尔实施的盗窃、抢夺、诈骗，涉案数额刚达到较大的标准，未成年人在案发后能如实交代并积极退赃的，可以认定为情节显著轻微，从而将这些符合犯罪构成的轻微罪行排除在犯罪之外。

罪化处理的可能，但前提是以其认罪悔罪且附条件加上对其进行一定的考验，如此恰好体现了教育感化、保护与恢复等未成年人司法理念。但在实践中，这一制度的适用需要对诸如主体的悔罪表现、再犯风险、考察条件等多种因素予以考量，然而，这些因素的客观评估标准并非确切，因此具体案件中的标准掌握也是司法实践中的重要问题。

（二）刑罚执行变更困难

当犯罪的未成年人已经被法院定罪量刑，执行上而言，转处和变更主要以适用非监禁刑罚为方式，包括扩大减刑、缓刑以及假释适用范围。第一，是未成年人犯罪，需要符合《刑法》第72条的具体规定，并且需要满足《最高人民法院关于审理未成年人刑事案件具体应用法律若干问题的解释》第16条的规定。[①] 第二，服刑期间结合当事人具体情况，认为其确实有悔罪改正的表现，可以对未成年人适用假释和减刑。悔改表现具体可以参照“认罪悔罪、遵守监狱规定、积极劳动与学习等类似情形”进行认定，当满足减刑与假释时，可先行选择适用假释。但实际情况是，刑法上对于减刑与假释两种制度适用情形，没有因成年人与未成年人年龄不同而予以区别，法律也只是进行了概括性规定，司法实践中，对于未成年人的监禁刑罚的执行变更也十分困难。

对于受到刑罚苛责的罪错未成年人，减刑和假释的判断标准仍不够明确。《最高人民法院关于审理未成年人刑事案件具体应用法律若干问题的解释》对于涉案的罪错未成年人，在其减刑案件中有适当放宽幅度以及时间限制条件的规定。但假释相较于减刑规定更为抽象，字面表述为可以依法从宽。在司法实践中的把握也是一个问题，尤其是对同一制度规定，是否要与成年人的适用条件予以区别十分重要。刑法上的假释制度十分严格，作为刑罚的替代措施，却不同于罚，其相对享有人身自由。假释的适用率在我国长期处于3%

① 根据《最高人民法院关于审理未成年人刑事案件具体应用法律若干问题的解释》第16条规定，是初犯、积极退赃或赔偿被害人经济损失，具有监护帮教条件等情形，适用缓刑不致再危害社会的，应当对其适用缓刑。

以下，适用概率较低。[1] 原判刑罚刑期至少执行一半以上，是适用假释的基础要求，而无期徒刑则至少要求 13 年的实际执行，此外，对于监狱规定的遵守、接受劳改和教育、有悔改表现、无再犯危险须同时满足，才有适用假释的可能，还有相应的限制适用条件。假释制度的基本条件，在未成年人犯罪案件中的适用能否突破、能够达到什么程度，法律和司法解释中暂未给出答案。另外，关于适用减刑和假释的法律规定，一定程度上缺乏相应区分，即未成年人适用的法律依据应当比之更为严苛。就统一化地适用专门的法定程序来看，没有以刑事责任年龄作为临界点进行区分，想要切实地加大保护未成年人的力度，这样的做法显然不妥。比如，对申请主体的要求，需要执行机关作为申请主体，接受申请的法院至少是中级及以上，审判监督庭作为决定机关。另外，刑罚执行变更程序，也应该有所区别。就司法实践的现状来看，专业化改革需要进一步推进，罪错未成年人的刑罚执行变更是否应当由家庭主导，相应的合适成年人到场以及审理方式上的规定等问题都需要进一步予以完善。

（三）缺乏有效的分级干预体系

从域外许多国家的司法实践经验看，刑事责任年龄的具体数字在不同地区和国家会有一定的差异，但针对实施罪错行为的未成年人，对他们的罪错行为进行预防和处理十分必要，故有必要建立一套分级处遇体系。《预防未成年人犯罪法》将罪错未成年人由轻到重分为四类。第一类是由父母和学校进行看管教育的未成年人，统称为不良行为未成年人；第二类是公安机关主导，学校与父母辅助配合管教的未成年人，这类未成年人属于有严重不良行为未成年人；第三类是交由专门的矫治教育学校进行教育的未成年人，这类未成年人都存在情节恶劣或拒不配合管教的行为；第四类是交由刑事法律处置，科以刑罚的犯罪未成年人。

对以上四类罪错未成年人干预措施予以深入分析，不难发现干预的方式

---

① 朱萍萍：《我国假释制度的现实困境及其推广路径》，载《犯罪研究》2015 年第 6 期。

和对象都具有一定的不足之处。就干预方式来看，收容教养废止后新创设专门矫治，其中最为严苛的非刑罚措施是专门学校的管教矫治。许多重要和关键性的关于专门学校的规定十分概括和抽象，这一措施的适用条件以及适用范围的不细化问题尤为突出。正如前文所述，不予刑事处罚的未达刑事责任年龄的未成年人，专门矫治教育这一措施是否可以针对他们开展和适用？在《刑法修正案（十一）》中，关于必要时候的界定作何解释，怎样在司法实践中进行落实？闭环管理场所在专门矫治教育的语境下又要作何解释？罪错未成年人的人身自由能否公权强制剥夺和限制？司法行政部门和公安机关就专门矫治教育怎样进行？以上许多的重要事项没有明确，就目前的没有保留收容教养的分级干预体系来说，存在较大缺失。①

三、罪错未成年人分级处遇制度的历史沿革

近现代以来，不断发展的未成年人司法制度是国家干预的重要举措。1899 年，在国家亲权理念的主导下，美国第一部未成年人法典《少年法院法》在伊利诺伊州出台，标志着未成年人司法制度的开端；1922 年，日本颁布《少年法》；1923 年，德国也就未成年人问题专门出台《少年法院法》；1948 年，英国颁布《儿童法》。从 20 世纪开始直至今天，大多数的国家与地区已建立起成熟的未成年人司法制度。虽然未成年人的少年司法机构得到普及，却又各不相同，主要存在于诸如美国等发达国家、工业化的国家抑或众多的发展中国家。② 未成年人司法机构随处可见，总体上协同推动了未成年人司法制度的不断发展完善。我国几千年的文明史中，也并不缺乏对未成年人进行爱护、教导的观念。中国共产党成立后，对青少年问题十分关切，革命根据地时期未成年人司法制度便已经在政策和法制建设中萌芽，此后逐步集

---

① 苑宁宁：《新〈预防未成年人犯罪法〉的方向、思路与展望》，载搜狐网 2021 年 1 月 6 日，https：//www. sohu. com/a/442860228_ 579041。

② ［美］玛格丽特·K. 罗森海姆等编：《少年司法的一个世纪》，高维俭译，商务印书馆 2008 年版，第 341 页。

中落实到法制工作层面，如 1934 年规定的特殊年龄段的减轻处罚或感化教育，[①] 1942 年规定的 13 周岁以下违警不罚等。[②] 中华人民共和国成立以来，青少年的相关事项越发得到重视，一系列的政策法规不断出台，其中不乏针对少年司法制度等相关内容，这为我国后续少年司法制度的建设完善提供了有益的经验。

1978 年改革开放后，未成年人群体的犯罪问题作为新兴的社会问题不断凸显。在党中央的高度重视之下，未成年人犯罪的问题在综合治理方面的力度由弱到强，重视程度不断提升。作为社会综合治理的一部分，未成年人司法工作逐步推进。第一个少年法庭于 1984 年在上海建立；1986 年，少年犯罪起诉小组在上海的长宁区人民检察院内设；1987 年，作为示范和先行的上海市，颁布了《青少年保护条例》，这些基层和地方的先行先试促进了国内青少年法的一次发展高潮。随后国家层面的法律开始出台，诸如 1991 年颁布的《未成年人保护法》、1999 年的《预防未成年人犯罪法》等。但美中不足的是，整个体系不够完善，未成年人司法制度进展十分缓慢，专门的未成年人司法制度在立法上并未进入视野。

党的十八大以来，全面深化改革进程在党中央的领导下稳步推进，改革重心不断向社会的关切问题靠拢，未成年人的保护问题便是其一。未成年人有关事项不断得到完善，法治中国建设进入空前的时代，法治思维下的治理能力和体系也得到了发展和完善。未成年人群体占据我国三成以上的人口，理念正确、体系完整以及符合历史的针对其专门的司法制度设置，其必要性显然毋庸置疑。在现代社会，未成年人的问题是各个国家普遍存在的问题，同时也是亟待解决的全人类的问题。毫不夸张地讲，未成年人司法制度，是一个国家未成年人权益保护的重要体现，也是衡量一个国家法治建设深入程度的考核标准，是一个国家与民族文明水平的标杆。在基础条件已然达成的

---

① 《中华苏维埃共和国惩治反革命条例》第 37 条规定：年龄在 16 岁以下的未成年人，犯本条例所举各罪者，得按照该条文的规定减轻处罚。如为 14 周岁以下的幼年人，得交教育机关实行感化教育。

② 《晋冀鲁豫边区违警处罚暂行办法》第 6 条规定：违警不满 13 岁者不处罚，但须通知其抚养人或者监护人自行管束。

情况下，未成年人司法制度体系在新时代理应提上日程，我们要遵循国际公约精神，吸收有益经验，建构中国特色未成年人司法制度体系。

四、域外罪错未成年人分级处遇制度的借鉴

针对罪错未成年人，展开及时有效的干预与矫治，在域外具有丰富的研究成果，但在我国仍处在发展时期。下文就罪错未成年人处遇的措施，以德国、日本以及美国为例进行梳理，期待从中汲取有益经验，为我国的分级处遇制度的完善提供借鉴。

（一）德国

19 世纪末，少年司法改革在德国逐渐兴起，两次世界大战后，青少年违法犯罪的社会问题变得日趋严重，极大地推动和促进了《少年法院法》、少年检察官制度等相关制度的诞生。在德国，教育矫正作为少年司法制度的核心理念，起源于少年宜教不宜罚的思想。[①] 以《少年法院法》为主的德国相关法律规定，根据年龄段的不同，将自然人划分为儿童、未成年人、年轻成年人以及成人。更细致的年龄规定具体为，14 至 18 周岁这个区间为未成年人；而年轻成年人则在 18 至 21 周岁这个区间。德国的少年司法制度有教育处分、惩戒措施和刑罚三种。前两种是罪错未成年人主要适用的措施。但这里有一点应当引起关注，那就是前两种听起来似乎比不上刑罚，但是实际上其干预程度不亚于刑罚。基于这个原因，实际适用时都是首先从具体案件出发；其次严格考虑比例原则予以判断；最后是避免多种措施并用引发的实际矛盾。就教育处分来讲，引导青少年形成较好的生活习惯是其设立目的，细化这一制度包含指示与教育救助。司法实践中，指示适用绝大多数案件，其种类包括且不限于以下几种：法官安排其进行职业技能培训，可能在某个家庭或机构中；相应的心理课程或恶习戒除课程；某些其他较为明确的指示。以上指示的情况期限都是由法官作出，且根据个案进行判断分析，综合内容、目的

---

① 参见康树华：《青少年法学》，北京大学出版社 1986 年版，第 287 页。

可以调整期限。对于惩戒措施，目的在于让罪错的未成年人意识到其犯罪行为应当得到惩戒。司法实践中分为训诫、义务以及拘禁三种。训诫较为轻松，主要是在法官干预下使其认识错误并悔改；义务则包含道歉、特定任务的完成、公益劳动以及赔偿损失等，类似于民法上的民事责任规定；拘禁不属于刑罚，由法院适用，分为周末拘禁、短期拘禁以及长期拘禁三种情形。4 天左右属于短期，长期则有可能一周到数周不等。

（二）日本

《儿童福利法》和《少年法》是日本少年司法制度的重要组成部分。从立法目的来讲，其最终的价值追求在于未成年人的健康成长。《少年法》在多次修正后，完善了对一般违法行为的处罚制度，保证了虞犯少年和少年犯的权益得到保护。为了建立有力的措施，其专门规定处分制度，作为替代刑罚的制度出现，发挥预防犯罪和保护未成年人的作用。此外，对处分的相应执行机关、适用对象、适用条件、程序以及救济方式上等，均予以立法上的明确规定。通过处分措施的针对性施行，帮助虞犯少年抑或少年犯回归正常生活，心理上的不安定因素得到缓解或消灭，保障未成年人（虞犯少年或少年犯）享有所有的正当权益，极力避免未成年人遭受司法不公，同时将伤害可能降至最低，这既是对儿童利益最大化原则的全面落实，又是更深入的贯彻。对于日本的少年司法制度而言，双轨制和感化院是其主要亮点。

首先是少年司法双轨制。顾名思义，即在日本对少年司法案件的处理有两套流程，也就是少年司法程序和普通司法程序，两套程序有着诸多不同。其大致流程为检察机关收到移送的案件，审查后交给家庭法院，由家庭法院对此进行案件调查，最后交给法官，由法官来对案件进行审理。审理过后作出相应的决定，看是否予以处分，如法官作出观察保护决定，将未成年人送到专门观护设施，移送到少年院，[①] 抑或家庭法院调查官进行介入观察，附条

---

① 参见张志泉：《日本犯罪者处遇研究》，山东人民出版社 2010 年版，第 111 页。

件由保护人对他们予以看管，并由特定机构展开辅导等。[①] 其中，当法院的法官认为当对未成年人科以刑罚的，直接送到检察机构，接下来便是普通刑事流程。日本的这一少年司法制度分流适当，从上述介绍可以看出，首先由家事法院主导未成年人刑事案件，他们具有优先权，其次是保护处分的优先级。也就是说，具有主管机构和主要措施的“双优先”。

其次是感化院。惩治主义，作为日本最初的刑事政策秉承理念，也是罪错未成年人的相关措施处理方向，在这个理念之下开始将虞犯少年和少年犯收容在专门场所进行惩治管教。但在之后由于国内革新以及受到欧美影响的，针对虞犯少年和少年犯强调要以教育感化为主导，日本的家庭学校由此萌芽并迅速得到发展，其相当于家庭版的感化院。初始阶段，感化院通过安排专业指导者，以特定家庭收容的模式与虞犯少年和少年犯一起居住生活，在长期的接触交流下缓解对立感和陌生感，通过对话形式，借用更多柔性化方式开展感化工作。在后来的法律完善后，其适用的对象范围进一步扩大，开始囊括由地方长官作出认定的未成年人（主要包括缺少监护人的、没有亲权行使者的、8 至 16 周岁伴生游荡乞讨行为或不良交友行为的未成年人）。[②] 感化院制度起源时期，私立型为主要的模式，但随着这一制度的推广与国人的认可，公立型的感化院诞生后不断完善，进一步推动有关少年司法的法律和制度的革新。未成年人保护，从最初的慈善福利的民间性质感化院不断演变发展，已经向着预防和负担不良少年犯罪的国家刑事政策跨步。[③] 从感化院的作用角度看待日本的少年司法，从对象上而言，主要在罪错未成年人之间推行；从方式上来讲，自下而上，私立到公立，在理念上始终坚持对未成年人的教育与挽救。

（三）美国

对于罪错未成年人的处理，美国不同的州采用不同的措施。通常来讲，

---

① 参见［日］大谷实：《刑法总论》，黎宏译，法律出版社 2003 年版，第 411 页。

② 参见尹琳：《日本少年法研究》，中国人民公安大学出版社 2005 年版，第 14 页。

③ 参见尹琳：《日本少年法研究》，中国人民公安大学出版社 2005 年版，第 15 页。

少年法院可作出以下三种处理决定。首先是保护观察，这在多数情况下属于少年法庭的优先选择项，更有某些州立法上将保护观察失败作为处以拘禁的前提条件。在观护机构的监督下，对罪错的未成年人进行矫治。[①] 其次是安置于原生家庭之外的处理。这类措施相较于保护观察更为严苛，需要父母或监护人对少年的罪错或偏差行为无力改变或主观上无心改变，作为前置条件。最后是公立训练学校拘禁。这是少年法庭最后同时也是最严苛的手段，一般针对 14 至 18 周岁的罪错少年，表面而言，少年们好像在校园中一般，因为这类学校仅仅进行中等及以下的警戒，没有高墙、持枪看守、专门的管教者，也无须穿制服。在学校里，他们多数时间进行文化课程、职业技能训练以及文艺体育活动。除此之外，还有具体针对的个人治疗项目，如精神病分析、心理治疗等。

近代的少年司法起源于美国。美国历史上的第一个少年法院建立后，有关国家亲权、保护优先、教育矫治、儿童福利等理念在百年演进中早已落实到少年司法之中。[②] 正如前文所述的日本、美国也是双轨制运行模式，司法程序上分为少年司法程序和普通司法程序。少年司法，作为罪错少年的处理机构专门建立，目的是避免他们进入普通审判和监狱等场所。其中少年法院具备完全独立的法律地位，与普通刑事法院完全不同，在程序、制度以及处理方式上都有很大差异。其受案范围包含了罪错行为少年、身份犯罪以及行政、刑事、民事中受害人为未成年人的案件。所谓身份犯，通常而言，也需要对应措施预防发展为犯罪，如逃学、酗酒、涉毒、违法乱纪等不良的行为，少年司法适时会提前介入。除此之外，一系列的转处措施对未成年人进行分流，其内涵在于将构成犯罪的被告人进行相应的教育训练以及社区职业训练计划，若其达成相应的要求，可以获得免予处罚、撤回起诉两种效果的其一。初犯时，当未成年人所犯罪行并非重罪，那么其便享有受转处权利，这同时也是少年司法机构在法律上被科以的义务和责任。在转处程序中也有具体的分级

---

① 如指导罪错少年参加职业训练项目、按时上学、在少年引导诊所获得治疗、赔偿等。

② 参见田然、杨兴培：《我国少年司法改革的理念重塑与制度构建——以美国少年司法制度的借鉴为视角》，载《青少年犯罪问题》2017 年第 1 期。

规定。相关的少年司法警察、检察官、法官都有权利针对罪错少年送至法院处罚或转处进行审查和决定。缓刑是少年法院的主要适用刑种，还可安置于家庭之外，少数会适用监禁。从美国这一制度体系可见，各程序和环节都有转处安排，这种过滤的安排模式，从案件伊始到案件裁判都预留了转向出口。

五、我国罪错未成年人分级处遇制度的完善

（一）儿童利益最大化原则为导向

少年司法制度，在百年的演进过程中，政策以及理念一直在惩罚与照顾、义务和福利间来回穿梭，针对罪错未成年人，干预措施游离在限制和宽容间，对罪错未成年人的处遇也在是否由机构承担间摇摆。国家亲权理念的发展和国际儿童人权规则的演变，共同形成了儿童利益最大化原则，这一原则是少年司法和未成年人保护的基础和方针。《儿童权利公约》第 3 条[①]以及《少年司法最低限度标准规则》都针对少年司法的重要目的予以了明确的界定：第一，少年福利的增加，维护少年的权益，确保其不断发展以及获得人生的幸福；第二，最低要求的惩罚性措施规定。国内关于未成年人的立法、司法以及国家政策层面，不同程度地都对此都有所体现。2020 年《未成年人保护法》修订后，重要亮点之一在于具体条文中的第 4 条，即“保护未成年人，应当坚持最有利于未成年人的原则”[②]。另外，这一法律还就未成年人具体事务处理问题进行了十分详细具体的列明。罪错未成年人分级处遇的必然要求，首先一定是儿童利益最大化原则，从罪错未成年人的角度解读，这一原则规定最大限度保障其可以重返社会和生活，这是处遇措施设计和制定的趋向，令罪错未成年人的尊严及自身价值得到完全的体现，同时也是对其各项权利的充分保障，可作为推动罪错未成年人重归生活的原则基础。

---

① 《儿童权利公约》第 3 条规定，任何机构包括福利、司法、行政等机构对儿童作出的行动，都应该首要考虑儿童最大利益。

② 宋英辉：《最有利于未成年人原则对未检工作提出新要求》，载《检察日报》2020 年 11 月 2 日，第 3 版。

（二）对于罪错未成年人非犯罪化转处机制的完善

首先是侦查时的非犯罪化转处。参考美国的“双轨制”做法，未成年人司法应当自始至终都与普通刑事司法程序相区别。个案上针对未成年人犯罪案件，具体案件需要分析，不只是简单地看是否有犯罪事实，还应当对未成年人的犯罪动机、学习生活情况、有无教唆等可能各类因素进行全面了解。对于一些非暴力犯罪，如若刑罚为1年以下有期徒刑、拘役或者管制等情形，认罪悔罪态度好、积极赔偿、取得谅解的，侦查机关可以就此案件考虑这些因素不予立案，责令监护人、家庭或者学校在一定的期限内对涉案的未成年人严加看管和教育。对于未成年人案件，在侦查机关立案伊始就应当委托社会调查者针对当事未成年人的基本情况、家庭情况、学习生活情况、动机原因等因素展开调查，综合调查具体情况。对于非暴力或轻微暴力的未成年人，其刑罚若为3年以下有期徒刑，抑或为初犯、胁从犯、偶然犯的，参考其态度、对被害方的赔偿情况或是否采取其他挽救措施，采用观护的方式对其进行教育，而公安机关应当为观护以及教育的一线机关。

其次是审查起诉时的非犯罪化转处。在目前我国的刑事司法程序中，最具有代表性的制度是附条件不起诉，但正如前文提到的实践性问题，应当进行以下调整：第一，未成年人矫治和教育作为附条件不起诉的要义，存在如观护等其他方式可以进行教育矫治的，应当择轻选用。第二，附条件不起诉的适用应当扩大，综合考量其动机起因、主观恶性、是否有对未成年人的矫治教育附加考察期限的必要，促使他们更好地回归社会。基于以上，只要不是涉及国家安全和利益的问题，不再考量初犯、偶犯以及取保直诉的情形，在有期徒刑以内的刑罚均可适用。第三，附条件不起诉适用范围的扩大，对于附条件不起诉的考察期，可以从6个月开始，最长不能超过3年。第四，谨慎对附条件不起诉进行撤销，作出决定后，有机会对罪错未成年人通过观护等矫治教育进行纠正，依据前述的儿童利益最大化原则，不应再重回普通刑事司法程序。

（三）强化提前干预

14 周岁是日本刑法上自然人的无刑事责任能力界限，低于 14 周岁犯罪不会受到处罚。低于 14 周岁的未成年人是早期矫正教育的主体，而矫正教育是手段，强化提前的干预是想要达到的目标。应当尽可能早地筛查出犯罪可能性大的未成年人，对提前进行少年司法制度上的干预，防患于未然。我国 2020 年修订的《预防未成年人犯罪法》正是遵循了这一立法精神，[①] 但是缺乏卓有成效的制度设计。例如，家庭以及学校的矫治是针对未成年人不良行为的主要方式，具体实施的措施如责令其加强管教等，在实践中的效果十分有限。又如，某些监护人对监护职责履行不到位甚至不想履行监护职责的亲职教育问题，尚缺乏十分有效的举措。从具体案件中可窥见，大多数未成年人的不良行为和犯罪行为往往存在或多或少的家庭原因，如单亲家庭、留守儿童、教育方式错误等。对未成年人的教育首先得加强亲职教育，增加对父母等监护人养育理念灌输和知识普及。对养育行为的干预力度加强，以期从源头实现对犯罪诱因进行预防和消除的目的。[②] 我国罪错未成年人分级处遇制度的完善，可借鉴日本《少年法》部分内容，形成符合中国实际并且具有中国特色的“虞犯少年司法制度”。总之，要加强教育矫治和未成年人的司法保护，不断解锁创新未成年人犯罪预防的措施，加强亲职教育，促进监护义务的履行，强化提前干预。

（四）增加拓宽参与的主体

在我国在罪错未成年人分级处遇的设计方面，不同的处遇措施针对不同程度的对象，才能说得上是真正的分级处遇。在司法实践中，需要让家庭、学校以及社会力量和司法机关之间有效衔接，充分发挥多主体参与下教育矫

---

① 《预防未成年人犯罪法》第 2 条规定：“预防未成年人犯罪，立足于教育和保护未成年人相结合，坚持预防为主、提前干预，对未成年人的不良行为和严重不良行为及时进行分级预防、干预和矫治。”

② 参见吴海航、黄凤兰：《日本虞犯少年矫正教育制度对我国少年司法制度的启示》，载《青少年犯罪问题》2008 年第 2 期。

治的作用，单靠赔礼道歉、具结悔过以及训诫的措施是远远不够的。首先，确定参与到矫治过程的主体，包括作出决定和具体执行的主体。需要设立专门机构负责罪错未成年人的相关决定和执行，这是立法上的需求。根据《预防未成年人犯罪法》的内容和我国的实际情况，公安机关作为教育矫治的主体是较为恰当的，同时，其职责的落实和效果也十分关键。目前，检察机关是处理未成年人保护相关方面的生力军，结合具体国情，检察机关也需要继续依法履行检察职权，落实各项责任。以检察机关和公安机关牵头，联合诸如教育局、共青团、妇联、法院、民政局等机构单位，开展多元化的罪错未成年人分级处遇措施，有效地拓宽参与的主体，协力防止罪错未成年人错上加错。另外，政府部门可进行预算，通过聘请专家、购买服务等方式联合上述组织机构和有志于此的志愿团体和人员开展处遇，促进罪错未成年人分级处遇制度发展，早日实现司法专业化与保护社会化的长效衔接。其次，学校也需要发挥关键作用。不良少年和犯罪少年的矫治，理应得到更多重视，加强对在校学生的不良行为和违法行为摸排调查力度，由法治副校长牵头，在学校成立专门部门，在上述摸排调查的基础上，与班主任协同，做好与学生家长的常态化沟通，形成三线的预防纠正体系；某些情节严重的学生，送到专门的学校，结合矫治和基础教育，帮助其改正和回归。《预防未成年人犯罪法》增加了学校的责任，故对于未成年人问题，特别是不良未成年人，学校加强管理在法律上是有依据的。对情节严重且拒不改正的未成年人，学校在特殊情况下可以对其进行处分和采取相应的法定管理教育措施。最后，家庭的监护。家庭是未成年人的第一个学校，父母是孩子第一任老师。对罪错未成年人问题而言，家庭更是第一道防线，强化父母监护职责，努力让罪错未成年人步入正轨。相应的宣传教育也需要落实到家长，做好亲职教育，纠正错误教育方式，形成科学的教育管理理念和方式。

（五）司法化的专门矫治教育建构

根据2020年修订的《预防未成年人犯罪法》第45条的规定，未成年人因未达刑事责任年龄，不用承担刑事处罚的犯罪行为在通过专门委员会评估，得到同意以后，相关的教育部门协同公安机关，共同对未成年人作出决定，对其开展针对性的专门矫治教育。关于专门学校的规定，在《预防未成年人犯罪法》第 45 条至第 49 条中有所体现。但仅仅将涉案的未成年人送到专门学校开展并没有细化的矫治教育，对分级处遇体系而言，显而易见是存在缺憾的，故有细化与完善矫治教育处遇措施的必要。除上文谈到的专门学校以外，也应建构强制教养司法处遇措施。关于强制教养的对象以及必要的条件必须要有清晰的界定。封闭化的强制教养处遇措施，应当是分级处遇体系中最为严苛的未成年人矫治方式，对此，这一矫治方式的对象，应当是构成犯罪但是没有遭受刑罚的涉罪未成年人。① 另外，矫治教育的机构和场所也应该得到保障，在条件达到一定标准的地方，设立专门的、针对性强的强制教养机构，条件不够因而达不到标准的地区，在专门学校内选取一定区域和人员来开展强制教养。专门教育指导委员会是矫治教育的评估主体。强制教养也需要同样的做法，对相应的专门教育指导委员会进行界定，如其构成、职能以及责任等，明文规定评估是否可以授权或委托，对评估的程序、标准以及评估结果的使用也需要界定。无论是专门学校的矫治教育抑或强制教养，司法属性理应坚持，交由专业法官进行决定。2020 年《未成年人保护法》和《预防未成年人犯罪法》的修改，极大地推动和促进了未成年人保护工作的深化，对未成年人的保护与预防犯罪都是体系性的变革，但仍有进步和完善的空间。相信未成年人的司法制度一定会不断完善，罪错未成年人的分级处遇在不久的将来定会落实到实处。

六、结语

罪错未成年人的处遇，不同国家和地区的制度不尽相同，但多方力量如

---

① 即已满 12 周岁未满 14 周岁的未成年人，实施故意杀人、故意伤害致人重伤或者死亡、强奸、抢劫、贩卖毒品、放火、爆炸、投放危险物质 8 类严重犯罪的，或者已满 14 周岁未满 16 周岁的未成年人，实施 8 类犯罪以外的其他犯罪，主观恶性较大并造成恶劣社会影响的，通过其他方式不足以实现教育矫治目的未成年犯罪人。

前文所述的司法机关、家庭、学校、政府机构、民间力量的参与，更有利于未成年人的保护和处遇。我们要立足国情，在比较法上借鉴域外的成熟经验，对罪错未成年人的保护和处遇过程中加强及时性的干预和专业性的矫治，发挥专门学校的中坚作用，进一步建立强制教养的制度体系。要进一步厘清各部门和机构间的定位和职责，不断完善未成年人分级处遇制度，并确保该制度在司法实践中的有效运行。

未成年人罪错行为分级干预体系构建

周姊沫*

内容提要：近年来，一些未成年人的恶性犯罪案件被媒体频频曝光，引发全社会对未成年人犯罪低龄化、暴力化趋势等问题的高度关注。有效地遏制未成年人犯罪的高发态势和预防低龄未成年人违法犯罪，成为当下亟须解决的课题。预防未成年人犯罪是一项社会综合治理工作，各个职能部门需要共同协作，采取各类措施对未成年人罪错行为进行干预和矫治，才能有效地预防未成年人犯罪，保障未成年人的健康成长。

当前，我国虽然在法律层面明确了对未成年人的罪错行为进行分级干预的制度，但是在实践分级干预工作中仍然存在干预对象不明确、主体责任不清、职能部门衔接不足、措施种类不完善等问题。在此背景下，本文通过研究未成年人罪错行为分级干预的一系列问题，从理论上搭建起分级干预制度体系的框架，为各职能部门更好地协作配合落实各自的职责，为国家法律和政策落地落实提供一些参考。

关键词：未成年人　罪错行为　分级干预　干预措施

2020 年 12 月，第十三届全国人大常委会第二十四会议审议通过的《预防

* 周姊沫，四川省眉山市人民检察院第七检察部主任。

未成年人犯罪法》第 2 条规定:“预防未成年人犯罪,立足于教育和保护未成年人相结合,坚持预防为主、提前干预,对未成年人的不良行为和严重不良行为及时进行分级预防、干预和矫治。”这是我国法律首次明确提出未成年人罪错行为分级干预制度,对预防未成年人犯罪工作具有重大的法律规范和实践指导意义。

一、构建未成年人罪错行为分级干预体系的可行性

(一)未成年人罪错行为分级干预的必要性

近年来,一些低龄未成年人的恶性犯罪案件被频频曝光,引起了社会的广泛关注,部分公众认为我国现行司法体制对这些低龄未成年人过于“宽容”,提出应降低刑事责任年龄。为回应社会的关切,《刑法修正案(十一)》将最低刑事责任年龄改为了 12 周岁。但是,“恶意补足年龄”并不是最有效的预防犯罪手段。犯罪学研究表明,实施罪错行为未成年人的背后往往有着不良的生活环境、不合格的家庭教育、缺失的监护等因素,这些未成年人既是社会的危害者,同时也是社会救助不足、国家亲权不够的被害者。降低刑事责任年龄,对实施危害行为的未成年人动辄入刑,相当于把社会、家庭的责任全部转移到未成年人的身上,无法从源头上预防犯罪,也极不利于未成年人的健康成长。只有从未成年人的实际情况出发,按照不同程度的行为进行不同方式的干预,才能将未成年人的犯罪苗头扼杀在“摇篮”里,防止他们发展成为真正的罪犯。

(二)未成年人罪错行为分级干预的理论依据

1. 刑罚个别化理念

刑罚最大的机能在于适应犯人的性格科处刑罚,尤其是对犯人进行再犯预防,[①] 这就是所谓的“个别预防论”,即采取刑罚措施要根据犯罪人的整体情况来适用不同的刑罚。在刑罚个别化理论的基础上,产生出了司法分级处

---

① [德] 李斯特:《德国刑法教科书》,徐久生译,法律出版社 2000 年版,第 46 页。

遇理念，主要是强调司法机关在对犯罪进行处理的过程中，不仅要关注该犯罪行为所造成的社会危害程度，同时还应该关注实施犯罪的人的人身危险性和再犯可能性等，综合考察全面评估，最终选择适用不同等级的措施。

2. 未成年人行为的特殊性

未成年人的行为与成年人的行为具有完全不同的规律，其特殊性注定了需要采用区别于成年人的方式来予以干预，也决定了分级干预对其行为矫治的有效性。一是渐进性，未成年人的罪错行为不是突然发生的，而是从小到大、从量变到质变的。二是可矫治性，未成年人的大部分罪错行为会随着他们青春期的结束，承担起生活、婚姻等成年人的责任后而消失。三是标签敏感性，未成年人在被贴上犯罪标签后，会在极大程度上影响他们的心理认知，从而自我怀疑自我否定，使其更难以回到正常的轨道。四是模仿性，未成年人是非的判断能力、问题处理能力较弱，极易受到网络、同伴等的不良影响。

3. 分级干预的现实作用

分级干预的立足点在于教育和保护，针对未成年人罪错行为的不同情况而施以不同的教育矫治措施，能够有效使其改正不良习惯、改善不正品格、革除偏差行为。其一，分级干预能够促进未成年人的身心健康发展。多数未成年人实施罪错行为，都是不良环境所导致，采用教育、帮助措施，使其感受到关爱，接受正确的价值观念，促进未成年人的身心健康。其二，分级干预能够矫治未成年人的犯罪倾向性格。实施罪错行为的未成年人大多有不为社会所认同和接纳的性格，如凶恶、冷漠、偏激等，如果通过惩罚性措施强行对罪错未成年人进行矫正往往会使未成年人的性格更加趋于极端化发展，而采用监督、观护等措施才能逐渐改善其有偏差的性格。

（三）未成年人罪错行为分级干预的实践经验

1. 国外的实践经验

法国在 1945 年出台了《未成年人犯罪法》，该法的一项基本原则就是未成年人按照年龄减轻其承担的刑事责任，由专门法院依据未成年人的个人情况作出适合的刑事责任措施，尤其要与未成年人的年龄相适应。在未成年人罪错行为的分级上，根据行为的危害程度分为三级，分别是：违警罪、轻罪和重罪。在未成年人罪错行为的分级处遇措施上，法国主要有以下三种类型的措施。第一种是保安处分类措施，主要目的是保护、救助、监督和教育未成年人，帮助他们重新回归社会，主要有训诫、监视自由、司法保护、救助与赔偿、日勤活动等措施。第二种是教育惩罚性措施，这类措施兼具惩罚和教育的属性，既可以达到刑罚的报应目的，又能够起到预防再犯的目的，主要有没收犯罪物品、禁止令、寄宿制学校监管等。第三种是刑罚措施，这类措施和针对成年人的刑罚没有区别，主要有定罪免刑、缓刑、罚金、公益劳动、司法跟踪监督、监禁刑等。

日本现行《少年法》第1条规定了日本少年司法的基本理念，即“保护主义”理念，对“非行少年”[①] 处以矫正性格和调整环境为内容的保护处分。《少年法》规制的对象主要分为三级，分别是：虞犯少年、触法少年和犯罪少年。虞犯少年，是指14周岁以上不满20周岁，虽然没有触法或者犯罪行为，但是根据其性格和生活的环境，将来有可能犯罪的少年。触法少年，是指14周岁以下触犯了刑法但未达责任年龄不构成犯罪的少年。犯罪少年，是指14周岁以上未满20周岁有犯罪行为的少年。根据非行少年的不同情况而作出有区别的处理，主要是送往儿童商谈所和家庭裁判所。日本《少年法》规定了移送教养院或者养护所、保护观察、移送少年院、移送少年鉴别院、移送监狱等保护处分措施。

德国于1923年制定了《德国少年法院法》，规定对于犯罪少年应优先适用教育处分、惩戒措施这两种保护处分性质的处遇方式，谨慎适用单独的少年刑罚。德国对罪错未成年人处遇措施大概可以分为三级：教育处分、惩戒处分、少年刑罚。教育处分是最轻的一种处遇措施，包含了指示和帮助教育。指示是最主要的方式，其目的是约束未成年人的行为，加强对其教育和保护。惩戒处分较教育处分要严苛一些，主要包括训诫、规定义务和少年禁闭。少年刑罚是真正的刑罚措施，是在惩戒处分都无效的情况下才进行的，主要包

① 日本将罪错行为称为“非行行为”，罪错未成年人称为“非行少年”。

括缓刑、缓科和少年法院帮助。

虽然法国、日本、德国的分级干预体系中一些方法可能并不适用于我国，如矫正机构种类过多、社区矫正项目过于细化等，但是我国在构建未成年人罪错行为分级干预体系时，仍可以借鉴上述几国的先进经验。一是干预措施的决定和执行主体专业化，由专门的部门和机构来作为分级干预的决定主体，以保证措施的强制性和实效性。如日本有专门的少年法院，由少年法院对未成年人的罪错行为该施以哪一种分级干预的措施进行决定。二是分级干预适用对象范围明确，明确分级干预适用的对象范围是非常必要的，因为对年龄过低的未成年人采取干预措施并不合理。如法国的理论界根据法官的判例认定，7 周岁以下的未成年人不具备明辨是非的能力不需要承担罪错责任也不允许对其采取任何强制性的干预措施。三是保安处分措施的多样性和科学性。如日本的教养院教养、保护观察、移送少年院等保安处分措施具有高度的灵活性和实务性，既可以单独适用又可以和刑罚措施同时适用，既可以不具惩罚性也可以具有惩罚性。

2. 国内的实践经验

自 2013 年起，上海市浦东新区人民检察院开始对罪错未成年人分级干预机制的探索，确立了“三级干预”① 机制，根据未成年人的触法次数、涉案性质、人身危险性和需要保护的程度将罪错未成年人分为三类，再对应采取不同强度不同期限的干预措施。第一级干预是针对初次触法、人身危险性低、需要保护性也较低的未成年人，对其采取仪式化司法训诫、短期观护帮教以及向其家长制发严加管教令等措施进行干预。第二级干预是针对再次触法、人身危险性较高、需要保护性较高的未成年人，对其采取检察机关和公安机关共同司法化训诫、强制亲职教育、长期观护帮教等措施进行干预。第三级干预是针对多次触法、人身危险性极高、需要进行保护矫治的未成年人，对其采取送专门学校进行封闭式专门矫治教育的措施进行干预。

① 《三级干预四重保护，五星联动共护成长——顾琤琮检察官办公室探索未成年人保护处分制度记实》，载一点网，http：//www. yidianzixun. com/article/0If2cPFq，2021 年 8 月 28 日访问。

四川省资阳市人民检察院建立“三色预警”[①]制度，根据罪错未成年人的违法犯罪情况和个性特征，分为黄、橙、红三个预警等级，开展差异性精准帮教。黄色预警为最低档风险，只需要日常关注；橙色预警为中档风险，需要派专人实时关注；红色预警则为最高档风险，需要专人进行跟踪帮教实时监督。同时，资阳还构建网格化预防帮教体系，将“三色预警”工作法融入社会治安综合治理的网格化服务管理信息系统，引入社区网格员对罪错未成年人进行监管帮教，提升帮教实效。

通过以上地区检察机关的探索实践分析，主要有以下三个方面的启示：其一，建立信息平台是基础。建立综合的罪错未成年人信息平台，将通过各个渠道收集到的信息录入平台之上，以便于相关机关能够及时掌握情况，采取干预措施。其二，精准分级是关键。未成年人的罪错行为在程度、性质和类型上存在很大的差别，只有将把不同情况的未成年人进行适当的分类，才能更精准地提供相应的帮助和干预。其三，社会支持是保障。从检察机关的探索实践中也能够看到，仅凭司法机关“单打独斗”很难把分级干预工作做好，只有联合社会力量共同来进行干预才能起到良好的效果。

二、未成年人罪错行为分级干预体系构建

（一）分级干预的对象

分级干预的对象，应是具有罪错行为的未成年人，我国目前的法律中并没有“罪错行为”这一概念，但在《预防未成年人犯罪法》中明确了“不良行为”和“严重不良行为”的表现形式和范围，这为“罪错行为”的界定提供了根本依据。结合我国对“罪错”这一词语的文意理解，“未成年人罪错行为”主要分为“罪”和“错”两个层面。“错”是一些违背社会公德、不利

---

① 《“三色预警”四川资阳创建高危未成年人临界预防新模式》，载 http：//www. nwccw. gov. cn/2019 -04/26/content_ 250708. htm，2021 年 9 月 10 日访问。

于未成年人身心健康的“不良行为”① 以及一些严重危害社会的“严重不良行为”②。而“罪”，则是指触犯了刑法的行为，既包括实施了刑法有规定、因不满法定责任年龄不予刑事处罚的“严重不良行为”，也包括达到法定责任年龄应负刑事责任的行为。因此，按照我国法律，未成年人罪错行为主要分为三级，分别是：不良行为、严重不良行为和犯罪行为。需要说明的是，严重不良行为包含实施了《刑法》有规定、因不满法定责任年龄不予刑事处罚的行为，这与理论界的罪错行为分级存在一定的区别（见表1）。

表1　未成年人罪错行为分级

<table>
<tr><th></th><th colspan="2">《预防未成年人犯罪法》的分类法</th><th colspan="2">理论界提出的分类法</th></tr>
<tr><td rowspan="3">错</td><td>不良行为</td><td>不利于健康成长的九类行为</td><td>—</td><td rowspan="2">不良行为（虞犯行为）</td></tr>
<tr><td rowspan="2">严重不良行为</td><td rowspan="2">严重危害社会的九类行为</td><td>严重危害社会但尚未违反《治安管理处罚法》</td></tr>
<tr><td>严重危害社会且违反《治安管理处罚法》</td><td>违警行为</td></tr>
<tr><td rowspan="2">罪</td><td>严重不良行为</td><td>触犯刑法行为、不满法定责任年龄不予处罚</td><td>—</td><td>触法行为</td></tr>
<tr><td>犯罪行为</td><td>触犯刑法、已达刑事责任年龄</td><td>—</td><td>犯罪行为</td></tr>
</table>

① 《预防未成年人犯罪法》第28条规定：“本法所称不良行为，是指未成年人实施的不利于其健康成长的下列行为：（一）吸烟、饮酒；（二）多次旷课、逃学；（三）无故夜不归宿、离家出走；（四）沉迷网络；（五）与社会上具有不良习性的人交往，组织或者参加实施不良行为的团伙；（六）进入法律法规规定未成年人不宜进入的场所；（七）参与赌博、变相赌博，或者参加封建迷信、邪教等活动；（八）阅览、观看或者收听宣扬淫秽、色情、暴力、恐怖、极端等内容的读物、音像制品或者网络信息等；（九）其他不利于未成年人身心健康成长的不良行为。”

② 《预防未成年人犯罪法》第38条规定：“本法所称严重不良行为，是指未成年人实施的有刑法规定、因不满法定刑事责任年龄不予刑事处罚的行为，以及严重危害社会的下列行为：（一）结伙斗殴，追逐、拦截他人，强拿硬要或者任意损毁、占用公私财物等寻衅滋事行为；（二）非法携带枪支、弹药或者弩、匕首等国家规定的管制器具；（三）殴打、辱骂、恐吓，或者故意伤害他人身体；（四）盗窃、哄抢、抢夺或者故意损毁公私财物；（五）传播淫秽的读物、音像制品或者信息等；（六）卖淫、嫖娼，或者进行淫秽表演；（七）吸食、注射毒品，或者向他人提供毒品；（八）参与赌博赌资较大；（九）其他严重危害社会的行为。”

（二）实施分级干预的主体

根据我国现行法律的规定，对未成年人罪错行为实施干预措施的主体有家长、学校、公安机关、专门学校、检察机关、未成年犯管教所、社区矫正机构等。

家长，即未成年人的父母或者其他监护人，是对未成年人进行干预的第一主体。若发现未成年人有不良行为要及时制止并加强管教。若学校对未成年学生进行管理教育，父母或者其他监护人应当支持配合。

学校，是未成年学生的干预主体。对于有不良行为的未成年学生学校要进行管理教育，根据情况予以处分和采取管理教育措施。对于有旷课、逃学的学生，学校要督促其返校学习。对于有严重不良行为的学生，学校管教无效的，可以向教育行政部门申请送入专门学校教育矫治。

专门学校，是对有严重不良行为的未成年人进行干预的主体。送入专门学校进行专门教育的决定机关有教育行政部门和公安机关，教育行政部门可以单独决定送专门学校，也可以会同公安机关决定送专门学校。但在决定机关决定之前，还有一个前置的条件，经专门教育指导委员会[①]评估同意。

检察机关，是涉罪未成年人的干预主体。检察机关可以根据未成年人的行为性质、主观恶性、危害结果等情况决定对未成年人进行起诉或者不起诉。对具有不良行为习惯和生活环境，但是主观恶性不深、结果不严重不需要判处刑罚的未成年人，检察机关可以依法作出罪轻不起诉或者附条件不起诉的决定，同时对其进行监督考察和跟踪帮教。

社区矫正机构，是被判处缓刑和刑满释放的未成年人的干预主体。主要是对社区矫正对象进行法治教育和职业教育，以及对刑满释放的未成年人落实安置帮教措施，预防其再次犯罪。

---

① 专门教育指导委员会，是由教育、民政、财政、人力资源社会保障、公安、司法行政、人民检察院、人民法院、共青团、妇联、关工委、专门学校等单位以及律师、社工等人员组成，主要负责研究专门学校教学管理等相关工作。

未成年犯管教所，是对被判处徒刑的未成年人的干预主体。主要是对服刑未成年人进行法治教育和职业教育，以及协助落实刑满释放后的安置帮教措施，预防其再次犯罪。

(三) 分级干预的措施

根据我国目前的实践情况以及新修订《预防未成年人犯罪法》的规定，对未成年人罪错行为的干预措施主要分为教育类措施、保护处分类措施和刑罚类措施。

教育类措施，主要包含家长管教、学校管理教育措施和公安机关的矫治教育措施。家长管教是指家长发现自己孩子有不良行为时要制止并加强管教，或者公安机关责令家长进行管教，具体措施法律没有作明确规定。学校管理教育措施，法律作了明确的规定，主要是针对有不良行为的学生，可以训导、要求遵守特定的行为规范、参加特定的专题教育等。公安机关矫治教育措施的方式，法律也予以了明确规定，主要是针对有严重不良行为的未成年人，可以训诫、责令赔礼道歉、赔偿损失、具结悔过、定期报告活动情况、参加社会服务活动、接受社会观护[①]等。

保护处分类措施，主要是专门教育和监督考察、跟踪帮教。专门教育，对于有一般情形的严重不良行为未成年人，或者是实施刑法规定的行为、因不满法定刑事责任年龄不予刑事处罚的，送入专门学校矫治教育。监督考察和跟踪帮教措施，主要是指已经构成犯罪的未成年人，在移送检察机关后，检察机关作出了附条件不起诉决定后所采取的预防其再次犯罪的措施。这两种措施是目前我国实务中使用最多的保护处分措施，主要体现了对未成年人的保护和挽救理念。

刑罚类措施，针对构成犯罪并且被法院判处刑罚的未成年人，主要是有期徒刑和缓刑。有期徒刑，未成年犯被关押在未成年犯管教所执行。缓

---

① 社会观护，由一些社会组织和相关机构设置的专门场所，在场所内对未成年人进行教育、监督和管束。

刑，由社区矫正机构执行，主要对未成年矫正人员进行日常的帮教和行为监督。

（四）分级干预体系的基础模型

通过上文的梳理，按照未成年人罪错行为的分级、罪错行为的表现、实施干预措施的主体、干预的具体措施等要素，大致可搭建我国未成年人罪错行为分级干预体系的基础模型（见表2）。再根据该分级干预体系基础模型，可以绘制出未成年人罪错行为分级干预体系的基础模型（见图1）。

表2 我国未成年人罪错行为分级干预体系基础模型

类型	罪错行为分级	罪错行为表现	干预的主体	干预的措施	干预的场所及配合部门
错	不良行为	不利于健康成长的九类行为	家长	制止；管教	
			学校	予以训导和要求其遵守规范、参加专题教育、校内服务、接受心理辅导和行为干预等管理教育措施	主要在学校进行；家长配合、家校合作
	严重不良行为	严重危害社会的九类行为	公安机关	予以训诫和责令其赔礼道歉、具结悔过、报告活动情况、接受社会观护等矫治教育措施	学校、居民委员会、村民委员会以及社会工作服务机构参与
				（已满14周岁的）行政处罚：警告、罚款、行政拘留	拘留所
			家长、学校提出申请;公安和教体部门决定	送专门学校接受专门教育	专门学校

续表

类型	罪错行为分级	罪错行为表现	干预的主体	干预的措施	干预的场所及配合部门
罪	严重不良行为	触犯刑法的行为、不满法定责任年龄不予处罚	公安机关和教体部门决定	送专门学校接受专门矫治教育	专门学校中的专门场所
	犯罪行为	触犯刑法、已达刑事责任年龄	检察机关	附条件不起诉后的监督考察和跟踪帮教	家长、学校、居民委员会、村民委员会配合
			法院决定公安机关执行	判处有期徒刑后的刑罚执行	少年犯管教所
				判处适用缓刑后的社区矫正	社区矫正机构

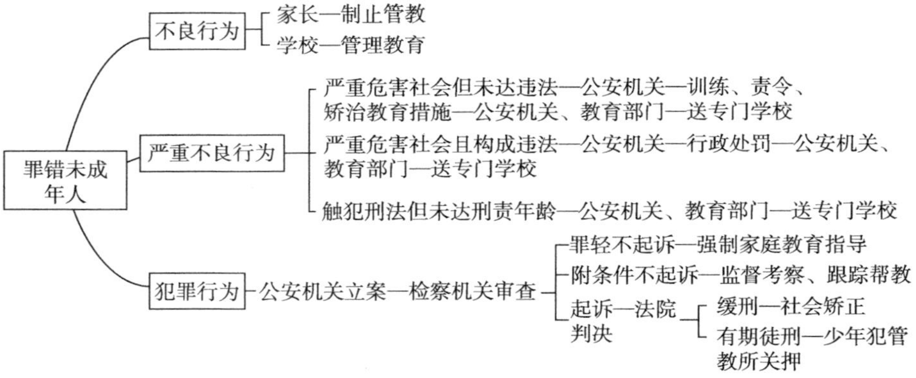

图 1　分级干预措施流程

三、我国未成年人罪错行为分级干预体系存在的问题

我国对于罪错未成年人分级干预制度的规定主要在《预防未成年人犯罪法》中，其余均散见于各类法律法规中，没有形成体系化、科学化、精准化的相关文本。分级干预的对象范围和分级不够清楚，干预的主体分散、责任不明、协调配合度不够，分级干预的措施种类较少且多以惩罚性措施为主，

教育保护性不够，这些都是在目前我国的分级干预体系中具体存在的问题。

（一）分级干预对象方面

1. 对象范围不明确

我国法律规定的分级干预对象范围和实践工作中的分级干预对象范围不一致。按照我国法律的规定，凡是具有不良行为、严重不良行为和犯罪行为的18周岁以下公民，均是分级干预的对象范围。但是在具体实践中，训诫、责令接受观护、送入专门学校等这些强制性的措施却没有普遍适用于所有0～18周岁的未成年人。警察训诫是否适用于学龄前儿童、接受观护的未成年人最低年龄是多少、12周岁以下的未成年人能否送入专门学校等问题，实践中各地认识不一、做法不一，没有统一性。笔者在参与学生法治教育工作的过程中发现，一些小学在处理学生欺凌事件的过程中常常会遇到这样的问题，被欺凌学生的家长认为性质非常严重，应该报警方让警察到学校对欺凌者进行训诫，但是校方却认为学生还太小，不宜让警察到校对欺凌者进行训诫，怕对学生造成不良影响，这是由于警察训诫的对象范围不明确导致采用的措施存在不确定性。另外，笔者在介入公安机关办理刑事案件的过程中发现，未达刑事责任年龄的未成年人实施犯罪后，公安机关拟送专门学校，但是专门学校以只收12周岁以上的未成年人为由而拒绝接受，这也是由于专门教育的对象范围不明确导致的实际工作障碍。

2. 分级界限模糊

我国法律规定未成年人罪错行为的分级不够精细化，给实践工作带来一些问题。《预防未成年人犯罪法》中规定的“严重不良行为”包含违法行为和触刑行为，但其实这两种行为的性质完全不一样，把这两种行为都归为同一类行为，采取同样的干预措施既不科学也不会有好的效果。例如，学生甲（13岁）和社会上的犯罪分子长期混迹在一起且帮助犯罪分子贩卖毒品，并且引诱自己的同学乙（13岁）吸食毒品。甲的行为构成贩卖毒品罪，因未达刑事责任年龄而不予追究刑事责任，送入专门学校教育矫治。乙因吸食毒品构成违法，但因不予治安处罚，也送入专门学校教育矫治。按照目前的分类规定以及相应的措施，甲和乙都是属于具有严重不良行为的未成年人，且都是送专门学校教育矫治。但是实际上，甲的行为比乙的行为要严重得多，将其归纳为同一类行为并且采用同样的干预措施，无法达到良好的防治和干预效果。

3. 干预对象不全面

目前，我国的分级干预对象只包含了已经有罪错行为的未成年人，没有考虑到可能发展为罪错行为的未成年人。在未成年人犯罪的原因中，除了自我的习惯、性格等因素之外，生活环境也是一个重要的因素。笔者在实践办案中发现，一些未成年人犯罪前并没有不良行为或严重不良行为，但因为其生活极度困难，又没有父母的管束和家庭的庇护，最终使其走上犯罪的道路。所以，这类困境未成年人[①]极易演变为罪错未成年人，也应该成为分级干预的对象。

（二）分级干预主体方面

1. 干预主体责任稀释

我国法律明确规定对未成年人犯罪预防工作要坚持综合治理原则[②]，但综合治理共同责任则导致责任稀释。实践中，家长、学校、司法、社会往往各管一端，哪个单位都有权进行干预，但哪个单位都没有将其列为专门的业务职责。家长的教育收获不了良好的效果，学校忙于抓教学对干预工作无暇顾及，司法机关被动式介入干预明显滞后，社区人员往往身兼数职无法投入足够的精力进行干预。因为没有细化的具体分工和完善的责任机制，导致干预主体责任意识不强、工作力度不够。

---

① 困境未成年人：包括因家庭贫困导致生活、就医、就学等困难的未成年人，因自身残疾导致康复、照料、护理和社会融入等困难的未成年人，以及因家庭监护缺失或监护不当遭受虐待、遗弃、意外伤害、不法侵害等导致人身安全受到威胁或侵害的未成年人。

② 《预防未成年人犯罪法》第 4 条第 2 款规定："国家机关、人民团体、社会组织、企业事业单位、居民委员会、村民委员会、学校、家庭等各负其责、相互配合，共同做好预防未成年人犯罪工作，及时消除滋生未成年人违法犯罪行为的各种消极因素，为未成年人身心健康发展创造良好的社会环境。"

2. 司法机关专业机构未完全设立

法律明确要求公、检、法、司应当由专门机构和人员负责预防未成年人犯罪工作，但是目前仅有检察机关有未成年人检察部门。绝大多数公安机关没有专门处理未成年人案件的部门或人员，往往是派出所民警办理辖区内的未成年人案件，绝大多数法院也没有设置少年法庭，一般刑事案件均是由刑庭统一受理，不分专人审理。因为没有专业的机构，导致对罪错未成年人的分级干预工作不具专业性、统一性。

3. 主体之间缺乏合作机制

地方政府尚未牵头建立起分级干预协同机制。虽然一些地方成立了未成年人保护委员会或领导小组，但是因为没有固定的工作流程、工作部门、工作地点和工作人员，各个干预主体目前还是处于各管一端、各管一段的状态。学校只履行学校业务范围内的职责，公安机关只负责违法犯罪这一部分，检察机关只负责构成犯罪这一群体，司法行政机关只负责社区矫正这一板块，各个部门之间并没有统一合作，也没有信息联通机制。

（三）分级干预措施方面

1. 措施种类少且适用率低

我国目前对于罪错未成年人的干预措施种类较少，主要是家长管教、学校管理教育、公安矫治教育、专门教育四类，而且适用率不高。第一，家长管教和学校管理教育等措施不具有强制性，对未成年人的行为纠正效果较差。第二，公安机关的训诫、责令赔礼道歉、报告活动情况等矫治教育措施的适用率非常低，往往是未成年人的行为已经违反了《治安管理处罚法》才有公安机关介入。第三，对于严重危害社会行为的未成年人以及已经触犯刑法但尚未达到刑事责任年龄的未成年人，只能采取送专门学校这一项措施。姑且不论目前我国的专门学校尚不足以承载大量的严重不良行为未成年人进行教育矫治，即便是能够做好专门矫治工作的情况下，也不宜将所有的严重不良行为未成年人都送入专门学校。

2. 教育性措施和惩罚性措施相分离

所有的干预措施中都应当教育和惩罚相辅相成，但目前我国的教育性措施和惩罚性措施截然分离。对于涉错未成年人的干预措施中多有教育的内容，但是涉罪未成年人所采取的措施中却只有惩罚少有教育。监禁、社区矫正等都不太注重对未成年人的思想品德、职业技能、身体素质等方面的教育和培养。单纯的惩罚性措施容易使未成年人更加偏向极端化，更易走上犯罪的道路。只有将教育性措施和惩罚性措施相结合，才能够让未成年人既在惩罚中受到警示，又从教育中受到洗礼，真正从内到外“改头换面”。

3. 软性措施强制不足且效果不佳

软性措施不具有强制性，对罪错未成年人威慑不够，达不到良好的干预效果。家长管教几乎没有太大效果，因为未成年人之所以有不良行为很大一部分原因是家庭教育的失败。学校管理教育不具有强制性，也没有具体明确的规范，干预的效果往往也不理想。公安机关矫治教育措施虽具有一定的强制力，如责令道歉、赔偿、不得进入特定场所、不得与特定人员交往等，但都趋于表面化、短期化。罪错未成年人在受到训诫后的一段时期内表现较好，但是后期一旦无人监管管教，很有可能再次实施不良行为。

四、构建和完善未成年人分级干预体系的建议

未成年人罪错行为分级干预体系的建设是一项系统性的工程，虽然现有法律规定已经初步搭建出了干预体系的大致框架，但是还需要大量的实践经验来丰富完善，才能真正达到分级干预的实效。为推动分级干预制度的落地落实，笔者谈以下几点建议。

（一）完善相关法律法规

1. 修订完善其他相关法律

《预防未成年人犯罪法》中已经构建了未成年人的罪错行为分级干预的基本制度框架，但是还需要修订和完善其他相关法律中涉及未成年人罪错行为干预措施的内容，从而实现各部门法之间的合理衔接。当前，我国有关未成

年人的法律法规主要有《未成年人保护法》《预防未成年人犯罪法》以及散见于《刑法》、《民法》、《行政法》、《刑事诉讼法》、《民事诉讼法》等法律当中涉及未成年人的相关规定。在修订这些相关法律的过程中，应当注意将涉及未成年人罪错行为分级干预的内容从普通刑事司法与治安处罚制度中剥离出来，单独强调对未成年人的保护和处分。

2. 制定相应的部门规章

《预防未成年人犯罪法》中明确了分级干预的多项措施，如专门学校教育、社会观护以及公安机关的矫治教育措施，但是目前相关的部门却尚未有具体的法规或制度对这些法律新规定的内容进行细化，各地均处于自行探索阶段，没有统一标准，执行力度也大不相同。笔者建议，应对照法律建立规章制度规范分级干预的工作，如出台关于专门学校的教学内容、师资配备、收生条件的部门规章以及学校管理教育措施和公安机关矫治教育措施的具体实施细则。

（二）细化主体职责分工

1. 公、检、法、司建立专门机构

《预防未成年人犯罪法》规定，公、检、法、司均应有专门机构或专门人员负责预防未成年人犯罪工作，[①] 但目前仅有检察机关实现了四级机构均有专门的未成年人检察部门和专门的人员从事未成年人案件办理工作。建议在县（区）级公安机关成立少年警务部门，由专门的干警负责未成年人罪错案事件的办理，对不良行为的未成年人进行训诫和矫治教育。建议县（区）级人民法院成立少年法庭，由专门的合议庭、审判人员和法官来审理未成年人案件。只有完善“政法一条龙”工作机制，才能有效预防、矫治未成年人违法犯罪。

2. 发挥警检的主力军作用

公安机关作为维护社会治安稳定的行政机关，而检察机关作为法律监督

---

① 《预防未成年人犯罪法》第 7 条规定：“公安机关、人民检察院、人民法院、司法行政部门应当由专门机构或者经过专业培训、熟悉未成年人身心特点的专门人员负责预防未成年人犯罪工作。”

机关，应该在预防未成年人犯罪工作上承担起重要职责，发挥主力军的作用。建议在未成年人罪错行为的分级干预工作上，公安机关和检察机关各自主导一部分，对于有不良行为、严重不良行为的未成年人的分级干预由公安机关负责主导，对于行为已触犯刑法的未成年人的分级干预由检察机关负责主导。公安机关的少年警务部门在接到有严重不良行为的未成年人的案件后，对该未成年人进行训诫等矫治教育措施、行政处罚、送专门学校等干预措施。对于行为已经触犯刑法的未成年人案件，移送检察机关，由检察机关依照法律规定作出起诉或不起诉的决定，并对后续的跟踪帮教、社区矫正、社会观护、执行有期徒刑等预防重新犯罪的措施进行监督。

3. 强化学校的管理教育职责

《预防未成年人犯罪法》中明确规定了学校可以对不良行为的未成年人采取训导、要求参加特定的专题教育、校内服务活动等管理教育措施，但是实践中，由于没有实操性的细则，很多学校都没有真正实施这些措施，没有切实履行起预防犯罪的工作职责。结合法律规定，笔者建议可以从以下几个方面加强学校的管理教育职责：一是教育行政部门应制定具体的管理教育措施细则便于学校执行；二是制定不良行为报告制度，及时发现学生的不良行为；三是建立家校合作机制，对问题学生进行重点关注；四是对问题学生建立处置机制，对严重不良行为学生可进行警察训诫仪式，对管教无效的学生及时申报教育行政部门送专门学校接受专门教育。

（三）建立协作配合机制

1. 加强政府的行政统筹协调作用

2021 年 4 月，国务院成立未成年人保护工作领导小组，作为国务院议事协调机构。全国一些地区也纷纷成立未成年人保护工作领导小组或未成年人保护工作委员会，统筹协调各地的未成年人保护工作，绝大部分领导小组或委员会的具体工作由民政部门负责，如四川省眉山市于 2021 年 2 月 20 日成立四川首个市级未成年人保护工作委员会，委员会办公室设在市民政局承担日常工作。[①] 建议各地的未成年人保护委员会或未成年人保护工作领导小组一并承担预防未成年人犯罪工作的统筹协调职责，由法律规定承担协调机制具体工作的民政部门牵头对未成年人罪错行为分级干预工作进行统筹规划、资源调配，相关学校、教育部门、公安机关、司法机关各司其职进行干预，形成“齐抓共管”的预防未成年人犯罪工作大格局。

2. 建立罪错未成年人信息平台

各地未成年人保护委员会或未成年人保护工作领导小组的具体协调工作机构建立罪错未成年人信息平台，通过各个部门、各组织、各个渠道收集相关未成年人的各方面信息，在平台上实现共享和实时更新。信息平台上的数据主要包含以下几个类型的未成年人信息：（1）不良行为的未成年人；（2）严重不良行为的未成年人；（3）有违法行为的未成年人；（4）有触犯刑法行为的未成年人；（5）需要重点关注的刑事、治安案件被害未成年人；（6）困境未成年人。需要说明的是，之所以将被害未成年人及困境未成年人纳入信息平台范围，是因为这两类人群往往极易容易产生不良行为，需要特别关注和保护。

3. 建立检警协同主导干预机制

公安机关作为政府行政部门承担社会治安维护工作，其是接触社会各个层面最多的机关之一，而检察机关是在公安和法院之间承上启下参与整个诉讼过程的司法机关，由公安机关和检察机关来承担分级干预的主导责任是最符合我国现实国情的。建议县（区）级公安机关和检察机关建立警检协同主导机制，共同开展对未成年人罪错行为分级干预工作并负责；建立联络员制度，警检两方联络员及时互通罪错未成年人的相关信息，共同开展对罪错未成年人的训诫、强制家庭教育指导等工作，共同商议决定对罪错未成年人采取何种干预措施。

---

① 参见《全国首个！眉山市成立未成年人保护工作委员会》，载网易，https：//www.163.com/dy/article/G3JEB2DK0514BOGN.html，2021 年 8 月 12 日访问。

（四）丰富措施保证成效

1. 增加保护观察的干预措施

保护观察作为一种保护处分措施，主要在美国和日本大量适用，并且收效甚好。这项措施的最大优势在于，不让未成年人脱离自身原有的家庭和环境，减少未成年人与社会的隔离，减少采取干预措施对未成年人的正常生活和学习带来的负面影响。建议县（区）级未成年人保护委员会组建一支具有一定社会工作经验、心理学等专业知识的社区工作者、网格员、志愿者等组成的保护观察员队伍，对需要进行干预的罪错未成年人进行跟踪教育和帮助，协助公安机关落实罪错未成年人矫治教育措施，向公安机关提供考察情况，以便于公安机关作出变更或终止矫治教育措施的决定。

2. 建设开放式观护基地

2020 年修订的《预防未成年人犯罪法》明确提出了社会观护这一措施[①]，但目前我国各地并没有统一正规的场所能够让罪错未成年人接受观护。观护基地有别于专门学校，不是封闭式的管理，而是日托式教育，目的是加强罪错未成年人与生活环境的联系，培养他们对学校、家庭、同伴的依恋感，树立正确的道德观和价值观，让他们与家人、同龄人的生活节奏相一致，从而可以更好地融入社会。建设开放式观护基地，由公安、检察、民政、妇联、团委等部门的专门人员共同监督管理，招募社会工作者、志愿者等专业人员，为未成年人提供常规和定制的教育，既让他们懂得生活责任、行为准则，又让他们获得职业技能、专业知识。

3. 加强专门学校的功能建设

专门学校发源于工读学校，承担着对未成年人偏常行为进行矫治的职责，从各地专门学校目前的实际情况来看，还存在送生不规范、教育质量不高、转出机制不完善等问题。笔者建议可以从以下几个方面来加强专门学校的建

---

① 《预防未成年人犯罪法》第 41 条规定，对有严重不良行为的未成年人，公安机关可以……（八）责令接受社会观护，由社会组织、有关机构在适当场所对未成年人进行教育、监督和管束……

设：一是建立完善送生的评估和决议机制，各地教育行政部门要尽快牵头成立专门教育评估委员会，切实落实法律赋予的职责；二是加大财政投入建设专门学校增强师资力量配备，保障对学生的道德教育、法治教育、心理健康教育；三是建立转出机制，每学期提请专门教育指导委员会对学生进行评估，将符合条件的学生适时转回普通学校；四是公安机关和教育部门加强合作，为触犯刑法但未达刑事责任年龄的义务教育阶段未成年人提供矫治教育和义务教育。

4. 完善附条件不起诉制度

我国 2012 年《刑事诉讼法》确立了附条件不起诉制度，检察机关近年来践行落实这一制度取得了一定的实效，2016 年至 2022 年，未成年犯罪嫌疑人附条件不起诉率逐年上升，2020 年已达到 36.1%。[①] 附条件不起诉工作对于矫治涉罪的未成年人，预防他们再次犯罪具有非常重要的作用。完善附条件不起诉工作制度是健全分级干预措施的重要一环，笔者结合实践拟提出以下几点建议：一是将不起诉具体情形和条件统一标准，对适用罪名的范围、帮教考察后果的评估等方面进一步完善；二是扩大适用条件，既不限于《刑法》分则第 4 章、第 5 章、第 6 章的罪名，也不限于可能判处 1 年以下有期徒刑的情形；三是细化考察事项，检察官可以根据未成年人赔礼道歉、社会服务或接受观护的情况作出最终不起诉决定；四是完善社会调查制度，聘请社工等专业人员对未成年人的家庭背景、生活环境、行为习惯、人格心理等进行社会调查，规范调查报告的形式和内容，为检察机关作出附条件不起诉以及后续的考察帮教提供准确的决策参考。

五、结语

未成年人是国家的希望和民族的未来，担负着实现国家和民族振兴的伟大使命。有效地预防未成年人犯罪，保障未成年人的健康成长和正向发展，是全社会的共同责任。当前，未成年人罪错行为情势尚不容乐观，《未成年人

---

① 最高人民检察院：《未成年人检察工作白皮书（2022）》，2023 年 6 月。

保护法》《预防未成年人犯罪法》实施后，应立足未成年人保护和犯罪预防两个方面，通过完善配套法律法规、强化部门协作配合、细化干预主体责任、丰富多元干预措施，建立起以教育为主、惩罚为辅为原则，科学分级、精准矫治的分级干预的制度，加快构建我国的未成年人罪错行为分级干预体系，争取早日建立中国特色未成年人司法体制。

诉讼法的救赎：论未成年人犯罪记录封存制度

曾　益*

内容提要：《刑事诉讼法》第275条首次确立了未成年人犯罪记录封存制度。随后，关于犯罪记录封存的研究逐渐深入，学界的研究指出了现行制度的缺陷，同时提出了许多改革意见，促成了对未成年人犯罪记录封存制度的补充规定。然而，这些补充规定多属于原则性规定，实践中的可操作性并不强。为满足社会日益增长的对犯罪记录封存制度的需求，首先需要解决制度内部的问题，厘清制度背后的理论依据，领会制度设定的目的，整合现存立法，找出其中的显性法律漏洞和隐性法律漏洞，有的放矢地制订立法完善计划，同时加强执法人员的未成年人救赎意识。其次需要解决制度外部的问题，有效协调犯罪记录封存制度与未成年人社会调查、附条件不起诉和社区矫正制度之间的关系，承认未成年犯罪人的“被遗忘权”。以上举措能够有效提升未成年人犯罪记录封存制度的实施效果，更加全面地保护未成年人的权益。

关键词：未成年人　犯罪记录封存　前科消灭　犯罪标签

* 曾益，四川师范大学法学学士，四川辉浩律师事务所律师助理。研究方向：刑事诉讼法。

导 论

1990 年《联合国保护被剥夺自由少年规则》第 19 条规定："释放时，少年的记录应封存，并在适当的时候加以销毁。"该规则不仅明确了未成年人犯罪记录封存制度，同时也提及了未成年人前科消灭制度。国际上，在少年司法领域的犯罪记录封存和前科消灭制度研究已经有了很长一段时间的历史。然而，长期以来，我国法律法规中缺乏此类对涉罪少年的倾斜性保护规定，直到 2010 年，我国才开始尝试建立未成年人犯罪记录封存制度，并在 2013 年《刑事诉讼法》第 275 条中首次规定了未成年人犯罪记录封存制度。[①] 作为我国未成年人犯罪记录封存制度的开端，《刑事诉讼法》第 275 条是对现实中不断发酵的未成年人社会化问题的回应。此外，这一规定体现了我国对《联合国少年司法最低限度规则》中的双向保护原则的贯彻，即要实现对公共利益和涉罪未成年人利益的双向保护。对涉罪未成年人来说，这一规定确实为他们重返社会提供了有力保障。从对公共利益的影响来看，《刑事诉讼法》第 275 条所规定的附加限制条件的未成年人犯罪记录封存制度，并没有引起社会秩序的不稳定和不安宁。最高人民检察院会同最高人民法院、公安部、司法部于 2022 年 5 月 24 日发布《关于未成年人犯罪记录封存的实施办法》（以下简称 2022 年《实施办法》），为推进未成年人犯罪记录封存工作指明了方向，但对于解决现实中漏洞百出的未成年人犯罪记录封存问题来说，无异于杯水车薪。因此，本文创新性地从制度内部和外部两个角度出发，尝试性地提出未成年人犯罪记录封存制度的新构建，以期对我国少年司法的发展有所裨益。

一、未成年人犯罪记录封存制度的理论缘起

切萨雷·贝卡里亚（Beccaria）在《论犯罪与刑罚》一书中指出："对人类心灵发生较大影响的，不是刑罚的强烈性，而是刑罚的延续性。因为，最

---

① 参见刘津慧、范冬：《未成年人犯罪记录封存检察监督机制之构建》，载《预防青少年犯罪研究》2019 年第 6 期。

容易和最持久地触动我们感觉的，与其说是一种强烈而暂时的运动，不如说是一些细小而反复的印象。”[①] 这种刑罚的延续性属于客观规律而非主观臆断，将这一规律应用于未成年人犯罪，能更为深刻地理解我国首先在少年司法领域推行犯罪记录封存制度的科学性。

（一）“犯罪记录”和“前科”的概念

我国古代从尧舜时期就已经兴起了“耻辱刑”，这是一种通过烙印肌肤或纹上特殊文身等方式将犯罪人的外表与良民区分开来的手段，东方社会的统治者进行国家治理时往往偏重对耻辱刑的运用，其原因在于，耻辱刑往往比一些残酷的肉刑更能起到警示作用，更能引起民众对违法后果的恐惧。法律发展到近代以后，受到形式古典学派的影响，以贝卡里亚、边沁（Bentham）为代表的一批学者创制了一套极具古典学派特色的刑法体系，这一体系主张司法的文明化，同时也奠定了现代刑法理论的基础。于是，“耻辱刑”被犯罪记录制度和前科制度取代，国家开始将犯罪人的犯罪记录和前科记录通过书面形式记录下来，现代科技的发展也使建立系统化的犯罪档案管理制度成为可能。

犯罪记录并不等同于前科，明晰两者的区别，对少年司法的制度进步意义非凡。犯罪记录和前科的概念区分虽然已是近年来学术界的热门话题，然而目前还没有形成统一意见。一些学者认为，“犯罪记录”与“前科”的区别在于，犯罪记录是犯罪事实及其刑事判决的纯粹客观记载，而“前科”则是对于犯罪记录依据法律进行的一种评价，“犯罪记录”和“前科”之间是一种评价对象与评价结论的关系。笔者认为，需要将上述观点予以进一步细化。具体而言，犯罪记录是犯罪事实及其刑事判决的纯粹客观记载，这一记载是客观存在的，只要犯罪行为发生，其犯罪事实就不能以人的意志为转移，记载犯罪记录的文字资料的焚毁或者电子资料的删除，并不意味着犯罪记录自始不存在。因此，犯罪记录不能人为地消灭，只能被封存。犯罪记录往往

---

① ［意］切萨雷·贝卡里亚：《论犯罪与刑罚》，黄风译，北京大学出版社 2008 年版，第 66 页。

会引发社会公众对于犯罪人的非规范性评价，这种评价并非法律所明文规定的后果，而是犯罪人作为一个社会人，因为其自身的、违反社会道德的行为，而受到的来自舆论的主观评价。此外，犯罪记录制度同刑法以外的部门法结合时，也会产生一种非规范性评价，主要表现为特定资格的限制和剥夺。[①] 前科作为刑事司法领域的术语，是犯罪记录与刑法相结合的产物，其深层含义应该是一种规范性评价。前科与犯罪记录附随的非规范性评价不同，非规范性评价是不确定的、多元的和主观的，前科是法律对一个人的规范性评价，由于罪刑法定，前科的评价往往是确定的、单一的和客观的。例如，同为一个社会影响较大的刑事案件，从舆论的角度来看，应该使用犯罪记录这一概念，犯罪记录所产生的对犯罪人的后果，即非规范性评价，因评价主体的不同而千差万别。从《刑法》规定入手，则应该使用前科这一概念，刑法对犯罪人前科的规范性评价相对确定和单一，主要表现为累犯、再犯以及量刑因素的适用。

（二）犯罪记录封存制度对未成年犯罪人的特殊意义

犯罪记录封存制度可以定性为，在不消灭犯罪记录的前提下，通过设定查阅障碍，完全禁止或者部分禁止对犯罪记录的查询的制度。多年以来，我国对前科消灭制度的整体需求并不急迫，而且限于目前法治发展水平的桎梏，我国一直没有建立前科消灭制度，但是未成年人犯罪记录封存制度被视为前科消灭制度的“低端替代品”，在我国率先得到了应用。那么，是什么原因促使未成年人犯罪记录封存制度的出现呢？

1. 为促进未成年犯罪人的再社会化

20 世纪 60 年代，美国的标签理论指出，一个人能否成为一个“守法者”，往往取决于社会所给定他的标签，如果社会给定他的标签是一个“违法者”，即使该人在最初并不认同这一标签，但随着时间的推移，这一标签潜移

---

① 参见黄明儒、张继：《涉罪未成年人救赎之路探究——以未成年人犯罪记录为切入点》，载《中南大学学报》2022 年第 3 期。

默化地融入了他的人格，他可能开始认为自己本来就是个“违法者”，并随之作出符合这一标签的种种违法行为。有人批评上述理论为犯罪人的再犯罪寻找借口，是对犯罪人的不当同情，但上述理论的确是基于科学的社会分析所得出的结论。借此说明，国家作为管理人的机器，在制定法律时不得不关注人性规律。拥有犯罪记录的公民往往被贴上种种负面标签，社会排斥是被贴上标签之人所必然面对的后果，其中包括经济排斥、政治排斥、教育排斥、社区排斥和心理排斥。[①] 例如，对受过刑事处罚的公民进行相关资格限制的现行有效法律法规有160部之多。[②] 犯罪人难以自由地参与经济活动、行使政治权利、接受教育、融入社区等，对于犯罪人来说，回归社会可能会面临比刑事审判本身更为难以忍受的痛苦。

社会大众可能会认为，犯罪行为本身具有极其严重的社会危害性，损害了整个非犯罪人群体的整体利益，犯罪人并不是因为受到强迫威胁而实施犯罪，而是基于自由意志而作出的选择，因此，犯罪人应当为自己的行为承担责任。当公共利益与犯罪人利益出现利益冲突时，作为非犯罪人群体的公众应当得到优先级别的保护。然而，犯罪记录封存制度本身就是多数人利益与少数人利益之间的一场权衡，在价值位阶中，当多数人的公共利益与少数人的犯罪人利益发生冲突时，公共利益毋庸置疑会处于第一位阶。一方面，为犯罪人贴标签，将其与非犯罪人区分开来，不仅能预防犯罪人再次犯罪，还能震慑潜在的犯罪群体。另一方面，一味追求表面的公共利益实现，可能实际上是在为未来的社会动荡埋下隐患。被标记上犯罪记录的犯罪人在回归社会后可能面临一系列困难。因为人权得不到保障，社会化困难，犯罪人最后可能选择与同类人同流合污、交叉感染，社会问题愈加严重。发人深省的是，最初为了维护公共利益而拒绝封存犯罪记录的行为，最终却直接导致了公共利益的损害。现代刑法理论相信，犯罪人可以实现再社会化，以扩大刑法的

① 参见牟永福：《“社会排斥”解释框架与城市居民收入的差异性分析》，载《河北学刊》2008年第5期。

② 参见余敏、何缓：《未成年人犯罪记录封存实证分析——以贵州实践为样本》，载《预防青少年犯罪研究》2017年第4期。

积极促进功能，限缩刑法的限制功能，修复被破坏的社会关系，实现恢复性司法的具体应用。犯罪人在接受刑罚处罚之后，已经为自己的违法行为付出了相应的代价，如果让其在回归社会以后继续遭受实质上与刑罚相差无几的恶果，这将违背“一事不二罚”原则。因此，体系化地建立犯罪记录封存制度是有必要的，这将是最大限度实现社会利益和犯罪人权益双赢局面的应有之义。

2. 为贯彻未成年人保护原则

我国坚持“教育为主，惩罚为辅”的未成年人司法保护原则，展现了司法对未成年人的“特有优待”，以期最大限度挽救涉罪未成年人，避免未成年犯罪人在犯罪记录的标签阴影之下，产生“自我放弃”的悲观心态。我们认为，未成年人在成长过程中可以被看做一定程度上的非自由意志人，与拥有自由意志的成年人不同，未成年人的思想尚未独立，周围的社会环境对其影响极大，未成年人的犯罪后果应该由未成年人自己与社会承担共同责任。同时，未成年人相较于成年人而言更难以有效地控制自己的情绪，更容易冲动，因而我们应当充分认识未成年人和成年人在身心发育、思维智力、行为举止等方面存在的巨大差别，给予未成年犯罪人更多的宽容，深刻认识和尊重未成年人身心发展规律和少年司法规律，确立一套完整的、独立于成年人司法之外的未成年人法律理念、原则和制度。[①] 普通法系国家大多明确了国家监护权思想的指导地位，认为国家拥有如父母一般的职责和权力，需要确保未成年人的健康、安全和福祉。尤其是在未成年人的监护人失职或者缺位时，国家应该主动承担监护职责。虽然大陆法系国家尚未正式宣布国家监护权理念，但是仍然可以看出国家监护权对其制度建设和运行的影响。19 世纪 20 年代，英国开始实施一种针对未成年人犯罪的社会福利模式，并在随后的一系列未成年人犯罪处置法律规范中体现了这一福利理念。我国虽然没有明文规定儿童福利原则，但现有少年司法制度已然凸显出儿童福利理念的价值取向。以

① 参见路琦、赵智鸿：《中国未成年人法律制度研究》，中国政法大学出版社 2018 年版，第 30 页。

上两种理念都强调对未成年犯罪人的矫正而非惩罚，国家应当为涉罪未成年人融入社会创造有利条件。

3. 为应对微罪泛化问题

微罪泛化问题的出现间接提升了对犯罪记录封存制度的急迫需求。《刑法修正案（八）》增设了危险驾驶罪，《刑法修正案（九）》增设了使用虚假身份证件、盗用身份证件罪和代替考试罪，《刑法修正案（十一）》增设了妨害安全驾驶罪和高空抛物罪。这些微罪都有其独立存在的意义，但同时也带来了庞大的微罪犯罪人数。这些犯微罪之人，仅仅因为一个“小错”而被冠以“有罪之身”的标签。虽然微罪所判处的刑法处罚可能是公正的，但是因犯罪记录所衍生出的非规范性评价、规范性评价，会对其自身的就业、教育，甚至对家庭产生终生的连带影响。从这一角度切入，微罪泛化所带来的后果往往是有失公平的。毫无疑问，16～18 周岁的未成年完全刑事责任能力人，也在微罪犯罪的犯罪主体范围之内，这必将带来未成年犯罪人人数增长的问题。尽管这一现象已经为实务界所发现，并一直都在谋求有效手段予以改善，然而，侦查、起诉和审判阶段的出罪无法有效遏制微罪数量的增长，因此迫切需要进一步发展犯罪记录封存制度。①

二、未成年人犯罪记录封存制度的问题与挑战

我国未成年人犯罪记录封存制度体现了一般保护和特殊保护的结合，但该制度不仅面临着内忧，还面临着外患，为使犯罪记录封存制度更大限度地造福于未成年犯罪人，必须理顺该制度内外的各种关系，对症下药。

（一）未成年人犯罪记录封存制度的内忧

内忧是指制度的内部问题，主要包括立法的不完善、内部缺乏各有关机关之间的分工协作、制度实施的力度不足等。“攘外必先安内”，内部问题的

① 参见梁云宝：《我国应建立与高发型微罪惩处相配套的前科消灭制度》，载《政法论坛》2021年第4期。

解决是未成年人犯罪记录封存制度进一步发展的基础。

1. 现有中央立法的不完善

《刑事诉讼法》第 286 条规定："犯罪的时候不满十八周岁，被判处五年有期徒刑以下刑罚的，应当对相关犯罪记录予以封存。犯罪记录被封存的，不得向任何单位和个人提供，但司法机关为办案需要或者有关单位根据国家规定进行查询的除外。依法进行查询的单位，应当对被封存的犯罪记录的情况予以保密。"其他有关立法也在不断丰富，如最高人民法院、最高人民检察院、公安部、国家安全部、司法部于 2012 年印发的《关于建立犯罪人员犯罪记录制度的意见》，最高人民检察院于 2017 年印发的《未成年人刑事检察工作指引（试行）》，最高人民法院发布的《关于适用〈中华人民共和国刑事诉讼法〉的解释》，最高人民法院、最高人民检察院、公安部、司法部发布的 2022 年《实施办法》等多份法律文件中都对未成年人犯罪记录封存制度作了补充规定。

《刑事诉讼法》第 286 条规定了犯罪记录封存制度的适用人群，然而，该标准的科学性和正当性存在不足，难以满足实际中未成年人保护工作的需要。该条规定由"原则"和"例外可查询"两个部分组成。"原则"仅包括犯罪的时候不满 18 周岁，被判处 5 年有期徒刑以下刑罚的未成年犯罪人。随后一些法律文件补充规定了被不起诉、不予刑事处罚、不追究刑事责任、被采取刑事强制措施、被司法教育等适用人群，均在上述"原则"的扩大解释范围之内，应当同等地被封存，用以丰富第 286 条之"刑罚"的含义。但这一制度对未成年人犯罪记录封存的条件限制只有宣告刑一个标准——不需要涉罪未成年人申请、不需要考察、不论罪名，[①] 这种规定并不能实现社会安定和未成年人拯救的最大公约数。一是可能错放"坏人"，因为"主观恶性"并非量刑时的唯一标准，我们时常可以看到有些主观恶性较小、社会危险性较低的犯罪人，因为其所犯刑罚之种类不同，竟然承受比一些主观恶性较大、社

① 参见姚建龙：《社会排斥理论与未成年人犯罪记录封存制度改革》，载《青年探索》2015 年第 2 期。

会危险性较高的犯罪人更严厉的刑罚。例如，一些罪行如恐怖主义犯罪、强奸罪、危害国家安全罪、毒品犯罪，也有可能会被判处不超过 5 年的有期徒刑，而实施此类犯罪的犯罪人再犯可能性往往比故意杀人罪、故意伤害罪高。由此，可能会给公共安全带来更大威胁的犯罪人的犯罪记录反而被予以封存。二是可能冤枉“好人”。正如前文所述，一些被判处 5 年以上有期徒刑的未成年犯罪人，其自身的悔过意识很强、再犯可能性很低，却因为犯罪记录而面临被“社会驱逐”的威胁。《刑事诉讼法》第 286 条也规定了“例外可查询”的情形，即司法机关为办案需要或者有关单位根据国家规定可以对犯罪记录进行查询，这一规定历年来也频繁被诟病，原因是无法准确界定“办案需要”和“国家规定”的外延。能否正确界定上述两类例外情形，对未成年犯罪人信息的封存效果而言意义重大。

尽管近年来有关犯罪记录封存制度的法律规定不断出台，但条文的数量不足、规定较为粗糙，无法满足实际的需求。2022 年《实施办法》虽然填补了之前学界和实务界提出的犯罪记录封存制度实施程序的部分漏洞，但仅有 20 余条的篇幅，且多是较为宏观的、带有呼吁性质的条文，对封存工作的细化并没有实质性的帮助。比如，根据第 5 条规定，在未成年人和成年人共同犯罪的案件中，应该在全案卷宗封面注明“含犯罪记录封存信息”等明显标识，同时采取必要保密措施来保护相关信息。然而即使进行了相关提醒性标识，仍然无法避免在侦办成年共同犯罪人案件时对未成年共同犯罪人信息的泄露，没有形成对共同犯罪案件中未成年人信息的严密保护。又如，2022 年《实施办法》第 14 条规定“公安机关、人民检察院、人民法院和司法行政机关分别负责受理、审核和处理各自职权范围内有关犯罪记录的封存、查询工作”，看似协调了各机关犯罪记录封存工作的运行，实际上容易造成各机关的“各自为政”。加之封存工作的监督力度欠缺，犯罪记录封存制度难以高效开展。再者，对于违反未成年人犯罪记录封存制度的机关、单位和个人的违法责任承担问题，2022 年《实施办法》也尚未全面地规定应当承担的责任类型。

2. 地方补充立法的局限性

自 2013 年《刑事诉讼法》规定未成年人犯罪记录封存制度以来，为了解决实践中的工作困难，许多地方部门细化了该制度，制定了该地区有关犯罪记录封存工作的实施细则、实施办法，如《四川省检察机关未成年人犯罪记录封存实施办法（试行）》《湖北省未成年人犯罪记录封存实施办法（试行）》等文件。但地方性法规对制度的完善作用较为有限，且由于各部门之间的规范各异，常常导致同一地方的不同部门之间的工作交接受阻。同时，各地区之间的地方标准也有区别，地方立法仅适用于本地区，无法具有全国范围内的普适性，因而有时甚至导致了地区与地区之间的"同案不同判"。

3. "前科消灭制度"的缺位

长远看来，由于我国现有立法尚未建立前科消灭制度，加之为了应对"轻罪立法"带来的社会现实问题，为未成年犯罪人重返社会创造的制度空间仍须扩展。如前文所述，犯罪记录是一种客观存在，不能被消灭，但是以犯罪记录为土壤而生发出来的前科却能被消灭，前科所附随的规范性评价，有时也是某些非规范性评价生成的条件之一。比如，《公务员法》规定，曾因犯罪受到过刑事处罚的人不得被录用为公务员。因为前科的存在，犯罪人被剥夺了在社会中从事某一职业的权利，这是社会对其的非规范性评价。故而，仅仅规定犯罪记录封存制度是不够的，因为其无法真正实现部分未成年犯罪人的就业机会平等，在未来的立法工作中，应当将新增"前科消灭制度"纳入规划。

4. 工作中缺乏对未成年人救赎理念的重视

2022 年《实施办法》第 1 条规定，"为了贯彻对违法犯罪未成年人教育、感化、挽救的方针，加强对未成年人的特殊、优先保护，坚持最有利于未成年人原则"，国家司法机关应当始终以最大化儿童权益为初心，在合理合法的范围内，尽力协助未成年犯罪人去除"犯罪标签"，进而帮助其顺利回归社会。但实际情况却并非如此，研究调查发现，一些地区的司法机关拒绝为未成年犯罪人开具无犯罪记录证明，或是没有很好地完成对 2012 年 12 月 31 日前审结的未成年人案件的犯罪记录封存工作。[①] 见微知著，这反映了部分司法

---

① 参见宋英辉、杨雯清：《我国未成年人犯罪记录封存制度研究》，载《国家检察官学院学报》2019 年第 4 期。

工作人员缺乏对未成年人倾斜性保护理念，将成年犯罪人与未成年犯罪人同等对待，不能想未成年犯罪人之所想，工作中“懒政”“怠政”问题严重，没能切实解决困扰未成年犯罪人的“社会歧视”问题。

（二）未成年人犯罪记录封存制度的外患

我国未成年人犯罪记录封存制度目前尚处于探索阶段，与制度外界的不契合之处尚需打磨。

1. 与其他制度存在冲突

未成年人社会调查制度、附条件不起诉制度以及社区矫正制度都会涉及未成年人犯罪信息的公开，尽管在这些制度的运行中，会特意采取犯罪信息保密措施，但这些制度的实施难免会造成犯罪信息与外界的接触。一旦犯罪信息曝光，接触到犯罪信息的单位或个人在通常情况下，可能并不会将保护未成年犯罪人的信息作为一项法定义务，反而会成为他们茶余饭后的谈资，甚至可能进一步恶化未成年犯罪人的形象，正所谓“好事不出门，坏事传千里”。此外，根据公安部《重点人口管理规定》的规定，部分未成年犯罪人将被纳入公安机关重点监视的人口之列，[①] 这又为未成年犯罪人贴上了新的负面标签。

2. 大众媒体的曝光

过去，未成年人犯罪信息只能在小范围内传播，如通过本地报纸获知信息，这些信息的传播具有一定的局限性，对未成年犯罪人的影响相对有限。但随着信息爆炸时代的到来，信息的储存能力和传播速度不断呈指数级激增，自媒体行业也风生水起，在网络上发言的门槛较低。大量的未成年人犯罪信息被发布在网络平台上，任何人都可以非排他性地获取和保存这些信息。更为严重的是，网络平台运营者通常不会轻易地、主动地删除这些信息。首先，网络平台的信息发布者享有言论自由权，平台运营者无法不加甄别地删除用

---

① 参见孙倩：《未成年人犯罪记录封存制度的理论重构及现实思考》，载《刑法论丛》2020 年第 3 期。

户言论。况且，平台也缺乏对所有信息进行深度审核的人力和物力。其次，平台通常需要在接收到被侵权人的请求后才对信息进行进一步审核，其不会自发地、主动地审查哪些言论危及未成年人的信息保护。综合考虑以上因素，完全封存犯罪记录的司法愿景，实现起来十分困难。

三、未成年人犯罪记录封存制度之改良建议

（一）破解“内忧”难题

1. 改变目前僵硬的“一刀切”规定

综合考虑未成年犯罪人的犯罪性质、个人情况，在适当扩大制度适用对象的同时，限制对部分未成年人适用犯罪记录封存制度。目前对判处 5 年以下有期徒刑刑罚的未成年人无差别地适用封存制度，实质上无意间导致了法律的适用不均。比如，相对于因故意犯罪被判处 5 年以下有期徒刑的未成年犯罪人，被判处 5 年以上有期徒刑的过失犯罪人因为机械的制度规定，丧失了复归社会的机会，这是极为不公的。此外，如果未成年犯罪人在犯罪信息被封存以后，仍然自甘堕落、不思悔改，那么设立封存制度的意义也就荡然无存，实际上反而不利于未成年犯罪人的教育矫正。只有当未成年犯罪人真诚接受教育矫正，不再具有再犯可能性后，犯罪记录封存制度才会真正保护其利益。① 以发展的眼光来看，未成年人的思想可塑性很强，被判处 5 年以上有期徒刑的犯罪人，在刑罚执行完毕以后，也可能完全改过自新，但社会仍然不愿意给予他等同于“常人”的机会。因此，我们应该贯彻“化整为零，各个击破，再积零为整”的策略。法院可以在综合审查的基础上，具体情况具体分析，针对因过失犯罪而被判处刑罚的未成年人，以及被判处 5 年以下有期徒刑刑罚的故意犯罪未成年人，一律适用犯罪记录封存制度。这两种情况下，法官依职权对犯罪记录进行封存。对于被判处 5 年以上有期徒刑的故意犯罪未成年人，我们可以有条件地适用封存制度，即在法官评估这类未成

---

① 参见罗世龙：《我国未成年人犯罪记录封存制度之反思与完善》，载《暨南学报（哲学社会科学版）》2018 年第 2 期。

年犯罪人的犯罪性质、悔过情况等因素以后，为符合条件的未成年犯罪人设定一个考验期，考验期满则为其封存犯罪记录。但在这种情况下，应该由未成年犯罪人自己提出封存犯罪记录的申请。

2. 明晰“办案需要”和“国家规定”的外延

在刑事司法中，“办理案件”要么是认定事实，要么是适用法律，“适用法律”指的就是定罪与量刑。[①] 因此，办案机关需要了解犯罪人的犯罪记录以便依法定罪时可以依法查阅。至于为了量刑的需要而查阅未成年人犯罪记录的情况，学界和实务界对此还存在争论。其中，争论的焦点在于未成年人犯罪能否成立特殊累犯、毒品再犯。笔者认为，未成年人犯罪能成立特殊累犯和毒品再犯，原因在于危害国家安全犯罪、恐怖活动犯罪、黑社会性质的组织犯罪的社会危害性极高，这类犯罪人的思想通常难以实现彻底矫正，对社会公共利益的威胁很大，而毒品犯罪的再犯率很高，对其应该严格控制。

此外，对“国家规定”的外延问题也应予探讨。“国家规定”的解释宜窄不宜宽，否则将会导致有权查询未成年人犯罪记录的主体泛化，增加犯罪记录暴露的风险。因此，“国家规定”应该指的是“中央规定”，即效力等级高于地方规范性法律文件的规定，包括法律、立法解释、司法解释、行政法规。

3. 统一完善犯罪记录封存工作细节

在中央层面完善有关立法，统一各地区犯罪记录封存的制度标准，对封存工作提供切实可行的指导。首先，针对未成年人与成年人共同犯罪的案件，仅仅对未成年人的犯罪资料给予提醒注意的标识是不够的，外界很可能因为同案成年犯罪人的某一个犯罪细节而顺藤摸瓜地识别出未成年犯罪人的身份。因此，应该建立对应的保密审查制度，有关文书和材料必须进行保密审查以后才能公开或者传递。其次，为避免各机关“各自为政”，应统筹安排各机关的工作，各机关之间劲往一处使，共同致力于未成年人司法愿景的实现。为

---

① 参见曾新华：《犯罪记录封存“但书”规定的法教义学展开》，载《中国刑事法杂志》2022年第2期。

此，不仅应该要明确检察院作为未成年人犯罪记录封存的监督地位，还应该明确检察院在未成年人犯罪记录封存工作具体实施过程中的领导统筹地位，由检察院组织各机关展开封存工作，统一分配任务和制定封存标准，避免因标准不同而引起的工作交接困难和相互推诿，确保封存制度的落实。最后，为了适应司法实践的需要，可以适当加强检察机关的权力，并进一步完善责任承担的类型。比如，可以加强对检察建议和纠正违法通知书的监督力度。当相关单位或个人拒不执行或以各种借口推脱时，检察机关可以建议给予违法责任人员行政处罚或内部纪律处分，并向有关机关提出监督处罚建议书，因犯罪信息泄露而造成未成年犯罪人损失的，应当建议给予一定的赔偿，并告知当事人其依法享有的权利。此外，阳光是最好的防腐剂，监督机关本身的工作也要接受监督，检察机关应及时向上级机关备案，接受上级的监督，并在官网上公示处理情况，接受舆论的监督。①

4. 逐步引入前科有条件消灭制度

犯罪记录封存无法实现未成年犯罪人无差别地融入社会的愿景，未成年犯罪人可能无法满足《公务员法》《律师法》《教师法》等法律文件所规定的职业条件，这会打击未成年犯罪人的矫正信心。笔者认为，实践中很多未成年犯罪人虽然实施了犯罪，但是其罪过并没有达到需要剥夺他的职业权利的地步，适当建立前科有条件消灭制度，不仅是给未成年犯罪人一个从头开始的机会，也给社会发展提供了机遇。前科一旦被消灭，也就意味着未成年犯罪人在刑法意义上的负面评价自始未发生，未成年犯罪人可以自称“未受过刑事处罚”，从而获得平等的就业机会。同时，为了在扩大未成年人人权保护的进程中不损害社会公共利益，有必要限制消灭制度的适用条件，这些条件可以从考察期限、悔改条件、禁止条件等方面进行考虑。

5. 增强司法机关为未成年人谋利益的思想理念

司法机关应该牢记“重教育，轻苛责”的少年司法理念，认识到未成年

① 参见许建丽、周淑婉：《论犯罪记录封存制度之检察监督》，载《青少年犯罪问题》2020 年第 3 期。

人教育对于国家和社会未来的重要性，切实保障未成年人的合法权益，预防和减少未成年人犯罪的发生。具体而言，可以对未成年案件办案人员进行思想教育培训，使他们深刻领会未成年人犯罪记录封存制度的背景，知晓未成年犯罪人与社会发展之间的共同体关系。此外，还可以借鉴国家监护权理论和儿童福利原则，将其融入司法机关的少年司法工作中。有条件的司法机关还可以尝试建立“少年犯罪个人负责制”，为每一名少年犯分配一名办案人员，由该办案人员为少年犯提供一对一的法律、生活和心理方面的援助。

（二）解除“外患”顾虑

1. 化解制度间的矛盾

其一，完善保密措施。为了在未成年人社会调查、附条件不起诉和社区矫正制度的实施过程中保护未成年人隐私，应该加大宣传教育，提高社会公众的法律意识和保密意识，减少犯罪信息的外泄和滥用行为。对于相关单位和个人，应明确告知泄露未成年人犯罪信息的法律后果。其二，强化社会监督。加强社会监督，建立公众投诉和举报机制，对于未成年人犯罪信息的泄露和滥用行为，严肃查处，依法追究责任。其三，改革目前公安机关重点人口管理制度。调整重点管理人员的范围，将曾经被判处有期徒刑以下刑罚的未成年人排除在重点人口之外，对于受过有期徒刑以上刑事处罚的人员，将其列入重点管理人口之后，经过考验期未再次犯罪的，应当将其从重点人口中排除。[①]

2. 设定被遗忘权

被遗忘权，是指信息主体对已被发布在网络上有关自身不恰当、过时的、继续保留会导致其社会评价降低的信息，要求信息控制者予以删除的权利。[②]犯罪记录封存制度从遗忘时代开始发展，在遗忘时代的背景之下，由于信息的闭塞和存储媒介的缺失，犯罪人的“不堪过去”较为容易被人遗忘。而在

---

① 参见宋英辉、杨雯清：《未成年人犯罪记录封存制度的检视与完善》，载《法律适用》2017 年第 19 期。

② 参见杨立新、韩煦：《被遗忘权的中国本土化及法律适用》，载《法律适用》2015 年第 2 期。

完美记忆时代的互联网时代到来后，犯罪信息被成百上千倍地放大、被无序传播。[①] 时代在更迭，犯罪人在刑事审判中所受到的刑罚不变，但犯罪记录这个“后遗症”所带来的痛苦却在不断加深，这其实变相加重了对犯罪人的惩罚力度。为应对大众媒体的不当曝光，设定被遗忘权成为必由之路。互联网的性质特殊，往往需要犯罪人自己对信息控制者主张删除犯罪信息，犯罪人主张权利的依据即是被遗忘权。被遗忘权的确立，将使未成年犯罪人向互联网平台运营者要求删除犯罪信息时有法可依，在互联网平台经营者拒绝履行删除义务后，未成年犯罪人也可以依据被遗忘权的规定，向互联网平台经营者主张损失赔偿。[②]

四、结语

人们通常将自由视为人生处于金字塔顶端的价值追求。在自由刑执行完毕以后，未成年犯罪人会继续想拥有作为一个平常公民的自由。未成年人犯罪记录封存制度则是诉讼法对未成年人的特殊救赎，给人以自由和希望的光辉。目前，我国的未成年人犯罪记录封存制度尚处于“婴儿时期”。一方面，未成年犯罪人的权益得到了进一步的保障，使无数的未成年犯罪人重拾对生活的信心，再犯罪率也得到有效控制。另一方面，该制度仍存在漏洞需要填补。解决好未成年人犯罪记录封存制度的内部矛盾以及外部矛盾，将使我国未成年人犯罪记录封存制度更加完善，更大限度地实现社会和个人利益的双向保护。

未成年人犯罪的出现与社会环境密不可分，只有当社会公众适当放弃部分权利用以促进未成年犯罪人的再社会化时，才能避免未成年人犯罪问题陷入恶性循环。因此，我们需要共同努力，不断完善和改进未成年人犯罪记录封存制度，以实现社会的长期稳定进步和未成年犯罪人的良好矫正。

---

① 参见翟小波：《信息作为惩罚——为被遗忘权辩护》，载《环球法律评论》2022 年第 2 期。

② 参见杨帆、林果丰：《被遗忘权的刑事司法保护研究——从犯罪记录封存的角度》，载《政法学刊》2021 年第 4 期。

少年检察

涉电竞酒店未成年人保护公益诉讼探究

丛 林 杨 婷*

内容提要：在未成年人四大检察工作不断走向专业化的背景下，如何积极稳妥地推进未成年人保护新领域探索、实现未成年人新保护是检察机关面临和需要解决的课题。本文拟聚焦新兴业态电竞酒店未成年人保护监管盲区，充分利用新修订《未成年人保护法》第106条规定的涉未公益诉讼检察职能，从坚持最有利于未成年人原则出发，探究新兴业态未成年人保护民事公益诉讼和行政公益诉讼两种路径，以期推进未成年人检察公益诉讼向更深层次发展，推动完善国家治理，更好地实现未成年人权益司法保障。

关键词：电竞酒店 新兴业态 监管漏洞 公益诉讼 未成年人保护

伴随着我国互联网的广泛运用、消费者多元化需求、产业升级与第三产业的融合发展，新的经济形势、新的产业结构开始大量涌现，剧本杀、电竞酒店、密室逃脱、主题影院等新兴业态产业迅速兴起，成为城市青年和学生群体消费新宠。新兴业态在快速发展甚至“野蛮生长”的同时，其与法律出台速度之间出现不同步、不平衡的矛盾，法律制度缺失，经营属性融合、监

---

* 丛林，四川省成都市人民检察院第九检察部主任，法学博士。杨婷，四川省成都市金堂县人民检察院未成年人检察部主任。

管职责交叉、行业责任感不强等问题凸显，不少负面新闻也开始频繁地进入大众视野。其中，以新兴业态电竞酒店为代表，电竞酒店在满足年轻人游戏环境和私密性等消费需求、蕴藏无限潜力的同时，风险和争议也暗藏其中，电竞酒店内多次发生未成年人受侵害案件，未成年人在电竞酒店进出自如等问题已然成为社会热议焦点。

一、电竞酒店行业特点及发展现状

近两年来，受政策、资本、技术、社会等因素的推动，我国的电子竞技普及度越来越高，特别是在 2021 年 EDG 电子竞技俱乐部夺得 S11 英雄联盟全球总冠军后，持续推高电竞游戏市场热度，根据《2021 年中国电竞行业研究报告》发布数据显示，中国电竞用户达 5 亿，整体用户呈年轻化特征，19 ~ 24 周岁的电竞用户占比 54.1%，值得注意的是，18 周岁及以下占比达 7.3%[①]（见图 1）。极速发展的电竞产业给中国传统酒店产业、传统网吧产业提供了创新的机会，带动了电竞产业链下游的新兴业态电竞酒店迅速发展，拉动了大众对电竞酒店行业的认知度。

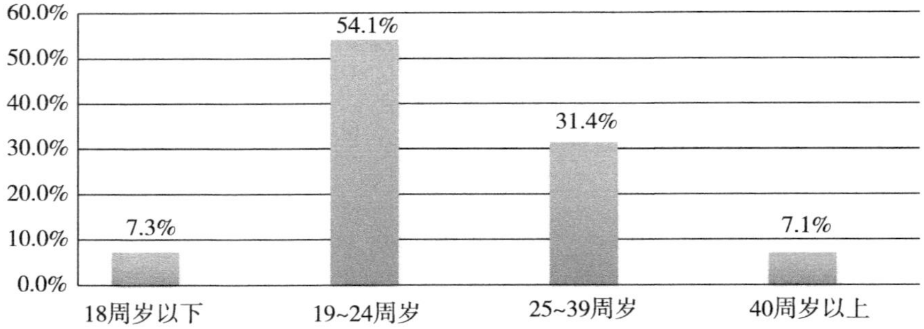

图 1　2021 年我国电竞用户年龄分布情况

电竞酒店，顾名思义，是“电竞”与“酒店”的融合，它起源于日本，来源于日本网咖的住宿包间，2017 年国内首家电竞酒店诞生于河南郑州。不

---

① 艾瑞咨询：《2021 年中国电竞行业研究报告》，载澎湃网，https：//m. thepaper. cn/newsDetail_ forward_ 14050192。

同于普通酒店，电竞酒店以电竞游戏为依托，设置有二人间、三人间、四人间、五人间等不同房型供用户选择。电竞酒店具有电竞特征、住宿特征与社交特征，每个房间都配备有电脑和电竞桌椅，通过提供高配置的电竞设备和游戏服务，消费群体可以获得与网吧相同品质的电竞体验，玩家叫上三五好友组队“开黑”，通过内容化、智能化和沉浸化体验，打造观赛、竞技等结合的社交化互动空间，并满足酒店住宿消费需求。与网吧相比，电竞酒店具有环境舒适、活动空间独立、私密性较好、自由度较高、玩累了即可睡觉以及完善的配套服务等优势（见图2）。

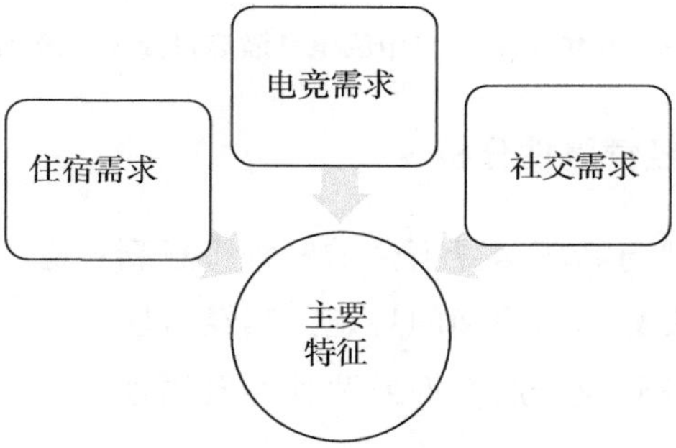

图2　电竞酒店主要特征

近年来，电竞酒店在融合了网咖、酒店双重优势的前提下，早已成为年轻人线下社交、线上“开黑”的优选场所。随着北京、上海、广东、江苏、海南、西安、成都、昆明等地先后对电竞行业扶持政策持续加码，电竞酒店在我国也开启了高速扩张模式。根据同程旅行发布的《中国电竞酒店市场研究报告2021》数据显示，2019年全国电竞酒店数量为2600家，2020年达到1.2万家，同比增长361.54%，2021年达到1.5万家，到2023年全国电竞酒店存量将突破2万家，发展势头迅猛。[①]（见图3）

① 同程研究院：《中国电竞酒店市场研究报告2021》，载先导研报官网2022年8月11日，https：//www.xdyanbao.com/doc/3v9sgy16d9？bd_ vid＝8088334410475349473。

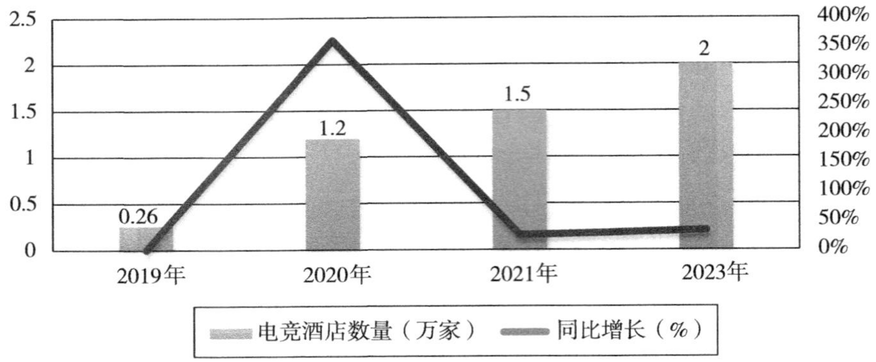

图 3　2019—2023 年中国电竞酒店数量统计及预测

二、电竞酒店经营属性分析

电竞酒店是网吧与酒店跨界衍生的一种市场新业态，目前，我国对电竞酒店的经营性质并没有作出明确的规定，其经营性质属于住宿服务营业场所还是互联网上网服务营业场所？抑或两种经营属性兼顾？对此问题在现实中存有较大争议。

第一种观点是住宿服务说。认为电竞酒店的经营属性应认定为住宿服务营业场所，理由是，电竞酒店只是传统酒店行业增加了一项新的上网服务项目，就如同酒店行业向入住顾客提供餐饮服务一样，电竞酒店是按房间收取住宿费用，并没有收取上网费用，顾客入住房间具有私密性，这也不同于网吧的开放性，且目前社会上的电竞酒店几乎都是按照酒店标准登记注册、经营，其营业执照上经营范围标明的也是住宿。

第二种观点是网络服务说。认为电竞酒店的经营属性应认定为互联网上网服务营业场所，理由是，电竞酒店不仅是酒店，它更融入了上网、电竞游戏等多元化设计，打破了产业之间的固有边界，经营单位对外以多台高端配置的专业电竞电脑设备为主要招揽手段，其主营业务是电竞游戏，同等层次的酒店，电竞房间的房费一般要高于普通住宿房间的房费，因此电竞酒店的经营者并不是没有收取上网费用，只是经营单位未单独开设上网费用结算系统，将上网费用隐含于住宿费中一并收取。

第三种观点是属性重合说。认为电竞酒店以“游戏+住宿”为其经营模式，即电竞酒店经营单位在电竞房间通过计算机等装置向消费者提供互联网上网服务的同时，也向消费者提供住宿及其相关配套服务，经营属性兼具住宿和互联网上网服务双重属性。

笔者较同意第三种观点，即电竞酒店的住宿服务和网吧服务属性存在重叠，兼具住宿服务和互联网上网服务双重经营属性。电竞酒店的住宿服务性质在此不再赘述，笔者将着重阐述社会上争议较大的电竞酒店在没有营业执照标明互联网服务项目的情况下，是否具有《互联网上网服务营业场所管理条例》所规定的互联网上网服务性质。

其一，从设施配备方面分析。不同于普通酒店，普通酒店更倾向于顾客住宿的舒适性，即房间面积、床铺大小、淋浴设备、洗护品牌等，房型设置一般为二人间、三人间、家庭房；电竞酒店则侧重于高端的电竞电脑、桌椅、耳机、游戏、网速等装备配置，对于床铺设置则较简单，房型设置多为2~8人间。据笔者走访了解，电竞酒店里配置的电脑打开页面均与网吧电脑页面类似，以提供“绝地求生”“英雄联盟”“DOTA”等互联网游戏为主，在多人电竞房中，床铺甚至为跟学校宿舍类似的上下铺，高配置电脑+低配置上下铺的设施配备成电竞酒店的主要特点之一。

其二，从宣传卖点方面分析。电竞酒店的主要受众是不特定的电竞用户，如前文所述，我国的电竞用户60%以上是24周岁以下的年轻人，甚至包含不少未成年人，其中不乏从网吧转到电竞酒店消费的电竞用户，这也说明电竞酒店的主要魅力在于其高端的电脑配置和高品质的电竞游戏体验而非单纯住宿。笔者在网络预订平台搜索电竞酒店，发现绝大部分电竞酒店都在酒店网页宣传的重要位置张贴酒店电竞房间的图片，酒店说明中也多明确了电竞电脑桌椅配置以及网速配置，且在相应电竞酒店的消费评论区也多有消费者对电竞酒店的电竞装备、电竞游戏进行评论，明显区别于普通酒店网页下消费者的评论。

其三，从收费模式方面分析。从表面上看，市场上的所有电竞酒店都没有向消费者直接以上网名义收取网费，但是这并不意味着电竞酒店的经营者没有通过提供互联网上网服务营利。笔者通过网络预订平台搜索相关酒店房价数据并进行比对，发现电竞房间的房价普遍高于没有提供电竞装备的普通房间的房价，且电竞酒店通常是按照房间里电脑的配置数量来予以调价的，如 4 人电竞房和 6 人电竞房，房间里都配置有 6 张床铺，均为上下铺，但 6 人电竞房的房价要明显高于 4 人电竞房的房价，这也说明电竞酒店的经营者并不是没有收取消费者网费，只是经营者打了“擦边球”，将上网费用巧妙地隐含于房费中。

其四，从法律层面分析。我国《互联网上网服务营业场所管理条例》对互联网上网服务营业场所进行了定义，该条例第 2 条中规定，互联网上网服务营业场所，是指通过计算机等装置向公众提供互联网上网服务的网吧、电脑休闲室等营业性场所。该条的“等”字表明对互联网上网服务营业场所并没有完全列明、穷尽，换言之，互联网上网服务营业场所并非只有网吧、电脑休闲室，其他营业场所符合该条规定相应条件的，也应认定为互联网上网服务营业场所。根据此规定，文化和旅游部为深化“放管服”改革，规范上网服务行业转型升级后的经营秩序，于 2020 年 12 月 4 日发布《文化和旅游部关于进一步优化营商环境推动互联网上网服务行业规范发展的通知》，明确以提供互联网上网服务为主营业务或主要招揽手段的综合性上网服务场所，应当依照《互联网上网服务营业场所管理条例》申请取得网络文化经营许可证，实施经营管理技术措施和未成年人保护措施。根据上述规定，考虑电竞酒店的房型设置、主要宣传卖点、提供的上网服务和收费模式，电竞酒店应属于该通知规定的“综合性上网服务场所”。

值得注意的是，普通酒店的上网房间、传统酒店增改电竞房是否应与电竞酒店一样，应认定为互联网上网服务场所？笔者认为，对普通酒店的上网房间、传统酒店增改电竞房全部“一刀切”，定性为互联网上网服务场所欠妥。对于普通酒店的上网房间，该酒店并没有以电竞游戏为其招揽手段，只是在房间摆放了一两台电脑方便入住房间的客人上网用，笔者认为，对于该类酒店不宜定性为互联网上网服务场所。对于传统酒店增改电竞房，即该酒店既有普通住宿房间，也有专门的电竞房间，对于该类转型酒店，笔者认为还是应考量其酒店增改电竞房的数量多少、是否以电竞房为宣传卖点、电竞房与普通房间的定价差别、是否面向不特定公众提供电竞房等因素予以具体判决是否应将其定性为互联网上网服务场所。

三、电竞酒店对未成年人权益保护监管盲区

电竞酒店迎合市场需求，井喷式增长的背后，也带来了新兴业态未成年人权益保障问题，有的电竞酒店甚至成为滋生违法犯罪的“温床”。据相关报道，河南荥阳、山东青岛等多地已出现多起电竞酒店内发生侵害未成年人案件，这足以证明新兴业态电竞酒店在未成年人权益保护方面存在较大的监管盲区。

（一）电竞酒店行业目前存在监管困境

从监管角度来说，如果将电竞酒店仅定义为住宿服务场所，则电竞酒店行业的经营者、从业人员依据《未成年人保护法》第57条之规定，在履行接待未成年人入住的“五必须”“四报告”等义务后，未成年人可以入住；如果认为其系互联网上网服务营业场所，依据《互联网上网服务营业场所管理条例》第7条、第21条的规定，电竞酒店的经营者则必须取得《网络文化经营许可证》方可提供互联网游戏服务，并且禁止18周岁以下的未成年人进入。两种不同经营性质的定义，在未成年人权益保护方面出现了明显的交叉监管盲点。依据前者的定义，电竞酒店应由公安机关进行监管，但在现实生活中，公安机关只针对住宿服务进行监管，其对未成年人合规办理入住后的上网玩游戏问题无法监管。如果依照后者的定义，电竞酒店则应由文化旅游部门监管，但因没有明确法律依据，对于是否应该审批办理网络文化经营许可证没有开设界定标准，大多数地方的文化旅游部门普遍暂未审批，致使电竞酒店中酒店和网吧的重叠区域存在监管政策、监管执法的真空地带。

（二）缺乏未成年人网络安全监管措施

因电竞酒店的消费群体以年轻上班族和学生群体居多，在大学高校、职

业技术学院相对较多的地区，电竞酒店、电竞宾馆应运而生，有些酒店、宾馆的经营者，直接改名字放电脑，甚至“黑网吧”还借机以经营住宿、家庭民宿为由隐藏在小区、校园周边公寓中，在网络平台上进行宣传推广，采取在线预约的形式变相经营，以住宿之名接纳未成年人上网，避开相关部门监管。笔者摸底调查发现，目前市面上的电竞酒店绝大多数未安装互联网技术监管措施及实名上网监控软件，甚至部分未成年人无须核对、登记身份证即可随意上网玩游戏。受网吧禁止 18 周岁以下未成年人进入的限制，加之电竞酒店的房间具有私密、自由、适合“开黑”社交等优势，被网吧拒之门外后，“网瘾少年”又将提供网吧同等配置上网服务的电竞酒店作为不二之选，电竞酒店便成为“网瘾少年”的“第二网吧”。未成年人在电竞酒店无限制地上网，导致其存在因长时间脱离监护人的监管而接触低俗网络、暴力文化的风险，极易造成未成年人在身心发育尚未健全时期沉迷于网络，严重危害未成年人的身心健康。

（三）未严格落实未成年人强制报告制度

《未成年人保护法》规定了住宿经营者的强制报告义务，强化了住宿经营者保护未成年人的责任，要求旅馆、宾馆、酒店等住宿经营者接待未成年人入住或者接待未成年人和成年人共同入住时，应当询问父母或者其他监护人的联系方式、入住人员的身份关系等有关情况；发现有违法犯罪嫌疑的，应当立即向公安机关报告，并及时联系未成年人的父母或者其他监护人。大部分的电竞酒店行业从业人员文化程度相对较低，经营者对从业人员的岗位培训不到位，导致部分从业人员对什么是未成年人强制报告制度、什么情形下报告、向谁报告、报告义务主体是谁、当报未报的追责制度等了解不到位、理解不深入，更别谈相关从业人员结合自身职责落实未成年人强制报告制度。加之一些经营者及从业人员存有“图方便”“只认钱”的侥幸心理，存在接待未成年人入住时未依法履行询问、报告义务，让《未成年人保护法》规定的强制报告制度沦为形式，甚至发生一些侵害未成年人事件。

（四）食品安全存在风险

电竞酒店行业部分经营者为满足入住人员通宵上网玩游戏的目的，在未取得食品经营许可证的情况下，在电竞房间内设有售卖零食自取台，上面放有各种碳酸饮料、膨化食品、方便面等食品饮料，食品质量得不到保证，“熬夜＋垃圾食品”既滋生食品安全问题，又严重损害未成年人的身体健康。现阶段，我国负责食品安全监管问题的主要为市场监督管理部门，但实践中市场监督管理部门也多将电竞酒店行业列入住宿或者娱乐服务行业的监管范围，忽视了对电竞酒店内食品安全问题的关注。同时，由于市场监督管理部门未介入电竞酒店食品安全问题的监管，使部分电竞酒店经营者对于食品安全问题未树立警惕意识，食品安全缺乏有效保障。

（五）存在消防隐患

电竞酒店均有单独的电脑主机服务器，主机服务器线路多、散热多、耗电高，部分电脑设备甚至长时间通宵运转，再加上夏季使用空调，冬季使用电暖器等，使原本负荷较重的用电线路很容易短路而引发火情。一部分“伪电竞酒店”仅办理了营业执照，没有取得消防许可和特种行业许可，私拉乱接电线，擅自增设用电设施，甚至违章用电，将开关、插座安装在可燃材料上，缺少有效的保护设施。另外，电竞酒店的客房一般多人入住，多者可达6人间至8人间，聚集人数多，人均面积狭小，加之同时存在吸烟、饮酒等情况，存在较高的消防安全隐患。

四、域外未成年人网络保护公益诉讼参考

伴随互联网技术的发展、5G移动网络时代的到来，未成年人接触互联网日渐成为一种常态。网络虽然在未成年人生活与学习过程中起着不可或缺的作用，但其不可避免地包含一些虚假、暴力、色情等负面的信息网页，使未成年人的成长面临更加复杂的环境。对于尚不具有完全辨别能力并易被新奇东西诱惑的未成年人而言，来自互联网的不良信息会给未成年人造成价值观

判断的混乱。出于更好地保护未成年人合法权益的目的，世界各国都非常重视在保障未成年人享受互联网所带来的便利的同时保障其身心健康，其中美国、英国、韩国、日本等域外国家的互联网发展相比于国内发展要早，对我国的未成年人网络保护具有一定的参考意义。

在美国，未成年人使用网络非常普遍，美国采取行业自我监督和监督机构监督的双重管制模式，通过严格的立法要求网吧业主严格按照相关规定营业，配合定期合规检查，否则将面临各种处罚措施，如罚款、监禁等。此外，美国颁布《儿童在线隐私保护法案》并多次对其进行修改，目的就是保护未成年人的网络隐私安全。英国采取受政府监督的行业自律模式，由独立的民间机构互联网守望基金会监管，各网络服务提供商都会遵照执行该基金会发布的通知或命令，否则将会受到政府执法机构的直接监管。[①] 日本采取事前审批 + 事中自律 + 事中监管的模式，要求为未成年人设备加装过滤装置，由服务器的管理者承担自律和监管责任，网吧住宿包间一般也不对未成年人开放。韩国青少年上网的主要场所是城市里为数众多的“电脑房”，为发展健康的网络环境，韩国于 2020 年颁布《信息网络通信促进法》，对“电脑房”实行严格管理，特别是通过相应技术手段来保护青少年免受网络有害信息的侵害，规定“电脑房”的电脑应当安装阻止黄色网页的软件，[②] 未成年人要实名制注册，并推行未成年人“网络游戏宵禁”政策。在德国，各地设有专门供青少年使用的网吧，由各地教育部门及其他相关部门为方便青少年学习电脑知识、掌握电脑技能、丰富其生活而设立，经营场所一般设在学校或者青少年中心。2021 年 3 月，德国通过《青年保护法（修正案）》，该修正案进一步通过采取年龄验证系统、完善目标受众投诉等措施预防未成年人运用网络产生的相关风险。[③]

---

① 参见丁莹、黄瑞宏：《互联网视域下未成年人公益诉讼路径研究》，载《少年司法》2019 年第 5 期。

② 参见邓莉、袁群华：《网吧管理的国际经验借鉴与中国的选择》，载《商场现代化》2004 年第 12 期。

③ 参见王子翰：《智能传播中未成年人个人信息网络保护的法律规制问题探析》，载《上海法学研究》（集刊）2022 年第 1 期。

我国也高度重视未成年人网络保护工作，2021 年修订的《未成年人保护法》专设“网络保护”一章，2023 年 10 月公布的《未成年人网络保护条例》对《未成年人保护法》网络保护专章更加细化，指明网络相关行业组织应当制定未成年人网络保护相关行业规范，提供未成年人模式或者未成年人专区，明确禁止任何组织和个人以侵害未成年人身心健康的方式干预未成年人沉迷网络、侵犯未成年人合法权益，规定了为未成年人提供互联网上网服务设施的有关场所应当履行的未成年人网络保护义务，并对有关违法行为规定了相应的法律责任。

对比国内外未成年人网络保护的相关经验做法，在未成年人网络保护中，当不特定多数未成年人的利益受到损害时，检察机关作为涉未成年人公益诉讼原告主体资格是国外的共性做法，当然公益诉讼原告的主体资格并不局限于检察机关，有关的个人、团体也有相应的起诉主体资格。此外，国外的公益诉讼中，还多鼓励诉讼原告用活用尽诉前程序和相应措施解决问题，拓展权利救济途径。比如，前文所述的英国采取引入基金会等主体作为监管人，受政府监督，既保障了未成年人的合法权益，又节约了司法资源，防止公益诉权滥用，为我国未成年人检察预防性公益诉讼提供了可借鉴的域外经验。相较而言，我国电子竞技有电竞协会，传统酒店有中国酒店协会，但电竞酒店作为电竞与酒店融合的新兴业态，现在并无统一的电竞酒店行业协会，可尝试探索受政府监督的电竞酒店行业协会自律监管模式。

五、电竞酒店涉未成年人公益诉讼法律监督举措探析

检察机关作为国家法律监督机关，利用公益诉讼制度保护未成年人的合法权益，在现有法律框架下是有充分法律依据的，根据《未成年人保护法》第 106 条的规定，未成年人合法权益受到侵犯，涉及公共利益的，人民检察院有权提起公益诉讼，明确赋予了检察机关对于侵害未成年人权益的公益诉讼权利。对于新兴业态电竞酒店开展未成年人检察公益诉讼工作是否适用《未成年人保护法》第 106 条规定的公益诉讼范围这一问题，笔者认为，“涉及公共利益”的规定给检察机关稳妥办理新领域案件提供了探索、解释的空

间，从公益诉讼整体的发展趋势来看，鉴于未成年人保护的特殊性，在理论层面当然希望未成年人公益诉讼案件的适用范围没有太多边界限制。[1] 接下来，笔者将从民事公益诉讼和行政公益诉讼两种未成年人检察公益诉讼途径分析电竞酒店法律监督模式，探究电竞酒店等新兴业态未成年人保护司法诉讼程序、证据认定标准、举证责任等实践经验，并向相关新兴业态行业及时释放法治信号，推动国家治理体系和治理能力现代化建设。

（一）民事公益诉讼途径

案例一是一起由江苏省宿迁市人民检察院提起的电竞酒店民事公益诉讼案件，也是全国首例电竞酒店因向未成年人提供上网服务民事公益诉讼案。我们可以从该案例中获得启发，以民事公益诉讼的方式解决电竞酒店向未成年人提供上网服务而致不特定未成年人合法权益受损的问题，并以此扩展至对未成年人在新兴业态领域民事权利的诉讼保护。

案例一：电竞酒店向未成年人提供上网服务民事公益诉讼案[2]

2021 年 3 月 27 日，宿迁市“某某酒店”在未取得网络文化经营许可证的情况下，开始从事电竞主题酒店经营并接纳未成年人入住，该酒店设置 20 个电竞房间，每个房间均配备 2 ~ 5 台与网吧硬件配置基本相同的电脑，分别收取数十元至数百元不等的费用，从酒店营业到 3 个月后被查处，该酒店共接待未成年人入住 387 人次。2022 年 1 月，宿迁市宿城区人民检察院对该酒店以民事公益诉讼案立案调查并履行公告程序。3 月 2 日，案件移送至宿迁市检察院。3 月 22 日，宿迁市人民检察院将案件起诉至宿迁市中级人民法院。5 月 12 日，宿迁市中级人民法院依法公开审理，当庭判决被告禁止向未成年人提供互联网上网服务，并于判决生效后在国家级媒体上公开向社会公众书面赔礼道歉。2022 年 6 月 10 日，该民事判决生效。目前，该电竞酒店已履行判决。

---

① 王广聪：《未成年人公益诉讼受案范围的逻辑》，载《中国检察官》2021 年第 3 期。

② 《“换壳网吧”？全国首例电竞酒店向未成年人提供上网服务案被提起公益诉讼》，载微信公众号“江苏检察在线”2022 年 5 月 13 日，https：//mp. weixin. qq. com/s/V4R6f – heJ8P5OquAVwzxAA。

该案的核心要旨在于证明涉案酒店的互联网服务营业场所性质，损害社会公共利益的认定，检察机关提起民事公益诉讼的必要性以及相应举证责任、诉讼请求的确定问题。

第一，酒店名称包含“电竞”一词是不是判断其具有互联网服务营业场所属性的唯一标准？从该案来看，答案当然是否定的，这也跟笔者前面阐述电竞酒店经营属性避免“一刀切”的观点是一致的。综合该酒店设置的20间房间均为电竞房间，房间配置与网吧一样的电脑装备，房费系按电竞房间的电脑数量收取，经营者在酒店门牌醒目位置标明酒店服务范围包含上网服务，且在网络平台宣传栏写明酒店提供上网和住宿服务，系面向不特定公众经营，可认定该涉案酒店的名称虽然是酒店，没有明确标明是电竞酒店，但其与普通提供住宿和餐饮服务为目的的酒店存在明显的不同，[①] 其实际是以酒店的形式变相向不特定公众提供上网服务。

第二，向不特定未成年人提供上网服务能否认定侵犯了社会公共利益？公共利益是由不特定多数主体享有，具有基本性、整体性和重大性的重大利益，[②] 它包含国家利益和社会利益。未成年人的健康成长事关国家希望、民族未来，未成年人群体的利益与国家、社会的利益息息相关。《未成年人保护法》第58条明确规定，互联网上网服务营业场所的经营者，不得允许未成年人进入；《互联网上网服务营业场所管理条例》第21条规定，互联网上网服务营业场所经营单位不得接纳未成年人进入营业场所。电竞酒店的经营者为了私利，不按照法律规定依法履行义务，违规接待不特定多数未成年人组团在电竞酒店上网，多人混居、男女混居，吸烟、酗酒、通宵上网，接触网络暴力游戏甚至犯罪行为、犯罪手段等负面信息，不仅对未成年人的身体健康成长造成影响，还极易造成未成年人在身心发育尚未健全时期沉迷于网络，因过早接触网络不良信息而导致厌学、逃学、辍学乃至犯罪等现象的发生，侵害了不特定多数未成年人的健康权、受教育权、受保护权等合法权益，应

① 参见赵迎娣、陈雅君：《电竞酒店侵犯不特定未成年人合法权益》，载《人民法院报》2022年7月25日，第3版。

② 参见付勋：《检察公益诉讼三个环节标准探究》，载《检察日报》2021年3月25日，第7版。

认定为侵犯了社会公共利益。

第三，检察机关如何适时提起民事公益诉讼及相应诉讼请求？《民事诉讼法》第 58 条明确规定，对于侵害众多消费者合法权益等损害社会公共利益的行为，在没有相关规定机关或者组织提起诉讼的情况下，检察机关可以向人民法院提起诉讼。最高人民法院、最高人民检察院联合发布的《关于检察公益诉讼案件适用法律若干问题的解释》第 13 条规定，经过法定诉前公告，相关机关、组织未主张诉讼的，检察机关可提起民事公益诉讼。由此可见，检察机关并不是民事公益诉讼的第一顺序主体，检察机关提起民事公益诉讼是有前提条件的。在民事公益诉讼请求方面，检察机关可通过停止侵害、消除危险、赔礼道歉的方式要求电竞酒店经营者对其存在的问题进行及时整改。

此案可以看出，检察机关积极稳妥发挥未成年人保护公益诉讼检察职能，在整治电竞酒店违规接纳未成年人方面开展探索，通过行使民事公益诉讼职责，督促电竞酒店经营者履行社会责任。值得思考的是，《民法典》规定了关于侵权行为的惩罚性赔偿制度，但在民事公益诉讼中能否提出惩罚性赔偿金，通过提高违法成本，倒逼经营单位重视私利之外的社会责任、公共利益，一直在实践中存有较大争议且适用案例较少。笔者认为，可结合经营者的主观恶性、行为对象的特殊性、受侵权人数多少、获利大小、后果严重程度等多方面来综合考虑是否尝试适用惩罚性赔偿制度，以达到司法威慑作用。

（二）行政公益诉讼途径

案例二是一起由四川省金堂县人民检察院提起的电竞酒店行政公益诉讼案，针对电竞酒店新兴业态监管问题导致不特定多数未成年人利益受损的情形，开展预防性公益诉讼，通过制发诉前检察建议，解决电竞酒店监管难题。

案例二：监督规范新兴业态电竞酒店行业保护未成年人权益案①

2021 年 9 月，金堂县人民检察院发现被帮教对象进入电竞酒店通宵上网玩游戏。经摸底调查，发现辖区电竞类住宿场所主要集中于职业院校周边，

① 该案例入选“第七届四川省维护妇女儿童合法权益十大典型案例”。

包含电竞酒店、电竞宾馆、电竞公寓以及内设电竞房的普通酒店，均未办理网络文化经营许可证，有的甚至没有办理营业执照、特种行业经营许可证，未安装实名上网监控软件，未采取未成年人上网保护措施，且存在违规接纳多名未成年人入住上网、无证销售食品等问题。金堂县人民检察院针对公共利益受损问题向不特定公众制发调查问卷，显示有数百名未成年人曾去过电竞酒店通宵上网，上千名未成年人想去电竞酒店体验。针对监管失位问题，经询问相关经营者、消费者，均表示没有相关部门来监督、管理、指导。2021 年 12 月，金堂县人民检察院先后对该县文体旅游局、县公安局、县市场监管局作出行政公益诉讼立案决定，并向三行政机关制发诉前检察建议，督促构建电竞酒店新兴业态综合治理整体秩序、出台电竞酒店行业规范。成都市人民检察院于 2022 年 1 月在全市范围内组织开展电竞酒店专项监督，督促相关部门对全市电竞酒店进行专项排查。

不同于宿迁市人民检察院的电竞酒店民事公益诉讼案，在该行政公益诉讼案件中，除论证电竞酒店具有互联网上网服务营业属性外，该案核心还须厘清涉未公共利益的认定标准，如何围绕行政机关监管失职与公共利益受损存在因果关系进行调查取证，如何实现检察建议的双赢、多赢、共赢等问题。

第一，实际损害结果是不是“公共利益受损”的唯一判断标准？《未成年人保护法》以及 2021 年 7 月 1 日起施行的《人民检察院公益诉讼办案规则》对“社会公共利益”的具体内涵皆未予以界定，造成实务中对涉未成年人公共利益理解不统一，主要存在“实害说”和“危险说”两种观点。笔者认为，不应将“实害说”作为唯一的判断标准，检察机关提起公益诉讼，对尚未造成多名未成年人实际损害后果，但具有损害不特定多数未成年人合法权益的现实危险可能的，可以认定为公共利益受损，预防性公益诉讼作为拓展公益诉讼案件范围的重要措施，监督对象可以从“已造成公益损害”拓展到“可能损害公益的重大风险”。该案中，通过调查问卷发现已有数百名未成年人在电竞酒店通宵上网，并有上千名学生还期待去电竞酒店体验，如对该类行为不加以规制，综合考虑电竞酒店的开放性接待、持续性损害、危害迟延性、未成年人权利弱势性等方面，危害将愈加扩大。

第二，如何证明监管失职与公共利益受损存在因果关系？行政公益诉讼是为了实现公共利益保护的目的，针对相关行政机关未依法履职或者怠于履职的行为而开展的。电竞酒店因系新兴业态，监管主体重叠，多头负责但又权责模糊，厘清相关行政机关具有对电竞酒店的监管职责是首要步骤。笔者认为，在开展调查中，可抓住电竞酒店的主要监管盲点，着重从电竞酒店的经营者、从业人员、周边群众等收集行政机关监管失职证据，通过查看监控视频，制发调查问卷，询问入住未成年人的入住目的、入住办理流程、上网时间、消费金额等方面来多渠道证明因行政机关监管不到位，致使电竞酒店经营者在私利诱惑下违反相关法律规定，侵害不特定未成年人合法权益，则监管失职与公共利益受损后果存在因果关系。

第三，如何说服行政机关由事后监管转向预防式监管？最高人民法院、最高人民检察院《关于检察公益诉讼案件适用法律若干问题的解释》第 21 条规定，检察机关发现相关领域行政机关违法行使职权或者不作为，致使国家利益或者社会公共利益受到侵害的，应当向行政机关提出检察建议，督促其依法履行职责。不同于民事公益诉讼的诉讼主体排序，行政公益诉讼中检察机关排在诉讼主体首位，且“应当”一词体现了检察机关的监督刚性。新形势下，国家“放管服”政策鼓励探索新模式、激发新需求、增强新供给，笔者认为，电竞酒店这一新兴业态的规范发展，相关部门的监管责任要远大于电竞酒店的经营者，如部分电竞酒店经营者反映并不是他们不办理网络文化经营许可证，而是相关部门并未告知电竞酒店如何审批办理。因此，从促进新兴业态长远健康发展的目标来看，行政公益诉讼可以让行政机关执法实现“排斥—接受—主动”的转变，激活行政监管职能，推动行政机关通过联合执法手段，形成长效机制，由被动的事后监管转向能动的预防式监管，从而促进新兴业态行业源头治理。

六、结语

维护未成年人的合法权益，保护未成年人健康成长，事关国家未来发展、民族希望和长治久安。作为联合国大会确立“儿童最大利益原则”在中国的具体实践，《未成年人保护法》确立的最有利于未成年人的原则贯穿于立法、执法、司法等多个层面，涵盖国家、社会、学校、家庭等各个主体，它既总结了未成年人保护经验的结果，也表达了对成人社会的期待和约束，其最大价值在于确保对未成年人保护的与时俱进。[①] 保护未成年人是全社会共同的责任，新兴业态不应该成为未成年人保护的盲区，检察机关作为公共利益的代表，无论是开展民事公益诉讼还是行政公益诉讼，随着未成年人保护领域检察公益诉讼的探索不断深入，检察机关应能动融入未成年人国家保护大格局中，充分考虑未成年人检察公益诉讼的特殊性，将新时代检察履职与国家治理体系和治理能力现代化建设相结合，在“治已病”的同时，更加注重“治未病”，通过检察法律监督达到办理一案、治理一片、规范一类的效果，推动未成年人综合保护社会治理体系建设的法治化发展。

---

① 姚建龙：《最有利于未成年人原则的经典示范》，载《检察日报》2022 年 3 月 21 日，第 3 版。

附条件不起诉适用条件争议问题研究

黄　晶　李南桥*

内容提要：附条件不起诉制度在我国发轫于检察机关的“自发实验”，2012年修正实施的《刑事诉讼法》正式将附条件不起诉制度写入立法，对于落实宽严相济刑事政策，教育、挽救罪错未成年人，修复被损害的社会关系发挥了重要作用。近年来，随着社会经济的不断发展，未成年人犯罪案件出现新形势，而附条件不起诉制度的适用条件仍未调整，一定程度上制约了制度的实践运行效果。为充分激发制度优势，应加强附条件不起诉制度的立法完善和司法适用，进一步明确适用对象、扩大适用罪名、延展适用刑度、完善配套制度，以顺应新时期未成年人刑事检察工作的新发展、新变化。

关键词：附条件不起诉　运行现状　适用条件　完善路径

附条件不起诉制度入法至今已逾十年。该制度发挥了教育、感化、挽救罪错未成年人的积极作用，体现了对未成年人“教育为主、惩罚为辅”的司法原则，促进了未成年人犯罪治理的现代化。实践中，未成年人附条件不起诉制度仍然面临诸多亟待解决的问题。鉴于此，本文拟从实证角度，以

---

* 黄晶，成都市青白江区人民检察院党组成员、副检察长。李南桥，成都市青白江区人民检察院第一检察部检察官助理。

2019—2021 年 C 市检察机关适用未成年人附条件不起诉的数据为研究样本，从理论和实证双重视角探讨附条件不起诉制度适用中存在的问题并提出制度完善的建议。

一、C 市检察机关适用附条件不起诉制度的实证分析

（一）涉案罪名日趋多样化

2019—2021 年，C 市检察机关办理的未成年人犯罪案件虽仍集中在《刑法》分则第 4、5、6 章，但未成年人单独或与成年人共同实施的该 3 章罪名以外的犯罪也在不断涌现，表明未成年人犯罪案件呈现出多样化的特征。在非第 4、5、6 章的罪名中，以交通肇事罪、危险驾驶罪两类交通犯罪最具代表性，占比分别达同类犯罪的 91.7%、75%、87.5%；除此之外，放火罪、合同诈骗罪等以往鲜见的罪名也开始出现。

（二）犯罪年龄趋近 18 周岁

从年龄数据来看，2019—2021 年，16 周岁以上涉罪未成年人占比分别为 86.1%、85.3%、87.4%，其中，犯罪时已满 17 周岁的人数占比均超过 1/3，部分年份甚至超过 60%。考虑诉讼进程的需要，这部分趋近 18 周岁的涉罪未成年人在进入审查起诉阶段时，很可能已经成年甚至早已成年。

（三）诉后判刑集中在 3 年有期徒刑以下

C 市检察机关 2019—2021 年办理的未成年人犯罪案件中，宣告刑在 1 年有期徒刑以下的人数占起诉总人数的 30% 左右，而诉后被判处 3 年有期徒刑以下刑罚的占比分别为 84%、75.5%、73.8%；这表明实践中绝大多数涉罪未成年人的宣告刑都在 3 年有期徒刑以下。

（四）附条件不起诉与酌定不起诉此消彼长

2019—2021 年，C 市检察机关附条件不起诉适用率呈逐年上升趋势，分别为 13.8%、16.8%、32.1%，对比同期酌定不起诉适用率 9.7%、10.3%、

5.7%，二者呈现出此消彼长关系；这表明在实践中，当犯罪情节较轻，特别是可能判处1年有期徒刑以下刑罚的情况下，酌定不起诉与附条件不起诉的适用极易发生竞合，应进一步区分二者的适用标准。

二、附条件不起诉制度适用条件主要问题检视

（一）关于适用对象的问题

附条件不起诉是未成年人特别程序中的一项重要制度。出于对未成年人的保护，对于符合附条件不起诉条件、实施犯罪行为时未满18周岁、但诉讼时已成年的犯罪嫌疑人，人民检察院可以作出附条件不起诉决定。[①] 关于附条件不起诉的适用对象，目前仍存在以下争议：

一是对于犯罪时未成年，诉讼过程中已成年的犯罪嫌疑人适用附条件不起诉的，是否也应当设置一定的年龄上限？实务中，如果实施犯罪行为时系未成年人，但在诉讼过程中早已成年的，一般认为已经失去现行法律针对未成年人设置附条件不起诉制度的意义，不宜适用附条件不起诉。[②] 但实务中对于“早已成年”这类弹性评价指标的理解往往因人而异，有检察官认为可以参考大学毕业年龄22岁，也有人认为18～22岁年龄跨度较大，限制在20岁或19岁以下更为适宜。

二是对于作案时刚成年不久（如18周岁生日的第二天）且作案后很快进入司法程序处理的犯罪嫌疑人，虽然在法律意义上已经成年，但其人生阅历和生活经历都基本与未成年时无异，心智成熟程度在本质上与未成年人并无较大区别。对于这类犯罪嫌疑人，在具备帮教条件和帮教必要的情况下，能否对其适用附条件不起诉？

（二）关于适用罪名的问题

根据现有规定，附条件不起诉只适用于刑法分则第4、5、6章规定的犯

---

① 最高人民检察院《未成年人刑事检察工作指引（试行）》第181条。

② 参见童建明、万春、宋英辉主编：《未成年人检察业务》，中国检察出版社2022年版，第111页。

罪。对此，实务中比较突出的问题是适用罪名过窄导致对未成年人的不公平处遇。理论上争议较大的问题是以罪名来限制附条件不起诉的适用范围是否合理。

从立法背景来看，附条件不起诉制度正式入法始于2012年修正实施的《刑事诉讼法》，基于当时的社会发展水平，未成年人参与社会经济活动的能力和机会都很有限，加之制度出台之初缺乏足够的司法经验积累，故以当时未成年人犯罪集中、高发的第4、5、6章罪名作为初步探索，能够与当时的司法现状相适应。但在制度实施十余年后，随着社会经济、文化水平的显著提高，未成年人实施的犯罪行为呈现出多样性和复杂性，上述3章以外的罪名不断涌现，成为司法实践不得不回应的客观现实。

从未成年人检察工作的实践经验来看，绝大多数涉罪未成年人的犯罪情节都较轻，认罪悔罪态度也较好，在具有帮教条件的情况下，影响案件最终走向的往往是涉案罪名。但同样是未成年人犯罪，仅因触犯的罪名不属于第4、5、6章，即便未成年人处于叛逆期有帮教的必要，办案人员也不能适用附条件不起诉，只能在作出酌定不起诉决定前后开展较为有限的帮教，不仅有失公平，也难以有效地保护未成年人的权益。

从附条件不起诉制度的价值功能来看，限制适用罪名的目的和意义在于突出重罪与轻罪的差别化处置，提升附条件不起诉对轻罪的治理效果，彰显"诉讼便宜主义"的价值。一方面，我国刑法分则划分章节的主要依据是各罪名保护的法益类别而非罪行轻重。另一方面，任何犯罪都是具体的，即使看似较轻的罪名，罪行严重仍然可能判处较重刑罚，如盗窃罪，盗窃数额特别巨大或者有其他特别严重情节的，处10年以上有期徒刑或者无期徒刑，并处罚金或者没收财产；即便是侵害公共安全等较重法益的罪名也不排除因系过失犯罪、犯罪中止或者具有初犯、偶犯、自首、立功等情节而只具有较轻的罪责。如未成年人放火案，具有初犯、自首、赔偿谅解、未造成严重后果等从轻情节，依法可能判处1年有期徒刑以下刑罚，具备帮教条件，因其不属于3章内罪名，则不能适用附条件不起诉，只能在作出酌定不起诉决定前后开展较为有限的帮教，效果有限。另外，对比放火案例，故意伤害致人重伤，处3年以上10年以下有期徒刑，因其属于第4章的罪名，具有自首、赔偿谅解、犯罪时未成年等多个从轻、减轻处罚情节，符合附条件不起诉条件，则可对其作出附条件不起诉决定。

因此，以罪名来限制附条件不起诉的适用范围，不利于对“重罪名轻罪行”犯罪行为的非刑罚化处理，与诉讼便宜主义的立法价值不相适应。此外，在涉案企业合规改革试点工作中，经评估考察后对涉案企业或负有责任的自然人作出的不起诉决定与附条件不起诉异曲同工。根据最高人民检察院与八部门会签的《关于建立涉案企业合规第三方监督评估机制的指导意见（试行）》等文件精神，企业合规不起诉的探索已实质突破《刑法》第4—6章罪名的限制。

（三）关于适用刑度的问题

附条件不起诉只适用于可能判处1年有期徒刑以下刑罚的案件，此乃附条件不起诉的刑度条件。对此，主要涉及以下争议问题：

一是1年以下有期徒刑是指法定刑还是宣告刑。通说观点认为应当是宣告刑而非法定刑，因为法定刑为1年有期徒刑以下的罪名屈指可数，若理解为法定刑，该制度将失去实践意义。但也有学者指出，若理解为宣告刑，则要求检察官在审查起诉过程中，必须对涉罪未成年人所涉的定罪证据、量刑证据作全面分析，要求检察官精准计算被告人是否会处于1年有期徒刑以下刑罚，尚有难度。①

二是未来是否需要突破1年有期徒刑的限制。有学者指出如果将附条件不起诉的范围限制在1年有期徒刑以下，可能会缩小附条件不起诉适用的范围，使该项制度的规定流于形式。② 样本数据也显示，诉后判刑在1年有期徒刑以下刑罚的人数占比仅为30%左右，覆盖范围较小，不能充分释放附条件不起诉制度的价值潜力。但如果突破现有刑度限制，具体的刑度范围应当如

---

① 参见桂万先、李艳：《实然与应然：新刑事诉讼法适用下的未成年人检察工作检讨与展望》，载《中国刑事法杂志》2013年第7期。

② 参见陈卫东：《构建中国特色刑事特别程序》，载《中国法学》2011年第6期。

何设置，还需要结合目前未成年人犯罪诉后判刑的基本现状来考虑。

（四）关于对裁量型适用条件的具体把握问题

在适用条件中，“具有悔罪表现”和“符合帮教条件”属于典型的裁量型规定。此类裁量型条件具有较强的抽象性和原则性，在司法实践中如何具体把握比较容易引起争议。

一是悔罪作为一种主观心理状态，只能借助犯罪嫌疑人在行为前后的表现来判断，具有较大的自由裁量空间。特别是在被害人不同意附条件不起诉的情况下，虽然根据法律规定，被害人的意见不能左右检察机关的裁量结果，但如果检察机关在是否具有“悔罪表现”的裁量上没有足够的证据支撑，不仅难以说服被害人，还可能增加舆情和信访风险。同时，实践中对于悔罪表现的判断通常以犯罪嫌疑人认罪为前提，但在认罪认罚从宽制度背景下，未成年人也可能出现认罪而不认罚、认此罪而不认彼罪等情形，上述情形是否影响对其作出附条件不起诉决定，值得思考。

二是对帮教条件的审查流于形式。虽然现行法律未将“符合帮教条件”规定为适用附条件不起诉的前提条件，但考虑到对涉罪未成年人的帮教考察需要在非监禁的社会化环境中进行，为了保障他人合法权益，除要求涉罪未成年人的再犯罪可能性较小外，具备有效监管帮教条件也非常重要。[①] 帮教条件的评估通常需要借助于社会调查报告，但实践中制作的未成年人社会调查报告质量参差不齐，《刑事诉讼法》对此规定得也较为原则化，导致实践中部分报告参考价值不大。此外，帮教条件审查中容易出现两种争议情形：一是未成年人自身不愿意接受帮教，表现叛逆、家庭关系恶劣；二是客观原因致使未成年人不具备帮教条件，如监护人死亡或怠于履行监护职责，原就读学校及学生家长不愿意接收等。对此，是否仍能适用附条件不起诉、怎样开展附条件不起诉工作值得关注。

---

① 参见张寒玉、王英：《附条件不起诉决定书的制作》，载《人民检察》2021 年第 18 期。

（五）关于附条件不起诉与酌定不起诉的选择与衔接问题

附条件不起诉与酌定不起诉的价值和功能各有侧重，但二者又不乏相似之处。实务中存在的问题是对两者的适用标准把握不准而导致的适用混同。

从法理角度分析，两者在立法价值和功能导向上具有共通之处。酌定不起诉是起诉便宜主义原则在诉讼制度中的具体贯彻，附条件不起诉制度在设计之初也有基于诉前分流、节约司法成本的价值考量。从条文规定来看，附条件不起诉适用范围偏窄，特别是适用对象、刑度条件以及悔罪态度等限制规定与《刑事诉讼法》第 177 条规定的酌定不起诉制度中“犯罪情节轻微，依照刑法规定不需要判处刑罚或者免除刑罚”的判断依据几乎一脉相承，使在司法实践中，附条件不起诉与酌定不起诉容易发生竞合，办案人员往往难以抉择，这也反映出实践中部分办案人员对涉罪未成年人有无帮教必要、有无帮教条件、有无帮教能力的判断依据、标准把握得不够精准。

三、扩大附条件不起诉适用范围的初步构想

（一）进一步规范和明确适用对象

一是针对实务中争议较大的未成年人时犯罪，诉讼过程中成年，适用附条件不起诉的年龄上限应当如何把握的问题。笔者认为有必要通过出台相应的司法解释对此加以明确。笔者建议，以 20 周岁作为年龄上限。首先，这部分嫌疑人大多还在上大学或者刚刚大专毕业，涉世未深，思想较为单纯，更容易达到帮教效果。其次，从人的身心发育规律来看，从未成年人向成年人过渡需要一个缓冲期，但这个缓冲期不宜过长或过短，两年的时间跨度比较符合大众的认知。最后，从世界范围来看，日本、韩国、瑞士等国家均以 20 周岁作为法定成年年龄，这也从侧面说明了 18～20 周岁是人的心智从不成熟到相对成熟转变的一个关键时期。

二是针对作案时刚成年不久，进入司法程序后尚在 18 周岁期间以及成年人是否适用附条件不起诉的问题。笔者认为，就目前而言，附条件不起诉仍

是一项专门针对未成年人这一特殊群体设计的特别制度，并且还在不断探索完善，应待时机成熟后再考虑逐步放开适用对象限制，但在制度设计上，基于理论根据和价值取向的区别，成年人的附条件不起诉与未成年人的附条件制度设计应当有所区分。

（二）取消适用罪名限制

如前文所述，笔者认为，将附条件不起诉的适用罪名限定过窄，既难以适应当前未成年人检察工作的现实需求，也不利于充分发挥附条件不起诉制度对未成年人的教育、感化和挽救作用。因此，取消适用罪名限制是未来立法和司法改革的大势所趋。

目前，解决此问题主要有三种观点：第一种，建议将适用罪名范围进行适当扩充，增加轻微交通犯罪、过失犯罪等作为附条件不起诉的适用罪名；第二种，设置反向条件，明确危害国家安全犯罪、恐怖活动犯罪不适用附条件不起诉；第三种，所有罪名均可适用附条件不起诉。笔者同意第三种观点。附条件不起诉并非我国原创，从域外经验来看，德国、日本均未设定附条件不起诉适用的罪名条件，我国台湾地区也未限制附条件不起诉适用的案件类型。在2012年修改后的《刑事诉讼法》实施十余年后，司法实践中对附条件不起诉制度的适用也逐渐成熟，有必要进一步取消对适用罪名的限制，以充分释放附条件不起诉的制度价值。

（三）适当扩展适用刑度范围

如前文所述，“一年有期徒刑以下刑罚”的刑度范围与未成年人检察工作的司法现状不相适应。从样本数据来看，未成年人诉后判刑在3年有期徒刑以下的人数占比在70%以上。但诉后判刑为宣告刑，若以此作为刑度上限，覆盖面过宽，容易导致适用范围失之于宽。

笔者建议，以“法定刑为三年有期徒刑以下刑罚”作为刑度范围。首先，以法定刑取代宣告刑能够使刑度依据更为客观。其次，考虑到未成年人犯罪大多具有较多从轻甚至减轻处罚情节，以法定性取代宣告刑也能避免适用范围失之于宽。最后，实践中普遍以 3 年有期徒刑区分轻罪与重罪，缓刑制度也以 3 年有期徒刑为限。因此，将刑度范围扩展到法定刑为 3 年有期徒刑以下的刑罚，能够更好地与我国的司法经验和刑法制度相适应。

（四）规范裁量型适用条件

笔者认为，对裁量型适用条件的具体把握需要借助细化评估指标和完善配套制度等措施，以提升“悔罪表现”“帮教必要性”评估指标的客观性和适用性。

一是细化“悔罪表现”的具体情形，使其更具可操作性。参考北京、上海、广州等地衡量涉罪未成年人是否确有悔罪表现的标准，多数均按照主客观相一致原则，不仅要有认罪、忏悔的意思表示，还要有认罪、忏悔的行为，建议具体细化为：涉罪未成年人是否主动认罪，是否存在自首立功情节，是否积极向被害人赔礼道歉并取得谅解，是否赔偿损失或采取其他补救措施，实施犯罪后是否存在毁灭、隐藏、销毁证据或串供等行为。[①] 对于悔罪的未成年人出现认罪而不认罚、认此罪而不认彼罪等情形，笔者认为，可以通过释法说理，达到有效沟通，消除不恰当的认识，促成认罪认罚；即使未能认罪认罚，只要符合条件，有悔罪表现，也可以适用附条件不起诉。

作为“具备帮教条件”重要参考的社会调查报告，应规范未成年人社会调查的内容和程序，提升社会调查报告的适用性。笔者建议通过模板化的要素设计明确社会调查报告中需要涵盖的主要内容，尽快建立专业化的未成年人案件调查制度，由专业人员、机构负责对未成年人的社会调查。针对帮教条件审查中出现的两种争议情形，笔者认为，若系未成年人自身叛逆等原因导致的抗拒帮教的情形，正是有帮教必要的体现，应当适用附条件不起诉。若系非未成年人原因造成无帮教条件的情形，更应适用附条件不起诉，通过开展系统、有效的帮教，最大限度地教育、挽救罪错未成年人。作为帮教、

---

① 参见郭建龙、刘奎芬：《试论附条件不起诉之适用问题》，载《中国刑事法杂志》2013 年第 11 期。

考察责任主体的检察机关，应当发挥主观能动性，通过联系相关帮教基地企业、职业技术学校以及聘请司法社工参与帮教等方式开展工作，同时对监护人不履行或怠于履行监护职责的，检察机关应当建议民政部门提起撤销监护资格诉讼并依法支持起诉，消除家庭监护的“真空”地带。

（五）准确区分附条件不起诉与酌定不起诉的适用标准

笔者认为，对于附条件不起诉与酌定不起诉的区分适用问题，需要从两者的价值、效果和帮教必要性等方面来把握。

附条件不起诉与酌定不起诉虽然有共通的价值根基，但二者的核心价值并不相同。附条件不起诉的核心价值在于“保护和矫治”未成年人，帮助其回归社会；酌定不起诉的核心价值在于体现宽严相济的刑事政策以及诉讼经济原则的运用。除此之外，两种制度的适用效果也不一样，附条件不起诉通过检察机关与涉罪未成年人约定考察义务，达到保护和矫治之目的。酌定不起诉则是一种不附加条件的不起诉，不具备帮教的效果。在未成年人犯罪中，检察机关兼具国家公诉人和国家监护人的双重身份，在办理未成年人犯罪案件过程中应坚持“儿童利益最大化”原则，因此“诉讼经济”价值应当让位于“保护矫治”价值，以实现最大限度教育、挽救罪错未成年人的目的。

综合考虑上述方面，笔者认为，对于既可酌定不起诉也可附条件不起诉的罪错未成年人，应当优先适用酌定不起诉。但对于具备帮教的必要、条件、能力的未成年人，则应优先适用附条件不起诉，通过系统帮教、家庭教育、心理疏导等措施，纠正其心理、行为偏差，促使其更好地回归社会、家庭。

检察机关参与未成年人监护监督研究

段欣蘋*

内容提要：我国未成年人监护监督制度是指为保证未成年人人身、财产等合法权益不受侵害，由负有监护监督职责的国家机关、组织或个人对监护行为实施监督检查的制度。检察机关作为法律监督机关，参与对未成年人监护的监督，在现实案例中，仍遇到监督介入时间滞后、监督措施不完备和监督对接机制匮乏等难题。为此可以基于一般监督理论和国家亲权理论，建立检察机关参与未成年人监护监督的全程运行机制，完善检察机关参与未成年人监护监督的措施，强化检察机关参与未成年人监护监督的对接机制，以此提高检察机关在未成年人监护侵权案件中的监督参与度，真正形成全方位未成年人保护格局。

关键词：未成年人　检察机关参与监护监督　监督措施

引　言

近年来，监护侵权案件仍屡禁不止，突出反映了我国未成年人监护监督体系依然存在缺陷。最高人民检察院于2021年4月16日发布《“十四五”时期检察工作发展规划》，强调要创新未成年人检察工作，对统一集中办理的未

---

* 段欣蘋，法学硕士，成都市蜀都公证处工作人员，四川师范大学少年司法研究与服务中心特邀研究员。研究方向：诉讼法学。

成年人检察工作进行规范和推进，形成全方位、综合性的保护格局。未成年人监护侵权案件中检察机关全面参与的局面，将随着部署的推进而逐步形成。各类未成年人监护侵权真实案例以及《未成年人检察工作白皮书》反映了检察机关参与未成年人监护监督的现状，也表明检察监督工作在未成年人监护侵权案件的运行中还存在一定的问题。本文对检察机关参与未成年人监护监督工作的理论依据进行了论证，对未成年人监护检察监督工作的运行实践进行了分析，对监督工作中存在的问题和不足进行了总结，提出了改进意见，使检察机关在参与未成年人监护监督工作中更加全面，既符合未成年人监护监督工作的制度需要，又有利于检察机关在监督法律的正确实施中真正达到理想的未成年人权益保护效果。

一、检察机关参与未成年人监护监督的理论基础

（一）检察机关一般监督职能的回归

“一般监督”源于苏联检察制度的概念，是指检察机关代表国家，对有关国家机关、社会团体、企业等机关和公民是否切实遵守法律实施检察监督。[①]中华人民共和国成立后，我国研究并移植了这一功能。在1954年9月颁布的《人民检察院组织法》中，最高人民检察院设置了5个业务部门。[②]从职能顺序来看，一般监督在检察机关各项业务中居于首位，地位相当重要。但在后来的一般监督工作实践中，这一职能因监督范围过宽、工作方式不当而饱受诟病。1982年通过的现行宪法将检察机关的性质界定为“国家的法律监督机关”，不再使用“检察机关对国家机关及其工作人员和公民是否遵守宪法和法律行使检察权”的表述，这意味着我国在法律层面取消了检察机关的一般监督权。

在现行民事诉讼中，宪法规定的“法律监督权”分为执法监督权和守法

---

① 参见［苏］列别吉斯基：《苏维埃检察署的工作组织》，载谢鹏程选编：《前苏联检察制度》，中国检察出版社2008年版，第111页。

② 五个业务部门包括：第一厅（一般监督厅）、第二厅（侦查厅）、第三厅（侦查监督厅）、第四厅（审判监督厅）、第五厅（监所、劳动改造机关监督厅）。

监督权，守法监督权包括民事公诉权、执行协助权或支持执行权。[①] 当公民实施危害公共利益的行为时，检察机关有权依据民事公诉权提起诉讼。同时，一般情况下，家庭内部的监护缺失和监护侵权行为很难被发现，当监护缺失和监护侵权行为发生时，不仅损害了未成年人的利益，也损害了社会公共利益，检察机关有权依据法律监督中的民事公诉权，作为主体参与未成年人监护监督，从而保护未成年人的利益。

由于一般监督权的空缺，不仅不足以凸显检察机关法律监督机关的功能定位，而且与检察机关类似于普通原告的公益诉讼身份关系紧张。[②] 所以，我们应当以“法律监督”为主线，重构检察公益诉讼制度，复设一般监督权。[③] 在社会治理过程中，检察机关发现存在损害公共利益的侵权行为时，可以作为主体向法院提起诉讼。同样，在未成年人监护监督制度中，检察机关是为了保护未成年人的利益，保障家庭的和谐稳定，维护公共利益。检察机关依据一般监督权和法律赋予的监督职责可以对未成年人监护进行监督。

（二）国家亲权理论的应有之义

国家亲权理论表明，国家是未成年人的最终监护人，国家不仅要履行保护未成年人的义务，还要注意防止侵害其权益的违法行为。当父母监护缺位时，国家应及时介入，帮助困境中的未成年人。同时，国家在履行监护责任时，应当优先考虑未成年人的利益，坚持“最有利于未成年人”的原则。检察机关作为法律监督机关，通过监督纠正失序监护，维护未成年人合法权益，是检察监督的真实写照。

《未成年人保护法》《预防未成年人犯罪法》（以下简称“两法”）明确了检察机关对未成年人保护的职责和任务。将强制报告制度、公益诉讼、家庭

---

① 参见傅郁林：《我国民事检察权的权能与程序配置》，载《法律科学（西北政法大学学报）》2012 年第 6 期。

② 参见梁鸿飞：《中国行政公益诉讼的法理检视》，载《重庆大学学报（社会科学版）》2017 年第 6 期。

③ 参见梁鸿飞：《国家治理体系中的检察机关：组织环境与法理构造》，载《法学家》2020 年第 4 期。

教育指导制度等纳入“两法”，落实未成年人案件支持起诉原则。各地检察机关也在实践中制定规范性文件来强化检察监督职责。如上海市虹口区人民检察院等部门联合签署的意见①提出了“监护监督”的概念，并提出通过风险评估的方式分级干预，为处于中、高风险监护环境的被监护人设立监护监督人，以确保预防与救济并轨的保障机制得以实现。② 此举意味着检察机关未成年人保护机制建设工作迈上了规范化、法治化建设的新台阶。进一步说，“两法”赋予了检察机关法律监督的职责，使检察机关有了直接的法律依据，可以对涉及未成年人的案件实施法律监督。同时，可以覆盖整个未成年人保护体系，对涉及未成年人的所有法律法规的执行监督，③ 在未成年人保护工作的大格局中，实现监督工作方式的转变，夯实了检察机关全方位、全过程参与的基础。④

（三）最有利于未成年人原则的必然要求

《未成年人保护法》第4条明确规定“保护未成年人，应当坚持最有利于未成年人的原则”，同时对办理未成年人案件的具体要求以列举的方式进行了详细列示。具体到未成年人监护监督制度，不管是建立监护监督体系，还是监护权撤销体系，抑或撤销监护后重新建立监护体系，最终目的是切实保护未成年人的合法权益。因此，检察机关参与未成年人监护监督工作，也是贯彻最有利于未成年人的原则所必需的。

对涉及未成年人的诉讼活动，检察机关通过行使检察权进行监督，是《未成年人保护法》第105条规定的内容。这表明，检察机关对于未成年人案件，无论当事人是不是未成年人，都要对涉及未成年人的一切诉讼活动进行

---

① 2021年12月9日，虹口区检人民察院联合区法院、公安、民政、教育、妇联、共青团等7个部门，联合会签了《关于加强虹口区未成年人监护监督工作的意见》。

② 参见林中明、王晓阳：《上海首个未成年人监护监督工作意见出台　首批6名监护监督员上岗》，载《检察日报》2022年1月6日，第8版。

③ 参见何挺：《以专项行动助推未成年人保护形成新格局》，载澎湃网2021年5月27日，https：//m. thepaper. cn/baijiahao_ 12880960。

④ 参见宋英辉、袁崇翔：《修订后未成年人保护法施行与未检工作》，载《中国检察官》2021年第6期。

监督。同时，在诉讼之外的“等”类活动中也同样适用。

未成年人需要成年人的适当监护，以确保他们的健康成长。但在监护制度实施过程中，部分监护人监护能力不足，难以承担必要的监护职责，导致监护缺失；部分监护人存在虐待、性侵未成年人的危害行为，可能产生损害未成年人权益的后果。为了解决监护过程中出现的问题，一个完整的监护制度需要建立监督和调整机制，再加上合理的撤销和重新建立监护制度。对未成年人的保护，本身就是对国家、社会公共利益的维护。检察机关作为国家利益和社会公共利益的代表，被赋予监督、督促和支持起诉、提起公益诉讼的职责，可谓基础扎实、支持有力。

二、检察机关参与未成年人监护监督的运行实践

梳理《未成年人检察工作白皮书》及未成年人监护侵权的真实案例，可以看出监护侵害未成年人的犯罪总数虽然不大，但是上升趋势明显，特别是虐待犯罪问题。2017—2020 年，针对侵害未成年人犯罪，检察机关对 16 人、38 人、40 人、57 人提起虐待罪公诉，对 10 人、57 人、60 人、62 人提起虐待被监护、看护人罪的公诉。[①] 此类犯罪行为危害严重，社会影响恶劣，对被害未成年人的危害也会很大。针对未成年人监护侵权案件中检察监督的运行现状和存在的问题，要依法惩治监护侵权犯罪，加大打击力度。

2018—2019 年，检察机关着力推动未成年人全面综合司法保护工作，对性侵害、遗弃、虐待、暴力伤害未成年人或者怠于履行监护职责严重损害未成年人身心健康的监护人，建议、支持有关部门、组织或者个人以撤销监护人资格为由将其诉至法院。数据显示，2018 年、2019 年试点检察机关支持起诉监护侵害、缺失案件 358 件，判决采纳支持起诉意见 295 件，发出检察建议 250 件。[②]

2020 年，检察机关继续加大对未成年人全面综合司法保护工作力度，深

① 参见《未成年人检察工作白皮书（2020）》。

② 参见《未成年人检察工作白皮书（2014—2019）》。

入推进统一集中办理未成年人检察业务，支持起诉监护侵害、监护缺失案件311件，发出检察建议202件，撤销或变更监护权利261件。[①] 同时，为未成年人营造良好、和谐的家庭环境，积极探索开展家庭教育指导工作，依法督促家长履行监护职责，3月20日，最高人民检察院第九检察厅公布了反映检察监督在未成年人监护侵害案件中运行现状的3起监护侵害监督典型案例。[②]

2021年，在未成年人受监护侵害案件中，检察机关对符合撤销监护人资格条件的个人或单位提起公诉的案件464件予以支持，增加49.2%；提出检察建议294件，增加45.54%；撤销监护人资格388人，增加48.66%。对监护人缺乏有效监护能力，或因客观原因不能履行监护职责等监护缺失情况进行了妥善的监护干预和依法保护救助，共提出检察建议326件，对宣告失踪和宣告死亡的132件予以支持起诉。[③] 此外，针对家庭监护缺失的问题，从6月1日起，全国检察机关在办理涉及未成年人的案件中开展了"督促监护令"工作，共制发19,328份。其中，向涉罪未成年人之监护人制发14,754份，向未成年被害人之监护人制发4574份。[④]

检察机关参与未成年人监护监督的具体方式，可以分为以下五个方面：

（一）支持撤销、变更监护权起诉

检察机关支持个人或单位向法院起诉符合撤销、变更未成年人监护人资格条件的案件。笔者在中国裁判文书网以"全文：未成年人、撤销监护人资格、支持起诉；关键字：未成年人、监护人；案由：民事案由；文书类型：判决书"为检索条件进行文书检索，截至2022年8月31日，总计检索到40篇判决文书，笔者对这些裁判文书进行分析，希望能对检察机关在未成年人监护权撤销、变更诉讼中支持起诉的司法实践现状进行有效考察。

检察机关作为建议起诉或支持起诉机关介入的这40件案件中，对监护人

---

① 参见《未成年人检察工作白皮书（2020）》。
② 参见《关于印发〈监护侵害监督典型案例〉的通知》。
③ 参见《未成年人检察工作白皮书（2021）》。
④ 参见《未成年人检察工作白皮书（2021）》。

不合法监护行为的认定起到了提供关键证据、证明监护人犯罪事实、促进监护的作用，所有侵害未成年被监护人权益的监护人资格被撤销，对案件审理和合理判决结果的达成起到了极大的促进作用。但是，笔者通过整理分析发现，在这些案件中，检察机关仅能以出具检察建议的形式参与其中，在未成年被监护人遭受监护侵权后，有 28 起案例中的监护人资格被撤销的时间超过 1 年，占比高达 70%（见图 1），甚至最多长达 7 年以上。这意味着，一般在监护侵权行为发生较长时间后才撤销侵害未成年人的监护人的监护资格，从而使未成年人一直处于不适宜监护的状态。

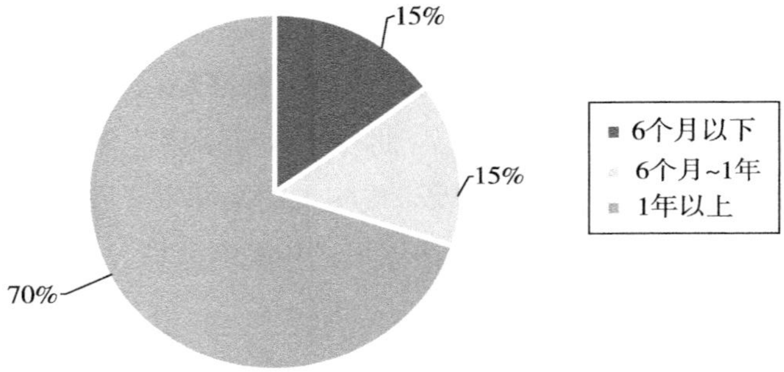

图 1　监护人资格被撤销时间占比

在永泰县民政局林某宾、林某兰申请撤销监护人资格案[①]中，被申请人林某宾、林某兰在被监护人祖父林某金（犯拐卖儿童罪）怂恿下将被监护人林某 2 出卖，涉嫌拐卖儿童罪。2019 年 11 月 19 日，永泰县人民检察院向民政局发出检察建议书，建议向人民法院申请撤销二人对林某 2 的监护资格，并为其指定其他合适监护人。2021 年 1 月 19 日，永泰县人民检察院向永泰县人民法院发出支持起诉书。2 月 9 日，永泰县人民法院作出判决，撤销林某宾、林某兰对林某 2 的监护资格。在山东省莒县民政局崔某松申请撤销监护人资格案中[②]，崔某松因长期猥亵继女荆某某，被判处有期徒刑 6 年。2020 年 8 月

① 福建省永泰县民政局申请撤销林某宾、林某兰监护人资格案，福建省永泰县人民法院（2021）闽 0125 民特 28 号。

② 山东省莒县民政局申请撤销崔某松监护人资格案，山东省莒县人民法院（2020）鲁 1122 民特 44 号。

11 日，莒县人民检察院向莒县民政局发出检察建议书，建议撤销在押人员崔某松监护荆某某的资格。莒县民政局将此案诉至莒县人民法院，并获得胜诉判决。但此时崔某松入狱已经超过 3 年时间。

上述两起案件均以检察机关为建议主体，以民政局为申请主体提起诉讼，法院支持撤销监护人资格的申请。但同时，由于检察机关不是法律规定的申请主体，致使被监护人不能及时从不适当监护中脱离出来。所幸的是，抚养权最终因检察机关监督及时而撤销。然而，在其他检察机关不知情而未得到支持的案件中，在被监护人面临类似境遇的情况下，维权之路举步维艰。

例如，威远县未成年人救助保护中心申请撤销监护人资格案，[①] 被监护人王某某在 2019 年 9—10 月至 2020 年 2—3 月，多次被亲生父亲猥亵。但此案的第一次审理因起诉书未列明被申请人被法院裁定驳回起诉。法院的判决确实符合《民事诉讼法》的要求，维护了程序的公正，但对于王某某来说，她的权益并没有立即得到保障。尽管申请人威远县救助保护中心具有主体资格，但诉讼方面的专业性不强，使其在提起诉讼时，即使知晓被申请人也没有明确指出。如果检察机关凭借其在刑事案件前期审判过程的熟悉程度以及诉讼中的专业性，能够作为适格申请人参与案件，就能够即时实现被监护人脱离危险监护的心愿。

（二）制发“督促监护令”，开展家庭教育指导工作

未成年人监护工作应以家庭监护为主，检察机关作为未成年人合法权益的维护者，在面临监护人监护职责不能有效履行或履行不当，但又未达到撤销监护权的情况下，在家庭监护缺位、违法等影响未成年人生存安全的情况下，督促监护令的出台，开辟了检察机关履行“国家监护人”职责的新路径。相对于以往未成年人检察工作中采取的亲职教育、公开训诫等手段，督促监护令由检察机关发出，具有一定的权威性，更能体现监督职责强制落实的作

---

① 四川省威远县救助保护中心申请撤销监护人资格案，四川省威远县人民法院（2020）川 1024 民特 13 号。

用。家庭教育指导与“督促监护令”的有机结合，更能促进落实家庭保护责任。

在陈某甲涉嫌盗窃被不起诉案①中，陈某甲因如实供述犯罪事实，积极退赃并取得被害人谅解，河南省固始县人民检察院对其作附条件不起诉，制发“督促监护令”，并开展家庭教育指导。该案中，检察机关首先针对家庭教育失当、监护不力、疏于管教等问题，对其父亲进行训诫和家庭监护教育。同时，制发“督促监护令”，要求其父亲定期参加家庭教育指导活动，按时报告监护情况及孩子表现。其次，妇联为陈某甲的家庭量身设计了个性化的家庭教育辅导方案，包括有针对性地安排家庭教育辅导课程，制订《监护考察工作计划表》，引导其父亲履行监护职责，教导陈某甲重新树立正确的价值观等，以确保“督促监护令”的落地见效。之后，检察机关还推动了机制化协作联动，与妇联、中国关心下一代委员会等部门联合建立协作衔接机制，共同监督检查，进一步推动了当地监督未成年人监督工作的落实和细化，促进了保护未成年人工作合力的形成。其具体措施包括：组建“爱心港湾”公益巡讲团、“面对面”家庭教育辅导；录制微视频，制作家教辅导课件，对加强监护人监护意识和教育主动性的家庭教育知识进行宣讲；及时开设“爱家防疫家庭教育”微课堂讲座，以应对疫情期间家庭暴力案件增多的问题等。

上述案例说明，在对未成年人进行帮教挽救的同时，对因家庭管教不当导致犯罪的，也要下大力气解决家庭监护问题。“督促监护令”与家庭教育指导，都是检察机关近年来为推动解决家庭监护不力这一涉罪未成年人案件背后的难点问题、推动家庭保护责任落实而创新的加强对未成年人抚养权监督的工作机制。“督促监护令”重在督促与干预，家庭教育指导重在引导与帮助，两个体系有机融合，可以更好地促进未成年人监护人主动、正确地履行监护职责，促进未成年人保护工作质量和效果的提高。

① 参见《在办理涉未成年人案件中全面开展家庭教育指导工作典型案例》，载最高人民检察院官网，https：//www. spp. gov. cn/spp/xwfbh/wsfbt/202111/t20211115_ 535232. shtml#2。

（三）支持、督促人身安全保护令申请

党的二十大报告强调保障妇女儿童合法权益。人身安全保护令是一种民事强制措施，未成年人在遭遇家庭暴力或面临家庭暴力的现实危险时，可以向法院申请人身安全保护令。《反家庭暴力法》明确，未成年人是无民事行为能力人或限制民事行为能力人的，其近亲属、公安机关、妇女联合会、村（居）委会等可代为申请人身安全保护令。检察机关在此类案件中，可以予以支持，对未及时提出申请的，还应该予以督促。

比如，在常州市金坛区朱林镇三星村村委会、梁某清人身安全保护令申请案[①]中，未成年人梁某红多次被其父亲梁某清殴打至骨折。因其系限制民事行为能力人，常州市金坛区朱林镇三星村村民委员会代为向法院申请人身安全保护令，常州市金坛区人民检察院出具支持起诉书支持起诉。2020 年 9 月 3 日，常州市金坛区人民法院发出了人身安全保护令，禁止梁某清殴打梁某红。又如，2022 年 9 月，广西壮族自治区柳州市柳南区人民检察院办理了首例支持起诉人身安全保护令。[②] 在该案中，未成年人检察办公室与法院、公安机关、民政、街道社区、妇联等部门联动，积极开展伤情鉴定、询问证人、预防性保护等工作。同时也作为支持起诉人，在法定代理人怠于履行监护职责的情况下，由遭受家暴的未成年人小樊所在社区作为代理人，向柳北区人民法院申请人身安全保护令。法院审理后，作出了出具人身安全保护令的裁定。此案中，广西壮族自治区柳州市柳南区人民检察院立足检察职能，能动履职，为小樊“撑腰”，是检察机关全过程参与未成年人司法保护工作的生动体现。

上述案例皆是由检察机关作为支持起诉主体，村委会、社区等组织作为未成年代理人向法院申请出具人身安全保护令，有效遏制了家庭暴力的继续

---

① 常州市金坛区朱林镇三星村村民委员会、梁某清人身安全保护令申请案，常州市金坛区人民法院（2020）苏 0413 民保令 3 号。

② 参见《对家暴未成年人说“不”！全市首例支持申请人身安全保护令》，载柳州市柳南区人民检察院官网，http：//www. liuzhouln. jcy. gov. cn/jcdt/202302/t20230203_ 3982179. shtml。

发生，维护了受到家庭暴力伤害的未成年人的人身安全和人格尊严。

检察机关在办理此类案件时，首先应该切断未成年人遭遇监护侵害的现实危险，此后，联合相关职能单位，共同采用社会调查、走访核查、回访评估等方式，对未成年人的监护人实施侵害的手段、程度、时间间隔以及监护人的经济状况、心理状态等进行全面的综合评估，这些评估结果也可以作为向法院申请人身安全保护令的证据使用。与此同时，考虑到人身安全保护令案件的特殊性，未成年人需要躲避被申请人的情况，检察机关还需要注意，在开展走访核查等评估工作过程中对未成年人的现居住地、联系方式等信息需要严格保密。最后，在法院作出人身保护令的民事裁定书后，检察机关需要对保护令的后续执行行为进行持续跟踪监督，确保人身保护令的落实。对拒不配合执行、不履行的情况，应该依法追究相关责任。

（四）监督落实临时监护人制度

在办理监护侵害、监护缺失案件过程中，最关键问题就是被侵害或处于无监管状态的未成年人如何妥善安置。《民法典》新增了临时监护人制度，规定被监护人住所地居民委员会、村民委员会或民政部门在被监护人住所地生活处于无人照料状态时，应当为其安排必要的临时生活照料措施。这说明，被监护人住所地的居民委员会、村民委员会或民政部门，是落实临时监护人制度的责任主体。

对于临时监护人制度的落实措施，《民法典》并没有明确规定，还有待于在实践中继续改进。2020 年修订的《未成年人保护法》完善了国家监护的兜底责任，扩大了民政部门的临时监护和长期监护的范围，除了规定未成年人由谁监护、如何监护等问题外，还更加细致地规定了监护不力、如何监护的问题。对于实践中存在的监护人缺位、紧急安置监护侵害、监护缺失等问题，《未成年人保护法》对填补现实监护空白的临时监护或长期由民政部门监护作出了规定，将在实际工作中帮助民政部门推动落实，确保未成年人及时得到有效监护。

检察机关在监督落实临时监护人制度时，需要与相关职能部门做好沟通协调工作，做好对被监护人在临时监护期间的保护。同时，对相关职能部门落实临时监护人制度的情况开展监督，如果职能部门不履职或者具体履职人员怠于履职导致被监护人权益受损的，应该充分发挥检察监督职能，督促行政职能部门严格落实临时监护制度，切实保障被监护人合法权益。

（五）落实未成年人综合救助

在监护侵害、监护缺失案件的办理中，除了为未成年人开展改善监护情况、化解实质争议的工作以外，还需要对未成年人采取多元化的综合保护救助措施。比如，在陈某某监护监督、司法救助案中[①]，被告人陈某将妻子、妻妹杀死，岳母刺伤，致使其女陈某某无人抚养，陷入困境。四川省都江堰市人民检察院未成年人刑事检察部门凝聚多方力量，开展多元综合司法救助。首先，成都市、都江堰市两级检察院联动开展国家司法救助，依法对陈某某发放救助金 7 万元，以充分保障监护监督工作的成效。其次，考虑到陈某某的外婆因伤需要治疗，发放司法救助金 3 万元。此外，在协调社会爱心企业成立教育基金每年定向资助陈某某的同时，还委托心理咨询师帮助陈某某治疗心理创伤。最终，都江堰市、重庆市江北区两级检察机关因陈某某跟随在重庆的外祖父母生活，对其进行了持续的跟踪帮扶，促进了异地协作联动。两地检察机关根据其外祖父母申请，与公安机关协调为其办理户口迁移手续，与党委政府、社区协调，将其纳入民政保障范围，与教育部门协调，共同为其办理户口迁移手续。

该案说明，由于家庭成员之间的严重暴力犯罪，未成年人往往面临监护缺失、无人照料的困境，因为监护人在犯罪后缺乏监护能力，或者由于客观原因不能履行监护职责。检察机关整合职能，主动履行职责，通过多元救助手段，推动解决刑事案件背后未成年人的成长和生活问题，将最有利于未成年人原则落到实处。与此同时，依据未成年人的不同个体需求，检察机关也

---

① 参见《“检爱同行　共护未来”未成年人保护法律监督专项行动典型案例》，载最高人民检察院官网，https：//www. spp. gov. cn/spp/xwfbh/wsfbh/202205/t20220525_ 557819. shtml。

需要启动相应不同的综合保护措施。

一是针对生活穷困的未成年人，积极启动经济救助工作。可为未成年人申请相应的司法救助，支持未成年人及其现监护人向原监护人提起追索抚养费诉讼，避免未成年人生活陷入困窘境地。

二是针对因监护缺失、监护侵害心灵遭受创伤的未成年人，及时启动心理测评、疏导工作。邀请具备专业资质的心理咨询专家为未成年人提供专业的心理服务，关注未成年人心理健康，为未成年人建立内心支撑。

三是针对因监护侵害、监护缺失而出现不良行为或违法行为的罪错未成年人，及时开展针对性帮教活动，通过引入社会专业化力量，制订个性化帮教方案，帮助罪错未成年人重新认知行为，找准自身定位，重回人生正轨。

四是健全孤儿保障体系，保障未成年人流浪救助权益。严格落实孤儿基本生活保障制度，联合公安、城管等部门，依靠社区力量，妥善安置被救对象，同时建立寻亲服务机制，确保流浪儿童回归家庭。

三、检察机关参与未成年人监护监督的问题与不足

（一）检察机关参与未成年人监护监督的介入时间滞后

检察监督能否取得实效，关键要看设定的监督程序是否合适，运转是否顺畅。未成年人受监护侵害的案件中，大多数情况下涉及刑事犯罪，在刑事案件提起公诉、定罪量刑后，再将此作为撤销监护人资格的证据，可以理解为以刑事诉讼程序的完结为前提，启动监护撤销程序。因此，在未成年人受监护侵害案件进入诉讼程序前，检察监督仍处于缺位状态，前者应以事前监督预防为主，而不应以事后监督为主，① 将未成年人监督与传统的未成年人监督区别开来。不得不说，诉前检察监督没有设立是一个很大的缺陷，也是一个遗憾。② 如上海市嘉定区人民检察院支持起诉变更监护人案，检察机关获悉

① 参见史卫忠：《新时代未成年人司法——以未成年人检察发展为视角》，载 https：//mp.weixin. qq. com/s/INQ9wUcN2YL9Y5LSZX8rQA。

② 参见胡思博：《民事诉前检察监督的缺失与展望》，载《中国检察官》2014 年第 3 期。

案情后，通过走访民政部门、居委会了解情况、将犯罪线索移送公安机关、督促立案等方式，对该案进行立案侦查。随后，检察院就监护人监护能力调查、提供法律援助等问题召开了未成年人抚养权座谈会。尽管这些方式已在个案中产生了实际效果，但检察机关推行的这些方式，在检察监督中并非都是一个范式。实践中，未成年人检察监督仍然以传统的事后监督方式为主，一般依当事人或者有关社会团体的申请介入，介入时机滞后，此时未成年人的合法权益往往已经实际遭受损害，难以有效弥补。这种未成年人权益发生损害的不可逆性要求检察监督不能局限于事后监督。要彻底转变理念，做到主动监督、过程监督、同步监督，最大限度地把司法保护送到未成年人身边。

（二）检察机关参与未成年人监护监督的措施不完备

1. 检察监督形式单一

未成年人检察监督范围主要是未成年人人身权益和财产权益的保护，监督方式也偏重支持起诉和检察建议，其他监督方式运用较少，更多的是对个案监督。理论上，检察监督的形式应当对应相应的未成年人监护侵害类型，厘定未成年人监护检察监督的前提在于界定监护侵害的概念。《未成年人保护法》第 17 条规定，“未成年人的父母或者其他监护人不得实施下列行为”①，监护侵害行为既包含侵害身体健康、心理健康的行为，也包含侵害财产权的行为。鉴于“最有利于未成年人”的原则，对未成年人的监护应当包括人身监护和财产监护两个部分，人身监护涉及对身心的教育、保护和看管，财产监护涉及对财产的使用、收益、处分和管理。因此，笔者认为，监护侵害行为是指针对未成年人的身心权利、财产权益等合法权益，由父母和其他监护人以作为或不作为的方式实施的侵害行为。

检察监督的方式也应该有不同的样态，针对不同的监护侵害类型。但在司法实践中，检察监督的方式和形式相对单一，主要是针对侵害未成年人监

---

① 例如，其第 1 项至第 9 项关于侵害未成年人的身心权益，第 10 ~ 11 项涉及侵害未成年人的财产权益。

护行为的实施，要么通过督促履行法定义务、社会救助等方式，要么借助支持起诉来撤销监护人的监护资格。所以，对现有的检察监督，一方面，处于事后监督，对未成年人合法权益的及时维护，其滞后性是很难做到的；另一方面，其单一性不能有效保护未成年人的合法权益，没有对不同种类的侵害监护行为开展有针对性的检察监督。为此，有学者提出“刑事附带民事诉讼可以为同步解决监护侵害案件中的犯罪认定与撤销监护人资格提供一体化平台”，针对“实施违法犯罪行为”这一严重的监护侵害行为，建议“在司法层面探索国家介入未成年人监护事务、推动落实国家责任理念的新路径”[①]。

2. 缺乏刚性监督手段

在现有的检察监督方式中，支持起诉这一较为成熟的检察监督也有不同的模式。在未成年人监护侵害案件中，检察机关派员出庭是其中一种检察监督方式。检察机关支持起诉主要归纳为三种模式：（1）简易参与模式，即检察机关只派人出庭宣读支持起诉意见书，或者只提交书面支持起诉意见书；（2）部分参与模式，即在法庭辩论环节发表支持起诉的意见，在法庭调查阶段出示检察机关收集的证据；（3）全面参与模式，即检察机关派员全程参与法庭调查和法庭辩论，发表支持起诉的意见。[②] 支持起诉实践中的三种检察监督模式，都未能体现检察监督的刚性。检察机关在其他具有申请资格的主体放弃起诉撤销监护的情况下，向民政机关发出了检察建议书，但法律并没有规定民政机关在收到检察建议书而没有起诉撤销监护的情况下，是否需要承担相应的责任，应该如何处理。检察机关的支持起诉机制在起诉没有被提起的情况下就没有了用武之地。另外，如果法院不让检察机关参与法庭调查、法庭辩论，不让检察机关出示证据，不让检察机关发表意见，检察机关支持起诉的三种模式就很难实现。这说明，检察机关在监督侵害未成年人监护工作中的参与度还存在不足。

① 何挺：《论监护侵害未成年人与监护人资格撤销的刑民程序合一——以附带民事诉讼的适用为切入点》，载《政治与法律》2021 年第 6 期。

② 参见徐清、徐德高：《检察机关支持起诉面临的困境分析》，载《人民检察》2007 年第 20 期。

3. 缺乏监督考察期限

检察机关开展未成年人监护案件监督检查工作主要有以下两种案件：一是涉及撤销、转移监护的未成年人抚养权诉讼案件；二是出现了足以撤销抚养权但尚未撤销的事由，下一步将有可能面临抚养权被撤销情况的案件。实践中，检察机关探索出附条件不撤销抚养权和监督检查抚养权工作机制，[①]在办理侵害未成年人刑事案件过程中，与民政部门共同探索。未成年人监护人徐某在因遗弃儿子被撤销其监护权后，经训诫教育，真诚悔罪，表示愿意继续履行监护职责。同时，检察机关决定在附条件暂不撤销对徐某的监护权后，通过实地走访调查，确认了徐某的家庭监护意愿和监护能力，遂对其实施异地监护3个月的调查。最终决定由徐某继续作为未成年人的监护人，通过座谈听取考察组成员的意见。

该案检察机关考虑到亲生父母对未成年人的无可替代性，以及将来有回归亲情的可能，在检察机关主导的同时，决定将受侵害的未成年人继续交由徐某暂时抚养，并给予其一段考察期的附条件不撤销监护权，适用监护监督考察制度。调查期间，徐某的监护能力、目前状况、亲属关系修复等情况，由检察机关全面监督评估，最终决定是否撤销对徐某的监护。然而，各地检察机关监督未成年人监护调查的期限标准不一，不利于未成年人权益保护效果最大化，目前亦尚无法律文件明确规定具体监督调查期限。

（三）检察机关参与未成年人监护监督的对接机制匮乏

检察机关作为法律监督机关，与其他有监护职责的政府部门共同参与未成年人保护工作，是未成年人监护侵害案件监督工作中的重要角色。限于参与主体之间的协调配合还处于摸索阶段，加上缺乏明确的法律条文作支撑，原有的监管制度设计的有效性在一定程度上打了折扣。

根据《关于依法处理监护人侵害未成年人权益行为若干问题的意见》（以

① 参见丁慧洁、徐丽春：《未成年人监护监督考察制度中检察机关的地位与作用》，载《青少年犯罪问题》2021年第1期。

下简称《意见》）和《未成年人保护法》的规定，各单位被赋予保护未成年人合法权益的职责，包括公安机关、检察机关、人民法院、民政部门、基层组织、未成年人救助保护机构、儿童福利机构等，但并未明确其当事人之间的权限分工和协调配合，从而使齐抓共管的保护工作格局设计成为泡影。[①] 如《意见》对公、检、法的协调配合，基本都是以粗线条的表述来确定各参与方的责任。[②] 检察机关与其他有关单位之间、地方检察机关与异地检察机关之间、检察机关内部与其他检察部门之间的协调配合，在未成年人监护侵害案件检察监督实践中也处于摸索之中，没有形成统一规范的协调机制。体现在具体案件中，检察机关在办理监护侵害案件的“骆某、楼某监护侵害案”[③]中，委托未成年人居住和常住地检察机关开展异地协管帮扶；在办理“徐某、常某”拐卖儿童案件[④]中，针对3名待指定监护人家庭的监护能力、抚养意愿、家庭背景等情况，分别委托三地检察机关开展异地协作社会调查工作和调查评估，并就指定监护工作提出倾向性意见。但各地根据当地实际情况采取的做法依然不尽相同，由于缺乏相应的对接机制和信息共享机制，社会力量发挥各自优势、形成合力存在一定的障碍，从而导致跨地区、跨机构的协作和资源衔接机制不健全，在涉及异地考察、社会参与未成年人司法保护等方面的综合效益受到影响。因此，需要通过立法或司法解释规范监护侵害案件中未成年人权益的有效保护，这是一项合力推进的系统工程。

---

① 林艳琴：《我国未成年人监护制度的理论与实践》，中国法制出版社2017年版，第33页。

② 《意见》第3条第5款规定：“人民检察院对公安机关、人民法院处理监护侵害行为的工作依法实行法律监督。”第5条规定：“人民法院、人民检察院、公安机关、民政部门应当加强与妇儿工委、教育部门、卫生部门、共青团、妇联、关工委、未成年人住所地村（居）民委员会等的联系和协作，积极引导、鼓励、支持法律服务机构、社会工作服务机构、公益慈善组织和志愿者等社会力量，共同做好受监护侵害的未成年人的保护工作。”

③ 参见《最高人民检察院第九检察厅关于印发〈监护侵害监督典型案例〉的通知》。

④ 参见丁慧洁、徐丽春：《未成年人监护监督考察制度中检察机关的地位与作用》，载《青少年犯罪问题》2021年第1期。

四、检察机关参与未成年人监护监督的完善建议

（一）建立检察机关参与未成年人监护监督的全程性运行机制

检察机关应当建立全程性的检察监督机构，参与未成年人司法保护的全过程。所谓全程性，就是检察机关全面参与未成年人监护侵害案件，其检察监督既要触及诉中、诉后直至案件终结，又要延伸到诉前阶段，是对未成年人监护侵害案件的全面介入。未成年人监护侵害案件全程性检察监督分为诉前、诉中、诉后三个阶段，具体从最高人民检察院第九检察厅2020年3月20日公布的“监护侵害监督典型案例”中可以了解到。由于阶段的差异，监督职能也应该有一定的不同。

从诉前检察监督来说，要从被动到主动转变监督观念。诉前检察监督，一般是指检察机关代表国家督促监护人积极履行监护职责，对侵害未成年人的监护行为进行干预后，才进入诉讼程序的案件。抚养权撤销诉讼属于严厉的干预措施，检察机关在诉前督促、建议监护人履行抚养权的权利义务，制止侵害行为，在侵害事实发生前或发生后的短时间内进行。就诉中检察监督而言，是指检察机关对诉讼活动的过程进行监督。[①] 将检察机关的诉中检察监督确立为贯彻落实到未成年人监护案件监督领域的民事诉讼法，在现行的诉中检察监督工作中同样需要不断改进。就诉后检察监督而言，对未成年人监护的监督，要保证社会救助与社会宣传的并行不悖，是指诉讼案件裁判生效后，未成年人监护权被撤销的监督。一方面，要通过政府购买服务、检察机关与社会机制联动、加强指导配合等方式，形成社会救助合力，依靠社会组织、民间团体、爱心人士等社会资源，切实解决场地、人员、资金等基础性问题，实现国家监护与社会监护的兼容并蓄、互为补充。另一方面，要通过法治宣传、预防犯罪宣传等多种方式，整合力量，将社会宣传的合力向学校、社区、家庭等多个层面拓展，及时纠正部分未成年人老旧落后的监护观念。

检察机关对未成年人监护案件的监督，因其特殊性而应该全方位激活。

---

① 参见汤维建：《民事诉中监督的立法进步》，载《检察日报》2013年6月25日。

检察机关履行监督职能方面必须有更为积极的责任担当，在充分挖掘线索的基础上，主动依职权监督。检察机关应该与民政部门、司法部门及居民委员会、村民委员会等基层组织加强沟通，使各个职能部门的职能机制衔接起来，从而实现未成年人监护责任落实零死角，监护责任监管落实贯穿事前、事中和事后全过程。

（二）完善检察机关参与未成年人监护监督措施

1. 厘清以检察建议为载体的监督体系

检察建议是检察机关在未成年人监护领域发挥法律监督职能的重要实现途径之一。从 20 世纪 50 年代开始，检察建议经历了从“一般法律监督”到“社会综合管理手段”[①] 再到“法律监督措施”[②] 的过程。“两法”所要求的检察机关法律监督工作的主要内容，既体现了法律监督职能的主要面向，[③] 又通过提出检察建议，对涉及未成年人权益的案件行使检察监督权；既不局限于预防犯罪工作，也不局限于诉讼活动。虽然食品安全公益诉讼中可能涉及未成年人案件，但总体上并没有专门针对未成年人监护案件的检察建议，特别是在诉前阶段，检察机关的法律监督职权呈现弱化甚至虚置化的现象，最高人民检察院于 2019 年发布的《人民检察院检察建议工作规定》设置了 5 类检察建议。笔者认为，具体到涉及未成年人监护的案件，应以检察建议为载体，以多项监督方式，构建诉前阶段多元化的检察监督体系。

未成年人监护案件包括抚养、照料、保护等多个方面，涉及的事项相对稳定，相关事项相对集中。结合这类案件的特点，检察机关在采取“督促监护令”“督促撤销、变更监护权令”等多项监督措施的基础上，对这类案件的监督方式要结合不同的案件情况，实行不同的监督手段，具体指检察机关对此类案件的监督采取以案说法、个案个办的方式，有针对性地开展工作。具

---

① 参见王桂五：《中华人民共和国检察制度研究》，法律出版社 2008 年版，第 403 页。

② 参见高景峰、吴孟栓、米蓓：《〈人民检察院检察建议工作规定〉理解与适用》，载《人民检察》2019 年第 8 期。

③ 参见张勇：《中华人民共和国未成年人保护法释义》，中国民主法制出版社 2021 年版，第 323 页。

体如下：

（1）在现有“督促监护令”的基础上，发出检察建议。

（2）对于忽视照料或侵犯监护的，以“撤销、变更监护令”为内容，发出检察建议。检察机关针对有监护义务的个人或单位实施侵害行为或未履行监护义务的情况，应当亲自开展或制作检察建议书，督促提出撤销监护的申请，支持有关个人或组织在适当情况下向法院提起撤销监护人资格的诉讼。

（3）对于实施暴力行为的，以“人身安全保护令”为内容，发出检察建议。检察机关针对受监护侵害的未成年人遭受暴力侵害的情况，以施暴者为对象，提出检察建议，严禁暴力侵害。不过，由于人身安全保护令实际上是法院在审判过程中制定并颁布的禁止令，因此，检察机关可以予以参考。

（4）对于侵害未成年人财产的，以维护未成年人财产为内容，发出检察建议。

2. 增设检察机关为未成年人监护权撤销诉讼的申请主体

目前，撤销申请主体地位的个人和组织中，有不少是法律规范赋予未成年人的监护权，但其中缺少检察机关的身影。尽管《未成年人保护法》规定，在尚未触及公共利益的情况下，现行规定并未赋予检察机关直接提起申请撤销监护人资格诉讼的权利，但在未成年人合法权益受到侵害的同时，涉及公共利益的，检察机关可以提起公益诉讼。《意见》也把撤销未成年人监护权案件检察机关的定性定为辅助性，实践中的惯常做法也是检察院向民政部门提出关于监护人失格行为的检察建议，对撤销监护权案件起到辅助和监督作用。[①]

但这种将检察机关排除在申请撤销未成年人抚养权主体行列之外的做法，对发挥这一系统的作用形成了很大的制约。一方面，检察机关是国家司法机关，对诉讼流程、诉讼程序十分熟悉，申请人严重侵害被监护人的身心健康已经严重到了犯罪程度，更重要的是，案件的认定内容完全在检察机关的职

① 参见梁春程：《公法视角下未成年人国家监护制度研究》，载《理论月刊》2019 年第 3 期。

能范围之内，对被申请人的行为现实中涉及撤销抚养权案件的检察院与调查被申请人刑事案件的检察院大概率是同一个检察院，这时，该检察院对这起案件已经有了充分的认识，能够把有关的证据拿出来，促进撤销抚养权的官司能够顺利进行。另一方面，从检察机关提出检察建议到民政部门提出撤销申请再到作出判决，不难发现，在对案件的研究中，往往要经历相当长的一段时间，对未成年人遭受侵害或处于困境中的他们来说，不利于他们安稳地生活。

在国家公权力介入未成年人监护监督体系已是我国乃至众多法治国家趋势的当下，符合现阶段检察机关职能定位，能够最大限度保护未成年人权益不再受到来自监护人的侵害。[①] 在未成年人监护撤销案件中，本身具有的监督职责和司法性质的检察机关成为申请主体，彰显了国家责任的理念。因此，检察机关应当从提高撤销监护资格诉讼效率的角度，从发挥司法机关的实质作用的角度，从顺应监护公法化趋势的角度，从最有利于未成年人的原则出发，对申请主体给予资格认定。实践中，我国各级检察机关内部设有专门的未成年人检察机构，笔者认为，可以将该内设机构进一步明确为监护监督主体，由其依法向法院提起未成年人监护权撤销诉讼。明确检察机关直接申请起诉的法律定位，也可以切实减少因保护未成年人利益受到阻碍或拖延的情况发生，进而使他们的合法权益得到更好的保护。

3. 设置检察机关监督考察的具体期限

未成年人的监护人实施了监护侵害行为，包括侵害未成年人合法权益或对被监护人实施违法犯罪行为，导致产生附条件不撤销监护权或未成年人监护权发生撤销或转移的后果。在这类情况下，需要综合评估监护人对未成年人合法权益的侵害程度、修复可能等，对有悔改表现的监护人，在征询未成年人意见后，为其设置一定期限的考察期。设立一定期限的监督检查，一方面是为了保证未成年人的成长环境最有利于自身，从未成年人利益最大化的原则出发；另一方面是为了防止未成年人受到监护人二次侵害

① 参见陈爱武：《论家事检察公益诉讼》，载《国家检察官学院学报》2020 年第 28 期。

的可能。

具体期限可参照通常不少于6个月的附条件不起诉审查期限。对考察期间确有好转的，为维护未成年人家庭结构稳定和成长环境，定期做好跟踪回访工作。此外，还可以建立定期报告制度，要求监护人每月报告未成年人基本情况，并定期报告监督情况，以保证监督权力的有效行使。检察机关还需要对监护人履行监护职责的能力以及改善亲子关系的情况定期了解，监督其进展情况并进行动态评估，适时调整检查措施和教育计划。结束后，为便于检察机关综合评估监护人的监护资格和监护能力，制作监督审查报告，写明监护人审查期间适用的审查期限和教育帮助措施，记录其行为表现，说明监护义务是否有效履行并说明理由。

（三）强化检察机关参与未成年人监护监督的对接机制

1. 建立“政府主导型”监督考察网

作为未成年人司法保护工作的一部分，未成年人监护监督是一项专业化的社会服务，需要专业化、独立运作的机构支撑，未成年人监护监督体系涉及的主体广泛、社会关系多，具有一定的社会化属性，因此，这一体系不可能依靠检察机关或民政部门单独完成。目前，在监护侵害案件的处理上，各地检察机关与民政部门等其他参与主体进行了积极探索，但现有法律并没有明确规定两者之间的配合协调方式、程序、时限等。因此，明确检察机关在未成年人监护侵害案件监督中与其他参与主体的分工与配合，可以在现有法律框架下进行司法解释，也可以增设新的法律条款。同时，完善法律条文要遵循司法与社会分工协作不能偏废的基本原则，即“司法的归司法，社会的归社会”①。笔者认为，可以建立由政府主导的监督考察网，集中社会相关组织和个人的力量监督监护人履行职责，严格落实强制报告制度。

以上海市普陀区人民检察院的检务监督机制为例。检察机关发现侵害未

---

① 参见丁慧洁、徐丽春：《未成年人监护监督考察制度中检察机关的地位与作用》，载《青少年犯罪问题》2021年第1期。

成年人监护的案件，经调查符合撤销监护权的，应当积极支持起诉或者督促起诉，并通知未成年人救助保护机构或者安置未成年人的儿童福利机构。对侵害未成年人监护的案件，鉴于家庭功能的不可替代性，在一定期限内暂不撤销或变更监护权利，对监护侵害程度较轻，但悔改意愿明显，确有回归家庭可能的，将视情况重新确定监护对象，并明确监护责任主体。[①] 负有调查责任的主体在法定期限内可开启抚养权撤销程序，与安置、救助等责任主体形成畅通的社会救助渠道，预防发生监护二次侵害或者存在的监护二次侵害。

2. 建立跨区域信息共享平台，加强异地协作和配合

考虑到司法实践中涉案未成年人居住地与检察机关管辖区域不一致时的情况，为全面推开未成年人监护调查工作打开局面，创造更优条件，检察机关在开展监护监督调查工作过程中，需要加强异地协作配合，增进共识，打通渠道。笔者认为，可以采取“委托考察＋实地考察”的模式。一般情况下，为提高办案效率，可以采取委托考察，由检察机关和政府在涉案未成年人居住地所在的地方，委托异地检察机关、政府、民政等组织开展监护调查工作。对于确有需要的，可以采取实地考察，由检察机关直接派员到涉案未成年人所在社区进行走访调查。

五、结语

我国关于未成年人监护制度的研究主要集中在监护本身，检察机关在未成年人监护监督制度的参与度方面还存在诸多问题。《未成年人保护法》的修订和新政策、新规划的出台，使检察机关能够更加及时、有效地为未成年人提供保护，检察机关对未成年人保护工作重视程度日益提高，办案机制一体化和保护体系日臻完善。检察机关要在未成年人监护领域发挥有力作用，需要通过分析未成年人监护侵权具体司法保护典型案例，总结检察机关参与监

① 周洪：《安置困境儿童 10 余人　上海普陀检察院构建全方位体系守护受伤“幼苗”》，载上海市青浦区人民检察院官网 2021 年 4 月 14 日，http：//www. shqingpu. jcy. gov. cn/xwdt/jcdt/71706. jhtml。

护监督实践中问题出现的原因并提出具体的制度完善建议。检察机关是国家法律监督机关，维护未成年人这一弱势群体的利益，既是其全面行使检察监督权的题中应有之义，更是一种新的使命。

少年审判

性侵未成年人犯罪精神损害赔偿标准浅析

丛　林　刘煜宇*

内容提要：随着上海市静安区人民法院作出的全国第一例性侵未成年人精神损害赔偿判决的生效，各地司法机关积极开展相关探索，标志着我国刑事司法领域精神损害赔偿已拉开新的篇章。为避免司法机关在实务中出现标准和尺度不统一的问题，应对性侵未成年人犯罪精神损害的认定标准和赔偿金额的计算依据进行明确规定，将"最有利于未成年人"原则贯穿司法全过程。

关键词：性侵未成年人犯罪　精神损害赔偿　最有利于未成年人

自2021年公布的《最高人民法院关于适用〈中华人民共和国刑事诉讼法〉的解释》（以下简称《新刑诉法解释》）第175条第2款规定"因受到犯罪侵犯，提起附带民事诉讼或者单独提起民事诉讼要求赔偿精神损失的，人民法院一般不予受理"以来，学术界和实务界便围绕刑事案件能否要求精神损害赔偿展开了激烈争论。

支持者认为，《新刑诉法解释》第175条第2款新增的"一般"一词意即不排除特殊情形下可以受理。这为提起刑事附带民事诉讼或者单独提起民事

---

* 丛林，法学博士，四川省成都市人民检察院第九检察部主任。刘煜宇，法律硕士，四川省成都市双流区人民检察院未成年人检察部检察官助理。

诉讼请求精神损害赔偿开了一道口子，人民法院不再是绝对不予受理，允许司法机关在职责范围内展开相关实践探索。

反对者认为，《新刑诉法解释》第 175 条第 2 款的表述与 2012 年公布的《最高人民法院关于适用〈中华人民共和国刑事诉讼法〉的解释》第 138 条规定相比虽略有妥协，但其基本意思没有变化，依然排斥对刑事犯罪提起精神损害赔偿，依据刑事法律对犯罪行为人定罪处罚本身就是对被害人精神方面最好的“平复”和“抚慰”。

2021 年 5 月 28 日，上海市第二中级人民法院就“牛某某强奸案”作出刑事附带民事裁定，驳回上诉，维持静安区人民法院所作出的“判决被告人牛某某犯强奸罪，判处有期徒刑十年，剥夺政治权利一年，一次性赔偿附带民事诉讼原告人张某某精神抚慰金人民币三万元”的判决，在实务界为刑事案件能否要求赔偿精神损害的争论画上了“休止符”。河北、江苏、浙江、福建、江西、山东、河南等地检察机关支持性侵害案件未成年被害人主张精神损害赔偿也都获得了法院支持，浙江湖州检察机关还成立了以民事支持起诉职能为内核的未成年被害人心理评估支持中心。[①] 自此，争论的焦点从刑事案件能否要求精神损害赔偿变为何种案件能够提起精神损害赔偿、精神损害的认定标准及赔偿金额的计算依据。本文在此仅对实务界中已明确可适用精神损害赔偿的性侵未成年人犯罪的适用必要性、精神损害的认定标准及赔偿金额的计算依据进行探讨，以期可供司法机关在实务过程中参考使用。

一、性侵未成年人犯罪适用精神损害赔偿必要性分析

（一）是“最有利于未成年人”原则的现实体现

作为保护未成年人权利纲领性原则的“儿童利益最大化”原则，这项国际准则在指导各国处理涉及儿童的刑事司法活动时，要求均以未成年人利益

---

① 参见最高人民检察院：《未成年人检察工作白皮书（2021）》，载《检察日报》2022 年 6 月 2 日，第 6 版。

最大化作为首要考量。[①] 作为其本土化表述的“最有利于未成年人”原则，2013年印发的《人民检察院办理未成年人刑事案件的规定》首次在国家司法层面中进行明确，此后司法机关在实践探索中将其内涵由“保障未成年犯罪嫌疑人、被告人和未成年罪犯的合法权益”扩展为“保障所有涉案未成年人的合法权益”，最终写入2021年6月1日起正式施行的《未成年人保护法》总则部分，成为我国保护未成年人的基本原则。未成年人处于家庭、学校、社会、政府的保护当中，其对外界的认知是善意的、美好的，且其“三观”尚未完全形成，对于社会的阴暗面也没有足够的心理准备和预期，其心理承受能力较成年人更为脆弱、恢复能力更差，因此在性侵案件发生后，未成年人普遍更难从性侵犯罪中走出来，也更难回到以往平静的学习生活之中。性侵案件中，情节恶劣、危害后果严重的性侵会给未成年人及其家庭带来长久的痛苦与伤害，且未成年被害人产生严重心理问题的可能性是常人的2～4倍。[②] 据国外研究数据表明，未成年人在童年时期遭受性侵所引起的心理和生理伤害将会延续至成年甚至更久，儿童性虐（CSA）对被害人造成的心理影响包括创伤后应激障碍、精神问题、人际交往问题、自杀行为等，并且在受到性侵的10年后，被害人会比普通人群呈现出更多的身心健康问题，心理方面呈现的焦虑和压力会对身体某些免疫细胞造成影响从而引发慢性生理疾病。[③] 故性侵案件的未成年被害人要求犯罪行为人赔偿所受到的精神损害是合法、应当的。

（二）是基于性侵犯罪特殊性的必然要求

“礼”作为中国价值体系中的核心因素，贯穿于中华伦理的发展中，现如今已成为我国人际交往和社会秩序的基本原则，以其为代表的中华传统文化

---

① 参见宋英辉、李娜：《儿童利益最大化原则在刑事诉讼中的贯彻》，载《中华女子学院学报》2022年第2期。

② 参见［美］巴特尔等：《犯罪心理学》（第7版），杨波等译，中国轻工业出版社2017年版，第286－287页。

③ 参见王译萱：《浅析性侵未成年人犯罪精神损害赔偿——以刑事附带民事诉讼程序为切入点》，载《湖北经济学院学报（人文社会科学版）》2022年第5期。

更是经历数千年的积淀与传承后成为中华民族的精神载体。然而，“礼”既有精华亦有糟粕，自程朱理学提出“饿死事小，失节事大”的观点后，“贞洁”观念逐渐强化并开始泛滥，到明清时期达到顶峰，“女性受辱后自尽”的故事越来越多地出现在史料中并被官府、民间宣传推崇，受辱自尽的女性在袁世凯政府执政时期甚至被冠以“烈女”的名号。中华人民共和国成立以来，在“妇女能顶半边天”口号的宣传、“男女平等”思想的影响和开展“女性解放运动”的作用下，虽然“贞洁”观念得到了相当程度的扭转，但其仍在潜移默化地影响着人们对于“贞洁”和“性”的认知。部分人认为性侵案件被害人应当采取自杀、自残等极端行为来“以证清白”，至少也应茶饭不思、郁郁寡欢，而在性侵案件后未外在表露出上述行为的被害人，在他们看来反而是不正常、有问题的，从而得出其被侵害必然有其自身原因的荒谬判断。

与其他犯罪不同，性侵犯罪除像其他侵犯公民人身权利犯罪一样可能会给被害人造成身体和精神上的伤害外，我国几千年来的“性羞耻”文化和认为不贞洁女性有“罪”的“贞洁”观念构成的社会集体潜意识导致未成年人被性侵后存在其社会评价因此降低的可能。遭遇性侵后，被害人往往处于惊吓、恐慌、自责、“羞耻”之中，很多被害人甚至因难以接受现状而厌世轻生。长久以来，社会中将性侵案的矛头指向受害者，对性侵案件中的女性受害者施加“受害者有罪论”的舆论逆流层出不穷，更是对当事人的身心和名誉造成了更大的二次伤害。[①]“性羞耻”文化和“贞洁”观念的存在一方面会导致未成年被害人自行给自己施加精神压力，另一方面也可能会导致周围的人在“受害者有罪论”错误思想的影响下，认为未成年被害人被侵害有其自身不检点的原因，从而给未成年被害人造成名誉上的严重困扰。实践中，犯罪行为人多通过赔偿被害人获得谅解的形式承担给未成年被害人造成精神损害的责任，不愿赔偿的，法院普遍支持未成年被害人提出的支付心理治疗费的诉求。然而，一方面，性侵行为给未成年被害人造成的精神损害往往是激

---

① 参见陈琦：《“受害者原罪论”：性侵案网评中的符号暴力与舆论失范》，载《当代传播》2018年第6期。

发性、持续性、不可逆的，法院仅判决犯罪行为人支付未成年被害人的心理治疗费并不能完全覆盖未成年被害人总的支出。另一方面，心理治疗普遍情况下并不能完全将未成年被害人的精神状态恢复到受侵害之前，且即使可以恢复，未成年被害人在这段时间内所遭受到的精神痛苦也是客观存在的。故性侵案件的未成年被害人要求犯罪行为人赔偿所受到的精神损害是合理、必要的。

（三）是延续我国传统法律文化观念和响应人民呼声的应有之义

性侵犯罪作为最古老的犯罪行为之一，自国家的概念形成以来，中华民族历朝历代均对犯罪行为人施以严厉惩罚，如夏朝的《禹刑》中即有“宫辟五百”的记载。[①] 随着我国古代法律的逐渐完善，明清时期对于性侵犯罪的惩罚达到顶峰，《大明律·刑律·犯奸》规定：“强奸者，绞。未成者，杖一百，流三千里”“奸幼女十二岁以下者，虽和，同强奸论”。《大清律例》规定：“如强奸十二岁以下、十岁以上幼童者，拟斩监候；将未至十岁之幼女诱去强行奸污者，照光棍例，斩决。”在数千年严厉打击性侵犯罪的传统司法观念和人民在该司法观念影响下形成的对于性侵犯罪的强烈排斥、愤慨认知作用下，媒体报道的每起性侵犯罪均引起舆论的广泛关注，认为我国现行法律对于犯罪行为人惩罚过轻和对被害人权益保护不足的呼声越来越高。对被害人而言，即便犯罪行为人所受到的刑罚再重，其因性侵犯罪所遭受到的伤害是客观存在、无法挽回的，故我国法律更应当在被害人权益保护方面展开积极探索。因此，以性侵未成年人精神损害赔偿为突破口，进而探索性侵犯罪精神损害赔偿是紧迫的，也是符合人民期待的。

（四）是我国司法发展规律的必经阶段

作为成年人司法“试验田”和先行者的少年司法，向来在我国法律规定

---

① 即对五百人施以“宫刑”，《汉书·刑法志》对“宫刑”的解释为：“宫，淫刑也；男子割腐，女子幽闭。”

的范围内先行先试、积极探索，相关制度机制成熟稳定后再逐步适用于成年人司法。以附条件不起诉为例，作为一项自下而上推动的刑事制度，从1992年起，该制度的相关试点工作已在各地逐渐推开，这种呈现区域性和地方性的司法实践探索和应用在此后的20年间从未中断。[①] 2012年修正的《刑事诉讼法》将这一已成熟、稳定的制度在立法层面确立后，各地检察机关开始探索将附条件不起诉适用于其他司法领域。2021年4月最高人民检察院下发的《“十四五”时期检察工作发展规划》强调要将探索构建企业犯罪附条件不起诉制度作为工作重点，便是对少年司法在我国法律框架内勇于探索创新精神的最大褒扬和肯定。故在《新刑诉法解释》第175条第2款新增“一般”一词为因犯罪侵犯要求精神损害赔偿提供了法律依据，我国现行法律已对刑事案件要求精神损害赔偿“松绑”的情况下，少年司法发挥先天优势，对性侵未成年人精神损害赔偿进行探索，形成相关司法经验及制度机制后逐步适用于成年人司法领域是最合适、符合我国司法发展规律的。

二、域外刑事犯罪精神损害赔偿制度实践探索

（一）英美法系国家刑事犯罪精神损害赔偿制度探究

作为以判例法为显著特色的英美法系国家，英国与美国对精神损害赔偿的规定大多以单独立法和判例的形式出现。

英国在1972年的《刑事审判法》中规定，犯罪行为给被害人造成人身和心理伤害时，犯罪行为人要作出一定的赔偿，此处“一定的赔偿”便可认定为“精神损害赔偿”在法律上的另一种表述。1976年的《不幸事故法》对精神损害赔偿作出了更为详细的规定，将死亡痛苦、寿命缩短、社交损失及家属痛苦纳入侵害生命权应当赔偿的非财产损失范畴。近年来，英国可请求精神损害赔偿的范围越发宽泛，如故意在精神上加以迫害、干扰甚至骇人的恶作剧等均可请求精神损害赔偿。英国根据案件的种类发展出固定的赔偿办法，

---

① 参见朱捷：《附条件不起诉监督考察制度实证研究——以W市为分析对象》，西南政法大学2014年硕士学位论文。

并参考社会普遍化标准得出最终的估算金额。其司法人员培训委员会自1992年起编辑出版并不断更新内容的《人身伤害之一般损害评估指南》包括各类案件中法院判定的赔偿数额，该指南已成为人身伤害案件中非金钱损害评估的重要工具。①

20世纪40年代，美国法律学会明确承认了心理痛苦赔偿制度，即我们通常所讲的精神损害赔偿制度。② 在美国提起精神损害赔偿须在刑事诉讼终结后进行，刑事审判结果与民事判决之间相互独立、互不关联。刑事诉讼就犯罪行为人所犯罪行进行宣判处罚，民事诉讼就犯罪行为人给被害人及其家庭所带来的物质和精神上的损害进行赔偿。③ 因美国独特的政治体制，其精神损害赔偿金额的计算尤为复杂。美国法律对单独精神损害项目的最高赔付额和所有精神损害赔偿金的最高赔付额分别进行了规定，在精神损害赔偿金额计算方面，部分州采取成本计算法，即精神损害赔偿金额基于被害人为避免损害所付出的成本计算，部分州采取医疗费比例赔偿法，对当前和后续治疗所需花费进行计算并按一定比例（通常为3～4倍）确定精神损害赔偿金额，部分州采取日标准赔偿法，以日赔付额×原告预估可存活天数得出总额，日赔付额由陪审团裁断。

（二）大陆法系国家刑事犯罪精神损害赔偿制度探究

大陆法系国家普遍以立法的形式支持以刑事附带民事的方式请求精神损害赔偿，同时亦可单独提起民事诉讼。

作为最早以成文法形式确立精神损害赔偿制度的法国，其民事法律和刑事法律中都对犯罪行为导致的精神损害赔偿进行了规定。《法国民法典》第1382条规定任何人的行为导致他人受到损害，均应承担相应的赔偿责任。《法国刑事诉讼法典》第3条规定："民事诉讼可以和刑事诉讼一同进行，并由同

---

① See Harvey Mcgregor on Damages, London: Sweet&Maxwell, (17th ed.) 2003, p. 1300.

② 参见徐爱国：《英美侵权行为法》，法律出版社1999年版，第45页。

③ 参见任韧：《关于建立刑事被害人精神损害赔偿制度的探析》，载《江西警察学院学报》2016年第1期。

一法院管辖审理，一切由犯罪行为人的犯罪事实所导致的包括物质上的、身体上的、精神上的损害损失而提起的诉讼，法院均应该受理。”① 在精神损害赔偿金额计算上，法院对判例进行归纳整理后按照案件种类对精神损害程度进行了等级认定，从而对数额加以限制，精神损害赔偿具体金额的计算更大程度上取决于法官的自由裁量。

与法国不同，德国在早期极力反对精神损害赔偿，认为这是将人格商品化，是对人格的侮辱。“二战”后人权的兴起和司法实践相关问题的不断凸显，德国极力反对精神损害赔偿的态度也不断松动，最终于 2002 年颁布的《关于修改损害赔偿法规定的第二法案》中建立了完备的精神损害赔偿制度。《德国刑事诉讼法》第 3 条规定，对犯罪行为人给被害人造成的损害后果提起诉讼的，法院都应当受理。第 395 条规定，对于因犯罪行为受到的伤害，被害人或者其继承人可以提出财产权之类的请求。尽管上述条文并未明确表述被害人可提出精神损害赔偿，然就德国法律体系、司法实践来看，精神损害赔偿已被囊括其中。在赔偿金额的计算方法上，德国注重精神损害赔偿对被害人的填补和抚慰作用，使损害赔偿与被害人所受损失相适应，并且因赔偿使被害人获得足够满意的程度。②

（三）域外司法实践对我国性侵未成年人精神损害赔偿相关启示

法学应该是权利之学，把权利作为法学最基本的范畴，以权利论为法学的理论基石，有助于克服重刑轻民、重义务轻权利的法律传统。③ 近年来，人们逐渐认识到，在预防犯罪过程中被害人不再只是一个被动的客体，而是一个积极主体，不能只强调罪犯的人权，要充分肯定和坚决保护被害人的人

---

① 《法国刑事诉讼法典》，中国政法大学出版社 1997 年版，第 5 - 7 页。

② 参见刘涛：《刑事附带民事诉讼中精神损害赔偿问题研究》，吉林财经大学 2021 年硕士学位论文。

③ 参见卞文：《商品经济、民主政治的发展与法学的重构——法学基本范畴研讨会纪实》，载《当代法学》1988 年第 3 期。

权,[①] 刑事法律关系逐渐向“犯罪行为人—被害人—国家”三元模式转变，在刑事司法过程中既要考虑对犯罪行为人予以刑事处罚以维护社会稳定和预防犯罪，同时也应考虑被害人因犯罪所遭受到的物质和精神损害。在目前全球大多数国家均已认可精神利益、建立刑事犯罪精神损害赔偿制度保障被害人合法权益的前提下，在我国《新刑诉法解释》为因犯罪侵犯要求精神损害赔偿提供了法律依据、实务界已成功办理性侵未成年人精神损害赔偿案件的基础上，立足我国国情明确被性侵未成年人精神损害认定标准及精神损害赔偿标准，并逐渐探索其他领域刑事犯罪精神损害赔偿的工作已可稳步推进。这是更好地保护权利主体的人格权的需要，也是使我国法律制度日益完善，适应国际社会发展的具体需求。[②]

三、构建以精神损害事实为主要依据的精神损害认定体系

精神损害，除性侵犯罪本身直接对未成年被害人造成的精神损害事实，如给未成年被害人造成精神疾病，未成年被害人在遭受性侵后实施自杀、自残等行为，性侵犯罪的实施过程及周围因性侵犯罪对未成年被害人产生的负面评价也会持续性地在未成年被害人的精神方面施加影响。故精神损害认定标准应当在以精神损害事实为主要依据的同时，将社会评价、犯罪过程等同样纳入考量范围。

（一）应当进行精神损害赔偿的情形

性侵未成年人犯罪发生后，司法机关在为未成年被害人开展心理辅导工作或未成年被害人自行前往心理治疗时，若心理咨询师、心理医生等为未成年被害人开具了因性侵犯罪遭受严重精神损害或精神疾病的证明，则犯罪行为人当然应当进行精神损害赔偿。在未有上述证明的情况下，存在以下情形

---

① 参见［德］汉斯·约阿希姆·施耐德：《国际范围内的被害人》，许章润等译，中国人民公安大学出版社 1992 年版，第 2 页。

② 参见黄应良：《刑事附带民事诉讼中的精神损害赔偿问题研究》，广西师范大学 2019 年硕士学位论文。

时，同样应当进行精神损害赔偿：一是未成年被害人因性侵犯罪受到了无法治愈的永久性伤害，如肢体残缺、毁容、无法生育等，此情况下，未成年被害人一生都会因性侵犯罪受到永久性的负面影响；二是未成年被害人在性侵犯罪发生后存在自杀、自残等对学习、生活甚至生存造成极大影响的行为。人的行为是思维控制的结果，哪怕无相应心理学和医学证明，亦可证明未成年被害人因性侵犯罪受到严重精神损害。

（二）须综合考虑后决定是否进行精神损害赔偿的情形

在不存在应当进行精神损害赔偿的情形时，则应对以下情形进行综合考虑，最终决定犯罪行为人是否应当赔偿未成年被害人的精神损害：一是性侵行为对未成年被害人的名誉造成困扰的程度；二是性侵犯罪的情节、手段、次数、持续时间等。因每个人的主观感受存在差异，故可用大数据对近年来性侵犯罪中的未成年被害人的精神状况进行分析，从而得到一个拟制的、客观的“理性人”作为一般参照物，对“理性人”遭受不同性侵情形时的精神损害后果进行分析后得出普适性规定。同时，考虑不同未成年被害人的“个性”，允许法院在适当范围内对普适性规定进行相应的调整。

（三）不应当进行精神损害赔偿的情形

不应当进行精神损害赔偿的情形包括两种：一是无法证明犯罪行为人因性侵犯罪受到严重的精神损害；二是犯罪行为人已通过其他形式对未成年被害人进行了赔偿。无法证明犯罪行为人因性侵犯罪受到严重的精神损害，即不满足上述应当或经综合考虑后决定进行精神损害赔偿的情形。在我国司法实践中，犯罪行为人普遍为获得被害人谅解对被害人积极赔偿，恢复性司法的目的是使被破坏的社会关系恢复到被破坏之前的状态，在赔偿金能够覆盖精神损害抚慰金的情况下，同样不应判决犯罪行为人继续进行精神损害赔偿。在赔偿金无法覆盖精神损害赔偿抚慰金时，对于欠缺的部分法院应当支持未成年被害人的诉请。

四、参照民事纠纷相关规定和司法实践制定性侵未成年人精神损害赔偿标准

与刑事犯罪不同，我国民事纠纷精神损害赔偿制度已构建二十余年，2001年出台的《关于确定民事侵权精神损害赔偿责任若干问题的解释》为精神损害赔偿法律规则奠定了基础，2009年出台的《侵权责任法》在法律层面对精神损害赔偿请求权正式确定，2020年出台的《民法典》将违约行为纳入精神损害赔偿范围，标志着我国民事纠纷精神损害赔偿制度的逐渐完善。因我国现行法律并未明确精神损害赔偿的具体标准，仅2020年修正的《关于确定民事侵权精神损害赔偿责任若干问题的解释》进行了概括性规定，[①] 人民法院在司法实践中均已按照概括性规定结合本地实际形成普遍适用的标准。截至目前，人民法院判决性侵未成年人案件犯罪行为人赔偿未成年被害人的精神损害抚慰金普遍为5万元以下，如上海“牛某某强奸案”未成年被害人获赔精神抚慰金3万元、浙江“丁某强奸案”未成年被害人获赔精神抚慰金5万元、广西“陈某某强奸案”未成年被害人获赔精神抚慰金5万元，同普通民事纠纷精神损害赔偿标准大致相等。因此，参照民事纠纷相关规定及司法实践，并结合精神损害的具体情形制定性侵未成年人精神损害赔偿标准，是在我国现行法律框架和司法实践中的最合适路径。在此，笔者根据精神损害程度的不同，进一步将精神损害赔偿标准划分为最高标准、中等标准及最低标准，以供参考使用。

（一）应按照最高标准进行精神损害赔偿的情形

从侵害方式进行分析，尽管性侵未成年人犯罪多采用引诱和欺骗的手段实施，然暴力手段仍占据着一定的比重，犯罪行为人在性冲动的刺激下，为

① 《最高人民法院关于确定民事侵权精神损害赔偿责任若干问题的解释》第5条规定：“精神损害的赔偿数额根据以下因素确定：（一）侵权人的过错程度，但是法律另有规定的除外；（二）侵权行为的目的、方式、场合等具体情节；（三）侵权行为所造成的后果；（四）侵权人的获利情况；（五）侵权人承担责任的经济能力；（六）受理诉讼法院所在地的平均生活水平。”

压制未成年被害人反抗往往不择手段、不计后果。肢体残缺、毁容、无法生育等无法治愈的永久性伤害必然会对未成年人以后的求学、就业、婚姻等造成无法挽回的严重影响，其人生轨迹也会因此发生极大的改变。故此情形作为给未成年被害人造成精神损害的最严重后果，应当按照最高标准对未成年被害人进行精神损害赔偿。

（二）应至少按照中等标准进行精神损害赔偿的情形

在未成年被害人有因性侵犯罪遭受严重精神损害或患精神疾病的证明，性侵犯罪发生后存在自杀、自残等情形时，应至少按照中等标准进行精神损害赔偿。同受到无法治愈的永久性伤害不同，尽管现代医学在精神领域仍有未解之处，上述精神损害仍存在接受相关治疗后痊愈的可能。考虑到接受相关治疗必然要支出一定的费用，且在从严从重从快打击性侵未成年人犯罪的司法实践中，往往未成年被害人提出精神损害赔偿诉讼时，其大多仍在治疗阶段甚至尚未开始接受治疗，为治疗精神损害的支出难以正确预估，故应当至少按照中等标准进行精神损害赔偿。

（三）应至少按照最低标准进行精神损害赔偿的情形

据中国少年儿童文化艺术基金会“女童保护”基金对 2021 年度媒体公开报道的性侵儿童（18 岁以下）案例进行分析，性侵未成年人犯罪中熟人作案超八成。[①] 尽管司法机关采取多种措施保护未成年被害人隐私，部分案件仍不免为周围的人所知晓，此情况下，必然会对未成年被害人的学习、生活造成影响，其父母大多采取搬离原居住地的方式用时间和新的环境来抚平未成年被害人受到的精神损害。搬离原居住地必然伴随着费用支出，故未成年被害人因性侵犯罪名誉受到严重困扰时，应至少按照最低标准进行精神损害赔偿。

---

① 参见中国少年儿童文化艺术基金会“女童保护”基金：《“女童保护”2021 年性侵儿童案例统计及防性侵教育调查报告》。载微信公众号“女童保护”2022 年 3 月 2 日，https：//mp.weixin.qq.com/s/gyqG7U－ACoviP4iQS7GJbA。

五、结语

未成年人保护和少年司法的特殊性要求司法机关在《新刑诉法解释》第175条第2款修改后积极探索性侵未成年人犯罪精神损害赔偿，在拓宽未成年人保护路径的同时为成年人司法积累相关经验。因精神损害治疗是一个长期的过程，未成年被害人要求精神损害赔偿时大多仍在治疗阶段或尚未开始接受治疗，若治疗结束时精神损害抚慰金无法覆盖相关治疗花费，未成年被害人在精神损害赔偿判决生效之日起至成年后3年内[①]请求法院判决犯罪行为人赔偿相应差额时，法院应同样判决支持。

① 《民法典》第191条规定："未成年人遭受性侵害的损害赔偿请求权的诉讼时效期间，自受害人年满十八周岁之日起计算。"

家事诉讼中未成年人权益保护制度的困境与对策探究

全　亮　易庐金*

内容提要：家事诉讼在民事诉讼中占据着越来越多的比重，而家事诉讼又往往较多地涉及未成年人的权益。目前，我国对未成年人权益保护的立法现状主要存在立法较为笼统、责任主体不明、程序保障不足的问题，同时涉及未成年人权益保护的司法实践又存在未成年人主体本位的缺失、当事人诉讼主义的实践矛盾、家事案件未成年人保护制度的不足等困境。因此，在借鉴国外经验与结合我国本土情况的基础上，建立涉少家事案件社会观护制度、规定涉少家事案件强制调解制度及明确未成年人的家事诉讼参与权制度，通过相关制度的建立与完善来切实实现家事诉讼未成年人权益保护。

关键词：家事诉讼　未成年人　保护制度

一、问题的提出

随着我国离婚率的上升，涉及未成年人权益的离婚纠纷案件数量与日俱

---

* 全亮，四川师范大学法学院教授，四川师范大学少年司法研究与服务中心常务副主任，法学博士。研究方向：刑事诉讼与少年司法。易庐金，社会工作硕士、法学硕士，四川省中江县人力资源和社会保障局工作人员，四川师范大学少年司法研究与服务中心特邀研究员。研究方向：少年司法、社区矫正、司法社会工作。

增，在这类家事案件的处理过程中，处于弱势地位的第三人——未成年子女，其相关权益也往往被忽视，并且在现实中，他们往往被沦为家事纠纷中的“最大牺牲者”。[①] 虽然我国在立法上加大了对未成年人的保护，就目前而言，我国由全国人大及其常委会制定的专门性未成年人法律有三部，分别是《未成年人保护法》《预防未成年人犯罪法》《义务教育法》，其中前两部分别于2020年10月17日、12月26日修订通过，自2021年6月1日起施行；设有未成年人专章的法律有3部，分别是《刑事诉讼法》《监狱法》《社区矫正法》，并且带有未成年人附属条文的有40余部。以上有关未成年人立法的目的是保障未成年人与其息息相关的合法权益。然而，目前民事诉讼中并未专门设立家事诉讼程序，对涉及未成年人权利保护的家事诉讼也未单独立法。在现实社会中，涉及未成年人权利的家事纠纷争议问题频频出现，如离婚案件中探望权、抚养权等争议问题直接影响未成年人的健康成长。家事案件不同于普通的民事纠纷案件，这类案件的处理更多涉及社会道德伦理，需要司法更多的“柔性”“人文关怀”才能妥善处理好涉及未成年人相关权利问题。司法实践中，仅按民事诉讼程序无法处理好此类案件，无法在此类案件中更好地保护未成年人的相关权利。因此，针对家事诉讼中涉及保护未成年人权益的立法困境，需要从程序上给予未成年人在家事案件中的保护，尤其需要建立相应的制度来确保未成年人的权益不受侵犯。

二、未成年人权益保护立法现状

我国已经形成以宪法为核心的中国特色社会主义法律体系，在这一法律体系中，与未成年人相关的立法处于相对薄弱的环节，主要表现为法律规定的宣示性强、可操作性弱；现行有关未成年人的法律法规形成了一个初步框架，但某些条文相互冲突，很多法律有待继续完善或出台。笔者经对目前我国有关未成年人保护的专门性法律、单行条例以及部分规章等进行分析，总

---

① 党振兴：《加强家事诉讼中未成年子女司法保护》，载《人民法院报》2020年5月16日，第2版。

结出未成年人权益保护立法现状中存在的三点问题，即立法较为笼统、责任主体不明、程序保障不足。

（一）立法较为笼统

2020 年我国相继修订通过两部未成年人的专门性法典，一是《未成年人保护法》，其涵盖未成年人家庭、学校、社会、网络、政府、司法等层面的保护，从全面保护的目的性出发，将保护延伸至未成年人成长的各个空间系统。二是《预防未成年人犯罪法》，其站在未成年人犯罪预防、干预、矫正的角度进行处分前后保护。除了以上对未成年人保护进行专门性立法外，还有散见于其他相关法律以及最高人民法院发布的规范文件。如 2021 年 1 月 1 日起施行的《民法典》第 5 编“婚姻家庭”、第 6 编“继承”涉及未成年人的相关保护规定，如维护未成年子女的受教育权、被抚养权、继承权等。又如 2020 年 7 月 1 日起施行的《社区矫正法》设第 7 章“未成年人社区矫正特别规定”，从司法执行的角度对未成年人进行专门性保护。

以上无论是未成年人领域专门性立法，还是散见于其他法律、相关规范文件中的部分法律条文、规定大都比较笼统，对司法实践中如何操作并无具体规定。如 2020 年 10 月底修订通过的《未成年人保护法》第 107 条第 2 款规定“人民法院审理离婚案件，涉及未成年子女抚养问题的，应当尊重已满八周岁未成年子女的真实意愿，根据双方具体情况。按照最有利于未成年子女的原则依法处理”。对于该条规定如何执行，未成年人表达意见的渠道有哪些，审理案件的法官如何听取有表达能力的未成年子女的意见等并无具体规定，不利于未成年人权益保护的具体落实。

（二）责任主体不明

在有关未成年人保护的相关法律中，普遍存在执行主体不明确或规定的未成年人保护主体过多而导致责任稀释的问题。就未成年人保护的专门性法律——《未成年人保护法》来说，有学者曾指出，这部法律规定国家机关、武装力量、政党、社会团体、未成年人的监护人等，都是未成年人的保护主体，结果是保护的主体越多而导致责任稀释严重，最终出现无人负责的局面。[①]《未成年人保护法》第 6 条仍然规定保护未成年人是多位主体的共同责任，并未进行相应的责任划分。目前，大部分未成年人保护法律或规定存在责任主体模糊的问题，如《社区矫正法》第 53 条第 2 款指出“监护人拒不履行监护职责的，通知有关部门依法作出处理”，对于其中只提及“有关部门”而未明确落实处理的责任主体，在执行过程中可能会出现多部门之间互相推诿的状况，不利于及时保障未成年人的权益。

（三）程序保障不足

所谓程序保障不足，主要指的是目前对于未成年人的立法主要从实体法的角度进行未成年人相关领域的立法，而不重视从程序法的角度来保障未成年人程序性权益（如诉讼参与权）。目前，在未成年人在司法程序性保障方面，仅有《刑事诉讼法》有专章设立未成年人刑事诉讼特别程序，通过在刑事案件的程序上与成年人区别对待，从而保障未成年人的权益，而《民事诉讼法》并未设立有关未成年人程序性保障的规定。在家事诉讼上，我国已经进行了家事诉讼的改革试点，并相继出台了几部关于家事审判的文件，如在 2018 年 7 月 18 日最高人民法院颁布的《关于进一步深化家事审判方式和工作机制改革的意见（试行）》中，规定涉及未成年人抚养权、探望权的案件，年满 8 周岁的未成年人有“有意见表达权”并在程序上给予保障。然而，该规定所涉及的未成年人案件范围狭窄，对于监护、父母侵害未成年人财产利益等涉及未成年人权利的其他案件排除在外，并且在程序上对未成年人相关权利的保障具体如何操作并无明确规定。综上，在关于未成年人权益保障上，相关程序性法律规范不足，尤其在家事纠纷案件中虽有相关规定，但执行上缺乏可操作性。

三、未成年人家事诉讼司法实践困境

从司法实践角度来看，未成年人家事案件进入诉讼程序之后，家事审判

---

① 参见姚建龙：《法学的慈悲：孩子的法律情怀》，上海三联书店 2018 年版，第 197 页。

是重要环节，我国司法机关对这个重要环节也给予了高度重视。2016 年最高人民法院专门出台了家事审判的相关规定，并提出家事审判改革和少年审判改革的两种试点模式：一是少年审判与家事审判合并试点；二是少年审判与家事审判分头试点，我国各地根据试点工作意见，围绕两种模式结合实际情况开展贴合当地的家事审判实践。[①]如成都市家事诉讼司法实践中，对于试点工作意见提到的两种模式都有涉及。在未成年人相关利益家事纠纷案件的审判形式中，成都市两级法院各有不同，主要是以下两种情况：一是设有家事审判庭和少年审判庭，并专门设有少年家事庭来审理涉及未成年人相关利益的家事案件；二是没有专门的少年家事庭内设机构，少年审判与家事审判合并。成都市中级人民法院专门设有少年家事审判庭，由于家事案件属于传统的民事案件，对于此类的案件，一般会有先调程序，若调解不成再进入审判程序，这与我国各地的做法一致。[②]结合我国目前的未成年人家事诉讼司法实践来看，主要存在以下几个方面的困境。

（一）未成年人主体本位的缺失

根据联合国《儿童权利公约》第 3 条的规定，关于儿童的一切行动，无论是由公私社会福利机构、法院、行政当局或是立法机构执行，均应以儿童的最大利益为首要考虑，我国 2020 年 10 月修订通过的《未成年人保护法》第 4 条“最有利于未成年人的原则”与以上理念相契合。然而，目前对于家事案件的相关立法仍然是以“父母本位”为主，对于未成年人在程序和实体权利方面的主体地位并未给予足够尊重，在家事诉讼程序上未成年人主体地位的缺失问题更为突出，特别是涉及未成年人利益和成年人利益矛盾场合时，存在对未成年人利益忽视的可能性。我国有关法律规定，在民事案件中未成年人的权利由其法定代理人代为行使，而作为案件当事人的未成年人没有机会参与到家事诉讼中表达意愿，如家事案件的审判中，即使涉及未成年人的利益，但由于未成年人在审判中一般不出庭而由其法定代理人或者委托代理人参加庭审，这可能导致审判者不能充分听取和考虑未成年人的意见，而不利于未成年人最大利益的实现。

（二）当事人诉讼主义的实践矛盾

在司法实践中，有学者指出，围绕解决“当事人民事实体请求”“要件事实和证据”“诉讼程序事项”三类事项的基本方式和基本规范，构成了“民事诉讼基本模式”，在司法实践中民事诉讼基本模式又主要分为当事人主义诉讼模式和职权主义诉讼模式两类，而职权主义诉讼模式则主要运用于民事公益案件。[①] 家事诉讼案件主要属于民事私益案件的领域，审理模式主要是当事人诉讼主义，由当事人决定或处分前述的三类事项，而法院则在诉讼程序中处于消极地位，在涉及当事人未成年子女的家事纠纷案件中，完全根据当事人的意思表示来进行家事诉讼，可能对其未成年子女的利益造成极大损害。这种问题在家事诉讼的司法实践中时常出现，如在一个因抚养费引发纠纷的典型实例中，刚开始法院根据当事人意思将一对双胞姐妹分别判给其父母各自抚养，从而双方互不需要给付抚养费，减少了当事人之间的不少“麻烦”，但这对处于可以相伴成长的同龄双胞姐妹来说是不利的，这在一定程度上损害了当事人未成年子女的权益。[②] 由上述可见，在家事纠纷案件中，当事人与其未成年子女存在一定的利益矛盾，若遵循当事人诉讼主义模式进行此类案件审理，不利于未成年子女最大利益的实现，而法院在此类私益案件中又不能依职权进行干预，这是依据当事人诉讼主义模式进行家事案件审理的司法实践矛盾之处。

（三）家事案件未成年人保护制度的不足

2018 年最高人民法院出台《关于进一步深化家事审判方式和工作机制改革的意见（试行）》，在对家事案件的审理提出相关意见的同时，主要在家事调查、心理疏导、审理规程三个方面对未成年人保护进行了相关规定，从而

---

① 参见邵明、常洁：《民事诉讼模式重述——以公益和私益为论述角度》，载《中国人民大学学报》2019 年第 6 期。

② 参见张雪梅：《实践中的儿童权利：未成年人权利保护的 42 个经典实例》，法律出版社 2013 年版，第 39 –42 页。

避免未成年人在家事案件的审理中受到不利影响。有学者提出，在民事诉讼中，代表公共权力出面解决纠纷的主体就是法院，离开作为审判主体的法院谈不上“诉讼”的存在。[①] 然而，法院面对“私权”的家事纠纷却显得十分为难，并且《最高人民法院关于进一步深化家事审判方式和工作机制改革的意见（试行）》主要围绕家事审判而展开，法院在家事审判中发挥主体作用，忽视了未成年人除了在家事审判之外涉及的权利保护问题法院不能依职权进行干预。另外，未成年人在家事诉讼中司法保护的一系列制度还不够健全，以未成年人代理人制度的问题为例，我国《民法典》第 19 条规定，8 周岁以上的未成年人为限制民事行为能力人，实施民事法律行为由其法定代理人代理或者经其法定代理人同意、追认。然而，在家事诉讼中，父母作为其未成年子女的法定监护人，一般会承担诉讼当事人和涉诉未成年子女的法定代理人两种“身份”，这两种身份所代表的利益往往存在冲突，不少家事纠纷案件中，当事人双方将其未成年子女作为利益争夺的“砝码”而损害其未成年子女的利益，从而导致法定代理人制度功能的“失灵”。

另外，在家事诉讼中，存在独立于审判的社会调查制度缺失问题，司法实践中社会调查不是必需的；在涉罪未成年人刑事案件中，侦查机关、审查起诉机关都会做社会调查，审判机关也会视情况而做社会调查。家事案件中，诉前做好社会调查有利于迅速了解案情并快速化解纠纷，同时也能充分了解当事人未成年子女所表达的真实想法与意见，为此社会调查员能够从其未成年子女权利保护的角度为办案法官提出专业的处理意见。在实践中，由于家事诉讼社会调查制度的缺失，未成年人权益不能得到切实有效的保护。

四、域外经验考察及对我国的启示

由于未成年人心智尚不成熟、社会经验匮乏，往往使这个群体处于弱势地位，尤其在未成年人密切联系的家庭中，与其利益相关的方面更容易被忽

---

① 参见王亚新：《组织与程序视角下的民事诉讼审判主体——以审判组织与回避制度为中心》，载《财经法学》2015 年第 2 期。

视。因此，在家事诉讼中对双方当事人未成年子女的权益保护，需要引起社会各界的广泛重视。国外有关未成年人司法保护问题已发展得相当成熟，下面以最早产生家事法院的美国及大陆法系日本、德国为例予以介绍，相关经验值得我国借鉴。

（一）美国：刑事与民事未成年人权利保护的全面兼顾

美国在1899年开创了世界上第一个专门审理未成年人司法案件的少年法院，随后美国各个州逐步建立起少年法院及相关的少年司法机构（如少年矫正机构、寄宿治疗中心、儿童福利机构等），这是基于当时美国儿童福利理念的普及、“拯救儿童”新运动的兴起而推动建立起来的。20世纪60年代，美国掀起了成立独立的家庭法院运动，并逐步确立家事诉讼机制。美国家庭法院的特色不仅在于有关家庭事件由此集中管辖，而且在于家庭法院在特定的理念下，依特别组织及程序作出裁判，在某种程度上，有利于未成年人在家事诉讼案件中的权利保护。[①] 美国在未成年人民事诉讼程序中形成了一系列特色的程序内容，如辅助法官机制、监护和探视纠纷中的强制调解、父母教育计划、受监督探视等。[②]

从美国少年法院的演变、少年司法相关制度中有关未成年人家事诉讼权利保护的发展情况来看，美国对未成年人权利的关注，不仅体现在对刑事诉讼中的未成年人关注，同时也保护家事诉讼中的未成年人。然而，从我国当前有关未成年人实体或程序方面的立法来看，大多数偏向于未成年人刑事司法方面的权利保护，对于涉及未成年人民事尤其是家事案件方面的权利保护十分欠缺，需要我国重新在未成年人司法体系上的顶层设计上加以考虑。美国注重社会力量参与到未成年人司法保护、构建未成年人司法保护的社会支持网络，如美国的少年司法机构和社会上符合教育、福利、相关健康利益的

---

① 参见张晓茹：《家事裁判制度研究》，中国法制出版社2011年版，第37-39页。

② 参见邵明、周文：《美国未成年人民事诉讼程序的发展及启示》，载《山东社会科学》2016年第8期。

机构之间存在精细的相互关系网。[①] 而我国目前主要注重未成年人刑事司法领域的社会力量参与，如2018年2月最高人民检察院牵头，与共青团中央共同签署了《关于构建未成年人检察工作社会支持体系合作框架协议》，倡导社会多方力量的参与、共建该领域的社会支持体系，在涉及未成年人权益保护的民事案件中却鲜少发挥社会力量的参与作用。

（二）日本、德国：家事案件未成年人的程序参与

在大陆法系中，日本、德国都有相对成熟的家事诉讼制度，日本第一次借鉴美国少年司法制度的过程中，其认同并采纳了“国家亲权”的理念，并带有批判性地移植美国少年法来建立适应日本社会需要的少年司法制度。[②] 随着《日本少年法》的不断修正完善，涉及家事诉讼相关制度的发展与改革（如家事调停制度）逐步加强未成年人在司法程序上的保护，如日本家事法院重视未成年子女的程序参与，这体现在日本《家事事件程序法》相关法条中分别要求法院通过听取子女的陈述、家事调查官等辅助人员的调查来把握涉诉未成年人的意见。德国的家事审判程序专门编写在《民事诉讼法》中，并且从1996年设立的相关法案来看，家庭法院（家事法庭）的司法管辖权不断得到扩展，在《家事事件与非讼事件程序法》中设置了程序辅助人制度在子女利益和其法定代理人利益存在严重冲突时维护子女的实体权益和程序权益，并要求对涉及未成年子女的案件进行优先和加快审理。[③]

参考日本、德国有关未成年人的家事诉讼相关制度，反观我国，“国家亲权”理念是我国现行少年司法制度中重要的理论依据之一，同时在未成年人保护的司法实践当中坚持“最有利于未成年人原则”。[④] 相较日本、德国都有

---

① 参见［美］玛格丽特·K. 罗森海姆、［美］富兰克林·E. 齐姆林、［美］戴维·S. 坦嫩豪斯、［美］伯纳德·多恩编：《少年司法的一个世纪》，高维俭译，商务印书馆2008年版，第394页。

② 参见［美］玛格丽特·K. 罗森海姆、［美］富兰克林·E. 齐姆林、［美］戴维·S. 坦嫩豪斯、［美］伯纳德·多恩编：《少年司法的一个世纪》，高维俭译，商务印书馆2008年版，第397页。

③ 参见郝振江、赵秀举：《德日家事事件与非讼事件程序法典》，法律出版社2017年版，第91页。

④ 参见宋英辉、苑宁宁：《中华人民共和国未成年人保护法释义》，中国法制出版社2020年版，第13页。

专门设立家事案件方面的程序法，在程序上明确规定未成年人在家事诉讼中的权利，维护未成年人的合法权益，我国在未成年人家事诉讼的程序参与上，未成年人权益保障方面保障的专门立法十分缺乏，这将导致在程序上“最有利于未成年人原则”很难在司法实践中落实。此外，在管辖权上，日本、德国都对涉及未成年子女的家事案件通过立法规定了专属管辖，而在我国对于此类案件并无明确的立法规定。以上未成年人家事诉讼的程序参与及家事案件管辖方面的明确立法规定，都是值得我国借鉴的地方。

五、未成年人家事案件中权益保护制度的完善对策

针对我国目前在家事案件中未成年人权益保护的实践困境，在借鉴国外经验的基础上，笔者提出以下三个方面的对策。

（一）建立涉少家事案件社会观护制度

在未成年人刑事司法中，社会观护具有重要意义，从国际公约到我国相关法律及司法解释，都明确了社会观护在保护和预防未成年人犯罪方面的重要作用与价值，同时也明确了司法机关可以整合社会力量如未成年人所在的家庭、学校、社区等来进行社会观护，开展相应的考察、教育、挽救工作。[①] 因此，脱胎于未成年人刑事司法的社会观护，在审理涉及未成年人的家事案件中是一项值得探索的新制度。然而，实践中，与刑事司法的功能和作用不同，社会观护借助社会力量，组成专门的观护组织和人员对包括健康、教育等在内的未成年人成长情况以及家庭监护能力、综合环境等情况进行观察，能够为法院的裁判提供参考，有利于准确妥善处理纠纷，消除对立、缓和矛盾，充分发挥民事审判对未成年人保护的积极作用。[②] 以上海法院涉少民事案件社会观护制度的运作情况为例，引入社会力量来担任社会观护员（如社会

---

① 参见自正法：《未成年人社会观护体系的实证考察与路径重塑》，载《北京理工大学学报（社会科学版）》2019 年第 5 期。

② 参见陈振宇：《建立涉少民事纠纷社会观护制度浅论》，载《江苏经济报》2020 年 9 月 2 日，第 3 版。

工作者），其工作的流程模式为“三位一体”，即社会观护工作包括庭前的社会调查、庭中参加庭审宣读报告、庭后观护回访三个阶段，一体化开展。[①] 笔者建议在家事案件的相关立法中建立并完善社会观护制度，将社会上具有教育学、心理学、社会学等背景的专业且热心公益人士吸引到该服务领域，并且以政府购买社会服务的方式，引入专业社会组织，培育和发展民间力量，规范社会力量的介入机制，以便更好地维护家事案件中未成年子女的权利。

（二）规定涉少家事案件强制调解制度

针对相关涉及家事的民事案件，我国通过立法专门设有调解制度，如在离婚案件中注重调解，《民法典》第 1079 条第 2 款规定，人民法院审理离婚案件，应当进行调解；如果感情确已破裂，调解无效的，应当准予离婚。然而，从我国目前的立法情况来看，却并没有针对涉及未成年人权益的家事案件专门立法进行强制调解的规定或者其他特殊规定。并且，从目前涉及的家事纠纷案件来看，相关法律条文中基本使用了“应当”进行调解，却并不是强制性地要求调解，这对于审理此类案件的法官来说，可能将“调解”流于形式而缺乏约束力度。而且，对于涉及未成年人权利的家事案件，站在长远的角度，对于未成年人未来权益的实现并未及时给予相应的关注。针对由于父母双方离婚引起其未成年子女抚养、探望纠纷的家事案件，基于父母与其未成年子女之间的血缘关系，如果对这些家事案件的父母双方进行一定程度的情绪疏导以及规劝、协商等，可以通过调解来缓和他们的敌对情绪，这样就更有利于达成有对未成年人权益有利的协议，从而减少父母之间的家事纠纷对未成年子女的负面影响，同时对后期诸如抚养费、探望权的执行都更加有益，最终有利于未成年人的成长，因此对于涉及未成年人权益的家事案件尤其应适用调解。笔者建议我国通过立法来规定，对涉及未成年人权益的家事案件，除特殊不适用强制调解的外，可以首先对涉及未成年人权益的离婚、

① 厦门大学法学院“行知广宇”课题组：《社会观护制度在涉少民事案件中的应用——以上海法院少年法庭为例》，载《司法改革评论》2015 年第 19 期。

抚养、探望等家事纠纷案件进行强制调解，并且需要在立法的同时列明清楚哪些涉及未成年人权益的家事案件适合进行强制调解，而针对不适用的家事纠纷案件，如涉及身份确认的案件，存在一定的复杂性并且涉及伦理方面，建议排除在强制调解的范围之外。

（三）明确未成年人的家事诉讼参与权制度

家事诉讼中的参与权，主要包括诉讼知情权和诉讼听审权。在父母本位观念下，未成年人在家事案件中处于被动地位。然而，在“最有利于未成年人原则”观念的指引下，未成年人应是积极的权利主体，因此，当家事案件审判的结果关切到未成年人的权益时，在符合一定的条件下，作为当事人的未成年子女应当有知情权以及陈述自己意见的权利，这是对其参与权的重要体现。同时，在司法实践中，为增强未成年人家事诉讼参与权的可操作性，可参照《民法典》中限制民事权利能力年龄为 8 周岁的规定，对于 8 周岁以上的未成年人，案件审理法官应听取其意见。并且，2018 年最高人民法院发布的《关于进一步深化家事审判方式和工作机制改革的意见（试行）》第 38 条亦规定，人民法院审理家事案件，涉及确定子女抚养权的，应当充分听取 8 周岁以上子女的意见。对于 8 周岁以下的未成年人，在其有表达自身意见的意愿，或者案件审判结果对其之后的生活、成长有重大影响，或者法官认为有必要听取时，可以听取其意见。然而，需要注意的是，在实践中针对家事案件中年龄偏小的未成年子女，由于其在认知能力、判断力以及相关意识等方面还不成熟，所以审理的法官应对他们表达的意见进行斟酌判断，并对各种因素进行综合考量。当法官认为若采纳这些未成年人表达的意见将不利于实现，这些未成年人的最大权益时，可不予采纳，但应当作出相关书面解释说明，同时告知这些未成年人。还应注意的是，在未成年人的家事诉讼参与权制度实践中，虽然表达意见是未成年人的权利，但不能盲目地适用此规定，且不可强迫未成年人表达意见。

少年社区矫正

未成年人社区矫正制度实践困境与完善路径研究

易庐金*

内容提要：社区矫正制度是未成年犯罪人刑事执行的重要方式之一，相较于监禁刑而言，社区矫正更有利于未成年犯罪人再社会化并顺利回归社会。虽然目前我国在关于未成年人社区矫正的立法规定以及实践运行方面均取得了一定的发展，但从我国未成年人社区矫正制度实践的状况来看，还存在对未成年人社区矫正处遇理念认识不准确、教育矫正方式与成年社区矫正对象区别不大、未成年社区矫正对象陷入与学校或就业单位相关联结弱化乃至断裂困境、社区矫正相关实务部门未能有效落实解矫（终止）后未成年社区矫正对象相关档案封存制度等问题的挑战，因此需要通过相应的完善路径来破解未成年人社区矫正制度实践困境之局面。

关键词：社区矫正　未成年犯罪人　实践困境　完善路径

一直以来，未成年人犯罪是我国的社会难题，由于未成年人犯罪的复杂性、特殊性，对犯罪未成年人如何进行有效矫治仍然是亟待解决的现实问题。社区矫正作为一种刑事执行活动方式，是国家基层社会治理顺利推进的一个重要组成部分。我国《社区矫正法》第7章对未成年人社区矫正进行了专门

---

* 易庐金，社会工作硕士、法学硕士，四川省中江县人力资源和社会保障局工作人员，四川师范大学少年司法研究与服务中心特邀研究员。研究方向：少年司法、社区矫正、司法社会工作。

规定，体现了国家对未成年人社区矫正工作的重视，也为未成年人社区矫正理论与实务的发展进一步开辟了空间。法律规定的内容是对未成年人社区矫正实践中成熟经验的一种认可，对于完善和发展未成年人社区矫正制度具有里程碑意义。我国未成年人社区矫正制度在适用过程中，逐步形成一定的特征，但同时存在来自实践中的问题的挑战。因此，我们需要在分析实施现状的基础上了解未成年人社区矫正制度的适用特性，深入分析相关问题并提出与之相对应的完善路径，从而有效预防未成年社区矫正对象再犯罪，帮助其顺利回归社会。

一、实施现状：未成年人社区矫正制度适用样态

我国早在2012年3月1日起施行的《社区矫正实施办法》第33条中就正式确立了未成年社区矫正对象区别于成年社区矫正对象的相关工作方针、基本规则和实施措施等方面的制度规定。在此之后，2020年我国颁布施行的《社区矫正法》专章对未成年人社区矫正工作进行了特别规定，在未成年人社区矫正制度原有基础上，分别对监护职责、信息保密、就学就业、部门联动、权益保护五个方面的内容进行了全面拓展，并强调联动社会力量参与未成年人社区矫正工作，以便最大限度地帮助未成年社区矫正对象回归社会。我国未成年人社区矫正制度实施十余年以来，结合我国实践总体情况以及对部分地区未成年人社区矫正制度实施状况的深入调研来看，我国未成年人社区矫正制度适用样态存在以下四个方面的特性。

（一）适用未成年人违法犯罪的办案方针及原则

我国对未成年人违法犯罪规定了教育、感化、挽救的办案方针及教育为主、惩罚为辅的办案原则，凸显了教育的功能，是教育刑理念的一种体现。在该理念的指导下，未成年人社区矫正制度适用过程中更注重通过教育的功能对未成年社区矫正对象进行改造，并强调对其再犯罪的特别预防作用，主张通过教育的方式转变未成年犯罪人错误的思想意识以及不良的认知行为，

从而帮助其回归社会。[①] 从相关立法层面来看，该方针原则是未成年人社区矫正制度设立的重要依据，并指导着我国各地区未成年人社区矫正工作的具体实施。未成年人社区矫正制度实践中适用“教育、感化、挽救”方针及“教育为主、惩罚为辅”原则，具体表现在以下两个方面：一是在监督管理方面，注重保护未成年社区矫正对象的合法权益，即在分类管理、报告、外出审批等监督管理上，我国各地区对未成年社区矫正对象与成年社区矫正对象的要求大体一致而略有“差异”，其“差异”主要体现在对未成年社区矫正对象身份保护、隐私保护、就学就业权益保护等方面，如各地区在当地社区矫正法实施细则中明确规定“对未成年社区矫正对象的入矫宣告不公开进行，司法所应当通知其监护人到场参加”。二是在教育帮扶方面，我国各地区在遵循《社区矫正法》“对未成年人的社区矫正，应当与成年人分别进行”的规定下，注重结合未成年社区矫正对象的生理、心理特点进行有针对性的教育矫正，如S省C市J区依托当地相关教育基地引导未成年社区矫正对象重塑自我并树立正确的人生观、价值观等。

（二）适用类别以缓刑为主且罪名较为集中

《社区矫正法》第2条第1款规定“对被判处管制、宣告缓刑、假释和暂予监外执行的罪犯，依法实行社区矫正”，然而，从未成年犯罪人适用的社区矫正类别情况来看，其主要为缓刑，较小部分为管制、假释、暂予监外这三类社区矫正类别。如S省C市2021全年未成年社区矫正对象的矫正类别中缓刑占到97%，其余为3个假释人员和1个暂予监外执行人员；再如从S省C市J区2012—2022年上半年未成年社区矫正对象的情况来看，未成年社区矫正对象的矫正类别主要为缓刑，只有1人为管制。由此可见，未成年人社区矫正的适用对象主要以宣告缓刑的未成年犯罪人为主，较少部分为其他三种矫正类别。

近几年来，各地区检察机关受理审查起诉未成年犯罪嫌疑人犯罪类别略

① 参见陈希：《教育刑理念下我国少年司法体系的完善》，载《中州学刊》2017年第6期。

有差异，但整体罪名较为集中，多以侵犯财产类、妨害社会管理秩序类、侵犯公民人身权利类为主，从移送审查起诉未成年人案件中涉嫌犯罪的类别总体来看，可以推断出未成年社区矫正对象的罪名同样较为集中。2021 年，我国检察机关受理审查起诉未成年犯罪嫌疑人多以盗窃、抢劫等侵犯财产类犯罪，寻衅滋事、聚众斗殴等妨害社会管理秩序类犯罪以及强奸罪等侵犯公民人身权利类犯罪为主，以上 3 类罪名的犯罪占受理审查起诉人数的 67.3%。[①] 以 S 省 C 市为例，2020 年 S 省 C 市涉罪未成年人侵犯财产类、妨害社会管理秩序类、侵犯公民人身权利类占移送审查起诉案件的 94.9%。[②] 从 S 省 C 市 J 区解矫、在矫的未成年社区矫正对象罪名情况来看，2012—2022 年上半年，该地区未成年社区矫正对象犯罪类型中以侵犯财产类罪、妨害社会管理秩序罪为主，二者共计达到犯罪类型总数的 90% 以上（见图 1）。

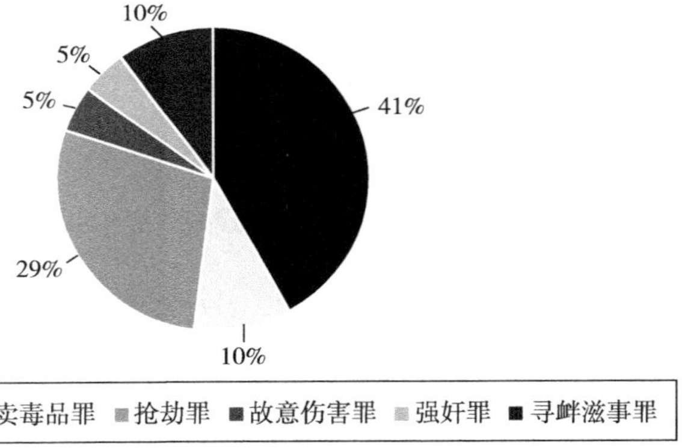

图 1　2012—2022 年上半年 S 省 C 市 J 区未成年社区矫正对象的罪名情况

（三）适用对象数量少且增减幅度波动不大

我国未成年社区矫正对象总量很小，如 S 省 C 市每年新入矫的未成年社

---

① 《未成年人检察工作白皮书（2021）》，载微信公众号“最高人民检察院”2022 年 6 月 1 日，https：//mp. weixin. qq. com/s/0 – t5tmkKZpq2BWjzj3ytBg。

② 《成都市检察院未成年人检察工作白皮书（2020）》，载微信公众号“成都检察”2021 年 11 月 11 日，https：//mp. weixin. qq. com/s/AV8gXP2WE6O9aolRYxFC9Q。

区矫正对象与社区矫正对象总量的比例大概为1∶80，即每80个社区矫正对象中有1名是未成年社区矫正对象，近几年C市2021年社区矫正对象在册人数为7000人左右，而未成年社区矫正对象人数为100人左右。S省C市J区平均每年有社区矫正对象300人左右，而未成年社区矫正对象则每年为2～3人。未成年社区矫正对象数量少的主要原因之一是未成年人违法犯罪案件总体量少，这与我国相关未成年人司法保护刑事政策的影响密不可分，如2014年最高人民检察院下发的《关于进一步加强未成年人刑事检察工作的通知》对涉罪未成年人案件首次提出“少捕、慎诉、慎押”的理念，在程序上强化了对未成年人的刑事司法保护。[①] 在“少捕、慎诉、慎押”刑事政策的影响下，2014—2019年未成年人犯罪不捕率、不起诉率、附条件不起诉率逐年上升，均高于普通刑事案件（见表1）。[②]

表1　2014—2021年我国未成年人犯罪嫌疑人不批准逮捕、不起诉及附条件不起诉情况

年份	2014	2015	2016	2017	2018	2019	2020	2021
不捕率（%）	26.66	29.41	31.66	33.59	34.13	34.43	39.1	50.4
不起诉率（%）	10.34	11.81	15.01	18.84	22.99	24.13	32.59	39.1
附条件不起诉率（%）	5.31	6.04	8.00	10.06	12.15	12.51	20.87	29.7

然而，未成年人犯罪不捕率、不起诉率、附条件不起诉率逐年上升并不意味着“放纵”部分较严重犯罪未成年人，依法惩治犯罪未成年人也是对犯罪未成年人的一种保护。如2022年3月最高人民检察院工作报告显示，依法决定附条件不起诉2万人，占结案未成年人总数的29.7%，而起诉较严重犯罪未成年人3.5万人，同比上升6%。[③] 从以上数据可以看出，虽然部分涉罪

① 参见卞建林、钱程：《少捕慎诉慎押的实践检视与发展完善》，载《人民检察》2022年第5期。

② 《2014—2019未成年人检察工作白皮书》，载最高人民检察院网上发布厅2020年6月1日，https://www.spp.gov.cn/xwfbh/wsfbt/202006/t20200601_463698.shtml#1。

③ 《最高人民检察院工作报告——2022年3月8日在第十三届全国人民代表大会第五次会议上》，载最高人民检察院官网2022年3月12日，https://www.chinacourt.org/article/detail/2022/03/id/6571968.shtml。

未成年人刑事案件分流出刑事诉讼程序，但并不能说明最终被判处刑罚的未成年犯罪人人数逐年降低，以及适用社区矫正的未成年犯罪人人数而随之大幅度增加或减少。从实际情况来看，每年未成年社区矫正对象入矫人数增减幅度波动不大。以S省C市为例，每年未成年社区矫正对象人数基本稳定在100人左右，而每年增减人数大概为10人以内，C市各地区的未成年社区矫正对象人数每年较为稳定，如C市J区每年在矫的未成年社区矫正对象基本维持在2~3人。

（四）适用社区矫正的未成年犯罪人再犯风险较低

2017—2021年，检察机关受理审查起诉未成年人中曾受过刑事处罚的分别占同期受理审查起诉未成年人总数的3.25%、3.52%、3.83%、3.83%和2.97%，大体上呈逐年上升的趋势，但整体再犯率不高。[①] 近年来，全国社区矫正对象再犯率在2%左右，其中未成年社区矫正对象再犯率更低，总体处于0.05%左右。未成年社区矫正对象再犯率低主要有以下原因：其一，接受社区矫正的未成年犯罪人主要为宣告缓刑的矫正类别，而《刑法》对于未满18周岁的未成年人适用宣告缓刑的条件主要是犯罪情节较轻且经审前评估没有再犯罪的危险。《社区矫正法实施办法》第13条规定“社区矫正决定机关对拟适用社区矫正的被告人、罪犯，需要调查其社会危险性和对所居住社区影响的，可以委托拟确定为执行地的社区矫正机构或者有关社会组织进行调查评估。”司法实践中，对拟适用社区矫正制度的未成年被告人或犯罪人作相关调查评估是必经环节，不存在社会危险或是再犯风险低的未成年被告人或犯罪人在该环节被筛选出适用社区矫正制度。因此，从这个方面来看，未成年社区矫正对象较适用监禁刑刑罚的未成年犯罪人来说，其再犯风险较低。

其二，根据我国《社区矫正法》第3条规定，将预防社区矫正对象重新犯罪作为社区矫正工作的目标之一，并且在司法实践中要求相关工作人员将

---

① 《未成年人检察工作白皮书（2021）》，载微信公众号“最高人民检察院”2022年6月1日，https：//mp. weixin. qq. com/s/0 – t5tmkKZpq2BWjzj3ytBg。

消除社区矫正对象可能重新犯罪的因素作为社区矫正工作的重点之一。对于未成年社区矫正对象来说，其“可塑性”强，相关工作人员更注重在坚持监督管理与教育帮扶相结合的基础上，对其进行有针对性的个别化矫正，从而有针对性地消除未成年社区矫正对象可能重新犯罪的因素，在帮助其成为守法公民的同时，促进其顺利回归社会。所以从以上两个层面分析，结合司法实践来看，适用社区矫正的未成年犯罪人再犯风险较低，如S省C市J区近十年未成年社区矫正对象再犯率为0。

二、问题挑战：未成年人社区矫正制度实践困境

我国在立法层面不断填补对未成年人社区矫正制度相关规定的空白，随着未成年人社区矫正制度从正式确立到立法完善，未成年人社区矫正领域逐步形成良好发展态势。尽管目前未成年人社区矫正制度适用过程中形成了一定优势特性（如上文提到的适用社区矫正的未成年犯罪人再犯风险低等），但是未成年人社区矫正制度实践中不可避免地存在一些困境，主要表现为：一些社区矫正实务部门对未成年人社区矫正处遇理念认识不到位；教育帮扶实践过程中，采用的教育矫正方式与成年社区矫正对象区别不大；未成年人社区矫正制度实施中，未成年社区矫正对象陷入与学校或就业单位相关联结弱化乃至断裂的困境；在未成年社区矫正对象解矫（终止）后，实务部门未能有效落实未成年社区矫正对象相关档案封存制度。

（一）理念问题：对未成年人社区矫正处遇理念认识不准确

目前，我国一些社区矫正相关实务部门对未成年人社区矫正处遇的理念认识不准确，主要体现在以下两个方面：一方面，对未成年人社区矫正性质定位不准。社区矫正的性质定位问题在理论界及实务界一直存在争议，由于相关法律规定对“社区矫正”的性质定义不一致，未成年人社区矫正的性质也不能更清晰地作出定义。《社区矫正法》颁布之前，社区矫正是刑罚执行工

作的看法具有很大的代表性,[①] 由此未成年人社区矫正更多被定义为未成年犯罪人的刑罚执行。然而，这种性质的定位主要是基于“报应刑”理念，即认为未成年人应当为他们的罪错行为受到报应和惩罚。有学者指出，刑罚的目的不仅在于惩罚报应，更在于损害修复。[②] 基于此，在未成年人社区矫正领域，更应注重的是“矫治”与“恢复”，而并不是“刑罚”；相应地，更应注重对未成年人矫正对象进行教育矫正。

另一方面，实务部门对未成年人“柔性化”教育矫正与“刚性化”规制惩罚二者关系把握不准。我国未成年人社区矫正工作遵循“教育为主，惩罚为辅”的原则，然而，司法实践中往往存在两种极端：一是过分注重“柔性化”教育矫正而忽视对未成年社区矫正对象“刚性化”规制惩罚的作用，这导致的直接后果是未成年社区矫正对象轻视法律权威及其再犯风险高，而不利于维护社区的安全与社会的和谐稳定。二是基于“报应主义”与“罪责自负”观念下对未成年社区矫正的“刚性化”规制惩罚过重，将不利于未成年社区矫正对象合法权益的保护，并且不能有针对性且有效地帮助未成年社区矫正对象改善其存在偏差的认知、行为，从而助力其顺利回归社会。因此，针对未成年人社区矫正工作，应当以“柔性化”教育矫正为主、“刚性化”规制惩罚为辅，避免二者的极端化，促进二者相互结合、相互作用。

（二）处遇问题：教育矫正方式与成年社区矫正对象区别不大

未成年人社区矫正制度落实过程中，在教育帮扶方面，实务工作人员大多数未能充分结合未成年社区矫正对象的特性，而采用与成年社区矫正对象相似的教育矫正方式。如S省C市部分地区针对成年社区矫正对象开展的普法教育内容再用于开展未成年社区矫正对象的普法教育活动，并且按照成年社区矫正对象的活动形式组织开展未成年社区矫正对象公益活动，如组织打扫社区卫生等。以上做法未能结合未成年人的特性开展区别于成年社区矫正

① 参见吴宗宪：《再论社区矫正的法律性质》，载《中国司法》2022年第1期。

② 参见王顺安：《刍议创建社区矫正法学》，载《中国监狱学刊》2020年第5期。

对象的有针对性的教育帮扶活动，未能真正落实未成年人社区矫正制度，以至于很难达成矫正效果。

从未成年人的自身特性来看，未成年人的心理尚不够成熟，尤其是处于青春期的未成年人情绪波动大；未成年人社会经验不足，容易受到社会不良人士的引诱；从我国近几年关于未成年犯罪嫌疑人的犯罪年龄统计情况来看，涉嫌犯罪的未成年人年龄一般偏“高龄”即17岁左右，结合心理学中埃里克森（Erikson）人生发展八阶段理论来看，处于青春期的未成年人（12～18岁）面临的“危机”是角色混乱，即面临新的社会要求和社会的冲突，尤其是对于过早进入社会的未成年人面临这一冲突更加明显。同时，处于这一年龄阶段的未成年人受到朋辈群体价值观、人生观的影响较大。从未成年人犯罪原因分析来看，未成年社区矫正对象之所以犯罪主要由家庭教育方式不当、监护人监管不力、法律意识淡薄、交友不慎这四个方面的影响所造成，而如果未成年社区矫正对象继续处于监护力度欠缺、亲子关系紧张等的家庭以及不良朋辈群体的交往环境中，对在社区进行教育矫正的未成年社区矫正对象来说，再犯风险是极大的，因此更需要采取有针对性的教育矫正方式，有区别地开展未成年社区矫正对象的教育帮扶活动，相应地降低其再犯风险。

（三）联结问题：学校或就业单位相关联结弱化乃至断裂困境

对于放置在社区进行刑事执行的未成年社区矫正对象来说，或多或少面临着社会联结弱乃至断裂的问题，即未成年社区矫正对象与学校或就业单位的联结弱化而导致其脱离相应的社会控制，其具体表现在以下两种状态：

一是该群体由于受犯罪事件的影响而处于“离校”状态（或是在犯罪事件发生前因辍学而处于此状态），以致该群体与学校的联结弱甚至断裂（如与其班主任、任课老师、同学等的互动减少或中断联系等），由此导致学校教育及控制功能对其难以发挥。笔者经相关调研了解到，大多数未成年社区矫正对象处于“离校”状态，即大多数未成年社区矫正对象受教育时间短，完成九年义务教育后就过早进入社会，少部分未成年人未完成九年义务教育而肄业或辍学。如 2012—2022 年上半年，S 省 C 市 J 区未成年社区矫正对象完成九年义务教育，且处于继续接受学校教育在读状况的仅占总人数的 33%，而未继续接受学校教育处于“离校”状态的未成年社区矫正对象（含小学至初中辍学或肄业人数）占 62%。因此，从以上情况来看，未成年社区矫正对象学校教育参与性不足，由于过早“离校”而使学校对未成年社区矫正对象的联结断裂，无法发挥学校对未成年社区矫正对象的规范及控制作用（见图 2）。

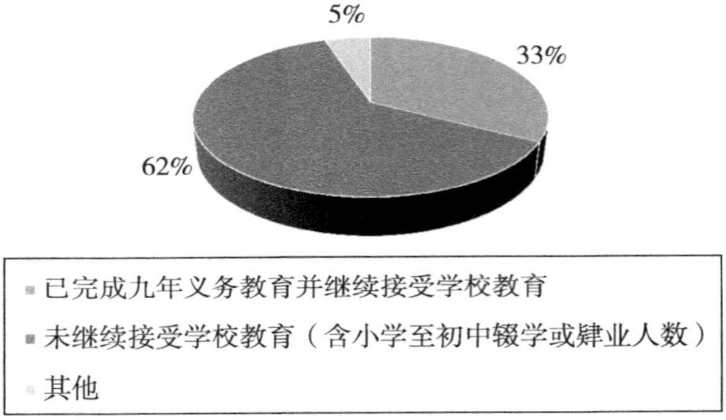

图 2　2012—2022 年上半年 S 省 C 市 J 区未成年社区矫正对象学校教育参与情况

二是该群体过早进入社会且大多数从事临时性就业而处于被就业单位“临时性”管控状态，这种“临时性”使该群体与就业单位的同事联结弱化，欠缺对单位的归属感，并且处于该状态的未成年社区矫正对象随时可能面临因无业而“闲散”于社会的困境，由此导致来自工作单位的规范与控制功能无法对其发挥作用。以上社会联结弱化及断裂的问题，既不利于社会对未成年社区矫正对象的“管控”，也不利于未成年社区矫正对象融入社会以及顺利回归社会。从未成年社区矫正对象就业参与情况来看，其文化程度普遍较低，大多数为高中及以下，受文化程度低的影响这部分群体难就业且大多数为临时性就业，就业状况极其不稳定，很难在工作中实现我价值感和自我效能感，这在某种程度上造成未成年社区矫正对象社会融入较弱，从而控制及规范自我的偏差行为较弱。

（四）保密问题：解矫（终止）后未能有效落实档案封存制度

最高人民法院、最高人民检察院、公安部、司法部联合发布的《关于未成年人犯罪记录封存的实施办法》第13条，对刑事执行中犯罪记录封存内容和封存时限等作出了明确规定，即“对于判处管制、宣告缓刑、假释或者暂予监外执行的未成年罪犯，依法实行社区矫正，执行地社区矫正机构应当在刑事执行完毕后三日内将涉案未成年人的犯罪记录封存”。在此之前，我国一些地区的社区矫正实施细则中对未成年人社区矫正档案封存进行了特别规定，如《广东省社区矫正实施细则》第74条第2款规定“未成年社区矫正对象档案，应当专门保管，在解除（终止）矫正时，依法封存管理”；又如《四川省社区矫正实施细则》第193条规定“符合未成年人犯罪记录封存条件的，执行地县级社区矫正机构应当在未成年社区矫正对象解除或者终止矫正的三日内将社区矫正档案予以封存并单独存放，非经法定事由不予解除封存”。然而，在目前司法实践中，依然存在一些地区的司法行政机构在未成年社区矫正对象刑事执行完毕后，未充分落实有关犯罪记录的相关档案（主要为执行档案、工作档案）封存制度。具体表现为，实务部门未对解矫（终止）未成年社区矫正对象纸质档案进行专门的封条标记，对于电子信息系统中需要封存的未成年社区矫正对象相关数据（如犯罪记录、个人详细信息记录等）没有加设封存标记或是进行加密设置，未能将其相关档案与成年社区矫正对象分开进行专柜存放，等等。

解矫（终止）后未能有效落实档案封存制度不利于未成年社区矫正对象的档案管理，并存在未成年社区矫正对象个人信息、犯罪记录等泄露的风险。例如，未成年社区矫正对象人数少，所对应的相关档案数量少，若将未成年社区矫正对象的档案混存在大量成年社区矫正对象档案中，将造成正规查询未成年社区矫正对象相关档案费时、费力。若解矫后未成年社区矫正对象的档案未能及时封存，相关人员在正规查询其他档案的过程中无意翻看到解矫档案而造成相关保密信息的泄露。

三、对策分析：未成年人社区矫正制度完善路径

（一）重塑区别于成年犯罪人“柔性”处遇理念

对于未成年犯罪人的处遇要区别于成年犯罪人，相对于报应刑、威慑理论的“刚性”处遇，更应体现“柔性”的处遇理念，要采取更多元化的处遇措施。其原因在于，从发展心理学、神经科学等角度来看，未成年人各方面存在区别于成年人的特性，因此不能按照成年人的标准去理解、评价、处置未成年人实施的与成年人犯罪有着相似外观的行为之意义和性质，亦不能采取和成年罪犯相同的矫正理念和措施，而应采取多元化矫正理念的“柔性”矫正措施。① 由于未成年人群体的特殊性，如从负面来看，该群体具有社会心理的不成熟性、情绪情感的不稳定性等；从正面来看，该群体具有较强的可塑性、再造性等。基于此，未成年人社区矫正工作更应注重的是“教育矫治”而不是“惩治处罚”。

因此，实务部门采取区别于成年犯罪人的处遇上，首先要做到以下三点：第一，未成年人犯罪的有责性应当有所降低；第二，未成年人犯罪案件的处理程序应当符合其身心特点；第三，未成年人承担责任的方式和内容首要强调修复。与此同时，有学者指出在处置未成年人罪错行为的规律上，要注重保护、强调恢复、积极预防，尤其在干预措施中刑事类措施的实施上，对于已达刑事责任年龄的未成年人犯罪的，应根据行为的性质及心理行为偏常严重程度等评估结果，情况严重且必要的，可以判处徒刑，接受社区矫正或者在未成年犯管教所服刑接受系统的教育矫治。② 基于以上原因，未成年犯罪人的社区矫正集中体现了三种矫正理念：特殊预防、社会控制与修复关系。将以上三种矫正理念运用于未成年人社区矫正中，更能有针对性地矫治未成年

---

① 参见李岚林：《“柔性”矫正：未成年人社区矫正的理论溯源与实践路径》，载《河北法学》2020 年第 10 期。

② 参见宋英辉、苑宁宁：《未成年人罪错行为处置规律研究》，载《中国应用法学》2019 年第 2 期。

人并让其顺利回归社会。[①] 因此，在重塑未成年社区矫正对象处遇理念上，实务部门应融合特殊预防、社会控制与修复关系三种处遇理念，注重考虑未成年社区矫正对象与成年社区矫正对象的生理、心理差异，并遵循以“柔性化”教育矫正为主、“刚性化”规制惩罚为辅的处遇原则。

（二）引入专业社会组织开展有针对性教育矫正

近年来，有学者指出未成年人社区矫正效果不佳的主要原因之一，在于社会力量参与度低、社会支持薄弱等。[②] 然而，从现实情况来看，虽然社会力量在社区矫正领域的参与度依旧存在不足，但我国各地区已逐渐认识到引入社会组织的重要作用，并大力鼓励与支持专业社会组织介入社区矫正服务领域。我国现行《社区矫正法》提到社区矫正机构鼓励引导相关社会组织充分发挥各自在保护青少年合法权益中的特长优势，共同参与未成年人社区矫正工作。因此，针对未成年社区矫正对象与成年社区矫正对象教育矫正方式区别不大以及未能有效回应其特殊性问题，可引入专业的社会组织（如司法社会工作机构或是从事青少年社会教育服务机构等），让其结合未成年人所处人生阶段性特点，采用适宜的教育矫正方式帮助未成年社区矫正对象树立正确的人生观、价值观，同时注重与监护人沟通并增强其监护意识，对于亲子关系紧张且教育方式不当的监护人可组织开展相关亲职教育等。与此同时，大力发挥社会志愿者对未成年社区矫正对象的教育矫正作用，如广东地区引入专业社会工作机构并大量招募社会志愿者参与未成年人社区矫正，探索“社工 + 义工”模式，围绕未成年社区矫正对象教育学习的多样化需求，开展有针对性的普法教育、文化教育、警示教育等，并且在该模式下通过建立专兼职相结合，让更多志愿者、社会热心人士共同参与到社区青少年保护工作队

---

① 参见自正法：《涉罪未成年人社区矫正的实证考察与治理路径》，载《西南民族大学学报（人文社会科学版）》2020 年第 10 期。

② 参见刘常庆、凌依依：《未成年社区矫正人员社会支持存在的问题及完善》，载《犯罪研究》2020 年第 1 期。

伍中，从而探索出未成年人社区矫正工作的新路径。①

（三）加强修复社会关系并全面稳固其社会联系

从恢复性司法理念角度来看，犯罪不仅使刑法意义上的具体法益受到侵害，更为重要的是其破坏了原来和谐的社会关系。② 在该理念指导下，刑罚执行的关键应该是通过让犯罪人为其行为承担责任，修补那些被犯罪所破坏的和谐社会关系。③ 因此，司法机关既要从“成人惩罚司法”向“未成年人恢复性司法”转变，也要从简单强调宽缓化处理向精准帮教与依法惩治并重转变。④ 针对未成年社区矫正对象，不仅是对其思想、行为的矫正，更需要的是恢复未成年社区矫正对象因犯罪而损害的不同场域下的社会关系，并且尽可能弥补对被害人所造成的损害。从社会控制理论（也称社会联系理论）的角度来看，任何人都是潜在的犯罪人，个人与社会的联系可以阻止个人进行违反社会准则的越轨与犯罪行为，当这种联系薄弱时，个人就会无约束地随意实施犯罪行为，因此，犯罪就是个人与社会的联系薄弱或受到削弱的结果。⑤ 对此，我国未成年人社区矫正实践过程中，应采用赫希（Hershey）的社会控制理论的核心概念——“社会联系”，强化来自社会层面中学校、就业单位对未成年社区矫正对象的规范与控制作用，让其愿意“卷入”正常健康的学习和就业，愿意为此“奉献”时间，并在此过程中形成正确的“信念”，⑥ 帮助其解决与学校或就业单位联结弱化乃至断裂的问题，从而有效地实现预防和减少未成年社区矫正对象再犯罪的目标，助力其顺利回归社会。

---

① 参见杨洪芹、王才章：《网络化服务治理：社会工作介入未成年人社区矫正的实践逻辑》，载《河南警察学院学报》2020 年第 6 期。

② 参见刘晓梅、颜心茹：《社会力量参与社区矫正修复社会关系的探析》，载《天津法学》2020 年第 3 期。

③ 参见石亚文：《浅议恢复性司法理念下的社区矫正检察》，载《领导科学论坛》2021 年第 3 期。

④ 参见《2021 检察理论研究盘点——未成年人检察篇》，载微信公众号“最高人民检察院”2022 年 1 月 17 日，https：//mp. weixin. qq. com/s/ImyhE_ 2qTZy9WWEz5KhQ_ g。

⑤ 参见吴宗宪：《赫希社会控制理论述评》，载《预防青少年犯罪研究》2013 年第 6 期。

⑥ 参见郭晓红：《未成年犯罪人社区矫正的路径选择——以社会控制理论为视角》，载《法学杂志》2014 年第 7 期。

（四）建立解矫（终止）相关档案封存督查制度

针对解矫（终止）后未能有效落实未成年社区矫正对象相关档案封存制度的现实问题，可通过督查的方式确保基层社区矫正机构对未成年社区矫正对象相关档案的封存效果，即由区级社区矫正机构建立有效的未成年社区矫正对象解矫（终止）后相关档案封存情况的督查机制，不定期对辖区内司法所有关未成年社区矫正对象解矫（终止）后工作档案封存制度落实情况进行督查，督促并检查社区矫正过程中有关未成年社区矫正对象的执行档案、工作档案等卷宗材料与电子档案信息等是否依法及时封存，以及是否建立健全严格的保管制度。在具体运作上，区级社区矫正机构负责人对以上督促检查工作负总责，区级社区矫正机构分管领导对督促检查工作负直接责任，构建区级社区矫正委员会统一领导、区级社区矫正机构督查小组牵头协调、有关部门齐抓共管、社会力量积极参与的督促检查工作格局。除此之外，还应通过区级以上社区矫正机构以及检察机关督查与监督，着重促进本区未成年社区矫正对象解矫（终止）相关档案的有效封存，具体为区级社区矫正机构应接受上级社区矫正机构对未成年社区矫正对象解矫（终止）相关档案封存的督查，以及自觉接受区检察院依法对其未成年社区矫正对象相关档案封存情况实行的法律监督，并及时回复区检察院的书面纠正意见，以此来推动未成年社区矫正对象相关档案封存制度的落实。